팔선생의 비법전수

TSC 한번에 달성하기

중고급

CARROT HOUSE
中国北京市通州区大运河开发区运河明珠2号楼2单元2172

TSC 한번에 달성하기 중고급
ⓒ CARROT HOUSE

All rights reserved. No part of this publication may be reproduced,
stored in a retrieval system, or transmitted, in any form or by any means,
without the prior permission in writing of CARROT HOUSE.

First published May 2016

Author : Carrot Language Research & Development

ISBN : 978-89-6732-136-9

Printed and distributed in Korea
9th Fl., Daenam Building, 199, Nonhyeon-dong
Gangnam-gu, Seoul, South Korea 135-827

목차

TSC에 대해서 4

이 책의 구성 6

TSC 진단지 10

Part 1 LESSON 11

LESSON 01 TSC 第二部分 | 看图回答 12

LESSON 02 TSC 第三部分 | 快速回答 24

LESSON 03 TSC 第四部分 | 简短回答 38

LESSON 04 TSC 第四部分 | 简短回答 52

LESSON 05 TSC 第五部分 | 拓展回答 66

LESSON 06 TSC 第五部分 | 拓展回答 90

LESSON 07 TSC 第五部分 | 拓展回答 114

LESSON 08 TSC 第六部分 | 情景应对 138

LESSON 09 TSC 第六部分 | 情景应对 152

LESSON 10 TSC 第七部分 | 看图说话 166

Part 2 실전 모의고사 179

실전 모의고사 180

실전 모의고사 답안 205

부 록 핵심 단어노트 225

TSC에 대해서

1. TSC 소개
TSC(Test of Spoken Chinese)는 '중국어 말하기 시험'으로, 중국어 학습자의 말하기 능력을 직접적으로 평가하는 실용적인 시험이다. 일상 생활의 다양한 상황을 소재로 인터뷰 형식으로 구성되어 있다. 시험의 전반부는 쉬운 난이도로 시작되며, 후반부로 갈수록 난이도는 서서히 높아진다.

2. 구성 및 형식
7부분, 26문항, 시험시간 총50분

구분	구성		문항수	생각할 시간(초)	답변시간(초)
제1부분	自我介绍	간단한 자기소개하기	4	0	10
제2부분	看图回答	제시되는 그림에 맞도록 답하기	4	3	6
제3부분	快速回答	일상생활과 관련된 화제에 대해 대화 완성하기	5	2	15
제4부분	简短回答	일상적인 화제에 대해 간단하게 설명하기	5	15	25
제5부분	拓展回答	의견과 생각을 묻는 질문에 논리적으로 답하기	4	30	50
제6부분	情景应对	주어진 상황에 적절히 대응하여 답하기	3	30	40
제7부분	看图说话	4개의 연속된 그림을 보고 스토리 구성하기	1	30	90

3. 레벨 설명

등급		설명
최상급	10등급	고급 수준의 화제에 대해서도 논리적으로 유창하게 말할 수 있다. 풍부한 어휘력을 갖추고 있는 것은 물론 사자성어와 관용어를 구문 안에서 적절히 사용할 수 있고 대체적으로 어법에서도 실수가 없는 편이다. 발음과 억양 등이 자연스러우며 모국어의 영향이 아주 적다.
고급 上	9등급	대부분의 일반적인 화제에 적극적으로 대처하고 참여할 수 있으며 자세하게 설명할 수 있는 능력을 갖추고 있다. 고급 수준의 화제에 대해 자신의 의견을 논리적으로 전개할 수 있지만 이런 경우 어법이나 단어 사용에서 약간의 실수가 나타나기도 한다. 그러나 이해하는 데에는 전혀 영향을 주지 않는다. 관심 분야에 관해서는 폭넓은 어휘력을 갖추고 있으며 필요에 따라 문형과 표현 방법을 바꾸어 의사를 전달할 수도 있다. 모국어의 영향이 적고 유창하게 말할 수 있다.
고급 中	8등급	대부분의 일반적인 문제에 비교적 분명하고 명료하게 어느 정도의 설득력을 갖추고 자신의 의견을 표현해 낸다. 그러나 논리적으로 의견을 제시할 때에는 말하는 속도가 떨어지고 어법 상의 실수를 하기도 한다.
고급 下	7등급	일반적인 화제에 대해 적극적으로 자신감을 갖고 대응할 수 있다. 익숙하지 않은 화제나 분야에 대해서도 어느 정도 답변이 가능하지만 실수가 눈에 띄게 늘어나고 유창함이 떨어진다.
중급 上	6등급	일반적인 화제에 대해 적절히 대응할 수 있고 그 중 익숙한 내용에 대해서는 구체적으로 답할 수 있으며 내용도 충실한 편이다. 그러나 고급 수준의 어법 구조는 충분히 파악하지 못하고 있기 때문에 말을 머뭇거리고 중간에 멈춰버리기도 한다.
중급 中	5등급	자신의 관심분야 등과 같은 일반적인 화제에 대해 구체적으로 답변할 수 있고 기본적인 사회활동을 하는 데 큰 문제가 없다. 일반적인 화제 가운데서도 익숙한 화제나 경험에 대해서는 짧지만 구체적으로 설명할 수 있다. 기본적인 어법과 자신과 관련된 어휘들은 잘 알고 있지만 사용 상의 실수가 약간 보이고 여전히 중간에 머뭇거린다. 그러나 대체로 의미 전달에 영향을 미치지는 않는다. 모국어의 영향이 남아 있지만 익숙한 내용에 대해서는 적당한 속도로 말할 수 있다.
중급 下	4등급	자신과 관련된 화제와 말하기에 익숙한 내용에 대해 의사 소통이 가능하며 기초적인 사회활동에 필요한 대화를 할 수 있다. 자주 쓰는 단어와 기본적인 어법을 사용할 수 있지만 종종 실수를 하고 말하는 속도가 약간 느리다. 모국어의 영향이 여전히 강한 편이지만 외국인이 말하는 중국어에 익숙한 호의적인 중국인이라면 이해할 수 있다.
초급 上	3등급	자신과 관련된 화제 중에서도 자주 접하는 질문에 간단하게 대답할 수 있고 제한된 일상적인 화제에 대해서 아주 간단한 단어와 기초적인 어법에 맞춰 구성한 간단한 문장으로 다른 사람과 대화할 수 있다. 발음과 성조가 부정확하고 어휘가 부족하며 모국어의 영향도 강하지만 외국인이 말하는 중국어에 익숙한 중국인이라면 이해가 가능하다.
초급 中	2등급	자신과 밀접하게 관련된 화제 중에서도 자주 접하는 질문에 대해서는 간단하게 대답할 수 있다. 학습한 단어와 구를 이용하여 제한적이고 기초적인 의사소통이 가능하다. 아주 간단한 문장을 만들어 내기도 하지만 이 수준을 꾸준히 유지하지 못하며 어법 지식과 어휘도 상당히 부족하다. 모국어의 영향도 강하게 남아 있어 중국어를 모국어로 하는 사람도 이해하기가 힘들다.
초급 下	1등급	이름, 나이 등 자신과 밀접하게 관련된 질문과 간단한 인사말만 겨우 말할 수 있으며, 암기한 단어와 짧은 구 등 극히 한정된 표현으로만 아주 간단하게 대답할 수 있는 정도의 수준이다. 말하는 속도가 매우 느리고 중간에 말을 자주 멈추며 내용도 불완전하다. 모국어의 영향이 상당히 강하게 남아 있어 외국인과의 대화에 익숙한 중국인도 이해하기가 어렵다.

4. TSC 공략 방법

1) 답변 공략 방법

* **큰 소리로 대답하기**
  소리가 작아 알아듣기 힘들면 정확한 레벨 판단이 불가능한 경우가 있다. 목소리가 작으면 발음이 불분명하기 때문에, 올바른 평가를 받기가 어렵다. 따라서, 평소에 스스로 녹음 방식으로 연습함으로써 자신의 발음과 문법적인 실수를 고치도록 한다.

* **질문 의도 잘 이해하기**
  질문의 의도와 다른 대답을 하면, 아무리 많은 양의 발화를 하더라도 좋은 점수를 받을 수 없다. 짧은 문장이라도 질문의 핵심에 맞는 대답을 하도록 해야 한다.

* **주어진 시간 최대한 활용하기**
  주어진 시간을 최대한 활용하되, 답변시간 내에 의견을 모두 발화할 수 있도록 시간 배분을 잘 한다. 본 교재 활용 시, 준비시간 및 답변시간을 지켜 시간을 배분하는 연습을 하도록 한다.

2) 부분별 공략 방법

1부분 답변시간 10초	이름, 생년월일, 가족, 학교(직장)에 대해 정확하게 답변하는 것이 중요하다.
2부분 답변시간 6초	질문을 사용하여 대답하는 것이 가장 안전하다. 例 问题: 他们在做什么? / 回答: 他们在唱歌。 2부분은 답변시간이 짧다. 따라서, 질문 내용과 무관한 말을 많이 하여 대답할 시간이 부족해지지 않도록 주의해야 한다. 2부분에서는 많이 말하는 것보다 실수가 없도록 정확하게 말하는 것이 중요하다.
3부분 답변시간 15초	그림을 보고 그림의 내용을 설명하는 것이 아니라 질문을 듣고 질문에 맞게 정확하게 답변을 하는 형식으로, 제3자의 입장이 아닌 자신의 입장에서 말을 해야 한다. 또한 자신이 질문의 의도를 이해했다는 것을 듣는 사람이 알 수 있도록 분명하게 답변해야 한다. 例 问题: 下星期我要去国外旅行。 回答1: 是吗。 ☞ 답변1의 경우, 답변이 너무 간단하여 질문을 이해한 것인지 판단하기 어렵다. 回答2: 祝你一路顺风。你要去那个国家? ☞ 답변2를 보면 질문을 이해하고 대답한 것임을 알 수 있다.
4부분 답변시간 25초	고득점을 위해서는 첫째, 질문을 잘 듣고 질문에 맞는 대답을 해야 한다. 동문서답을 했을 경우 아무리 답변을 잘하더라도 좋은 점수를 받을 수 없다. 둘째, 본인의 생각을 묻는 질문들이 많으므로 주어진 시간을 최대한 이용하여 가능한 한 충분히 설명해야 하며, 완전한 문장으로 말해야 한다. 셋째, 누가 들어도 어떤 내용을 말하고 있는지 이해할 수 있도록 설명해야 한다. 평소에 발음, 성조, 문법, 시제 등을 주의하여 연습한다면 점차 말하기 실력이 좋아질 것이다. 문장 간의 연관성도 매우 중요하다. 많은 학생들이 접속사를 사용하지 않은 채 여러 개의 문장을 단순히 나열하는 식으로 답변을 하는 경우가 있는데, 이런 경우는 어구가 서로 연관되지 않고 전체적인 답변의 구성이 완전하지 못한 느낌을 주게 된다.
5부분 답변시간 50초	5부분은 주어진 시간 안에 자신의 생각을 논리적으로 전달해야 한다. 따라서 듣는 사람이 답변의 내용을 이해할 수 있도록 조리 있게 말하는 것이 매우 중요하다. 매 문항마다 답변을 생각하는 시간은 30초, 답변시간은 50초로 한정되어 있기 때문에 시간을 잘 활용하기 위해서는 먼저 자신의 의견을 말한 뒤 그 의견을 뒷받침하는 부연설명을 하고, 마지막으로 다시 한번 자신의 생각을 짧게 정리해서 강조하는 것이 좋다. 발화 시 기본적인 문법을 정확히 사용하는 것 이외에 적절한 관용어나 성어 등 난이도가 있는 어휘나 구문을 사용하면 보다 높은 등급을 받을 수 있다.
6부분 답변시간 40초	6부분에서 중요하게 평가하는 점은 두 가지이다. 첫 번째는 자신이 어떠한 상황에 처했다고 가정을 하고 그 상황에 맞게, 상대방과 대화를 하듯이 답변을 하는 것이다. 두 번째는 문제가 요구하는 과제를 모두, 정확하게 달성했는가 하는 것이다. "차가 자주 고장이 나는 것에 대해 항의하고 문제를 해결해 보세요"라는 과제에 대해 항의뿐만 아니라 문제 해결책까지 말해야 비로소 완전한 답변이라고 할 수 있다.
7부분 답변시간 90초	포기하지 말고 주어진 시간을 잘 활애하여 각각의 그림을 하나의 완전한 이야기로 구성하여 말하도록 한다. 그림의 내용을 모르는 제3자가 들어도 그 상황을 이해할 수 있도록 설명할 수 있어야 하며, 설명을 할 때는 제3자의 입장에서 설명하도록 한다.

★ 3) 중국어 중급자의 TSC 공략 방법

연습을 통해 논리적이고 정확하게!!

* **TSC 전체 부분 중, 3부분~5부분 집중 패턴 연습하기**
  • 전 부분 공통 전략: 답변 시, 답변 시간을 충분히 활용하도록 한다.
  • 3부분: 생활 전반에 걸친 인사, 쇼핑, 축하, 거절 등의 표현을 익힌다.
  • 4부분: 질문의 의도에 맞는 답변을 도입 – 전개 – 마무리로 논리적으로 완성한다.
  • 5부분: 기본적인 문법을 정확하게 사용하는 것 이외에 적절한 관용어나 성어 등 난이도가 있는 어휘나 문구를 사용한다.
* TSC 중고급과 초중급의 차이는 명확하다. 본교재 예시답안에서 제시하는 '모범 답안 공식'을 익힌 후 정확도 높은 답변이 가능하도록 연습한다.
* TSC 중고급의 유창성과 어법, 어휘, 발음은 신 HSK5급 이상의 수준이다. 단순 단어 암기가 아닌, 자주 출제되는 에피소드 관련 단어 및 표현을 확장하도록 한다.

이 책의 구성

1 TSC 진단지

시험을 보기에 앞서 자신의 실력을 진단할 수 있는 TSC 진단지이다.
평가 영역과 기준은 다음과 같다.

평가영역	평가 방법	평가 기준
词语	단어 읽기	5점(10점): 발음이 정확함. 문제를 모두 정확하게 이해하며 어법에 틀림없이 대답 가능
口语	질문에 대답하기	4점(8점): 발음이 비교적 정확함, 질문에 정확하지는 않지만 간단한 문장으로 대답 가능
		3점(6점): 발음이 부정확함, 짧은 문장으로 대답 가능
语法	질문에 본인의 상황에 맞게 대답하기	2점(4점): 대부분의 발음에 오류가 있음, 3~4개 단어로 대답 가능
		1점(2점): 질문을 정확하게 이해하지 못하며, 발음이 부정확함. 1~2개 단어로 대답 가능
阅读	문장을 읽고 임의로 선택된 문장 해석하기	0점(0점): 질문에 전혀 대답하지 못함
		*语法: 10점 만점 기준

2 八先生 비법 노트 : TSC 핵심 어법

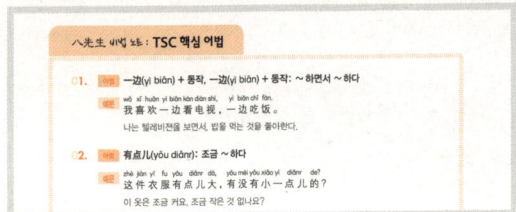

본격적인 학습을 시작하기에 앞서,
중고급 공략에 필수적인 'TSC 핵심 어법'을 정리했다.
매 Lesson마다 10가지의 어법을 학습하여, 답변의 정확성을 높이도록 한다. 또한, 매 어법마다 예문을 제시하여 상황에 따른 어법이 어떻게 활용되는지를 알 수 있도록 구성하였다.

3 八先生 비법 노트 : TSC 핵심 단어

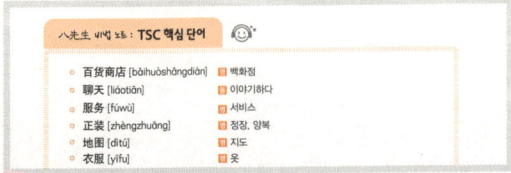

매 레슨마다 다양한 상황에서 쓰이는 TSC 핵심 단어 300어휘를 정리했다. 핵심 단어는 암기하는 것도 중요하지만, 응용이 가능해야 한다. 각 레슨의 예시답안에서 핵심단어가 어떻게 사용이 되는지 정확한 용도를 파악하고, 본인만의 모범답안을 구성해 보도록 하자.

4 LESSON

* 1레슨~2레슨 : TSC 2부분, 3부분 문항 구성 (총50문항)

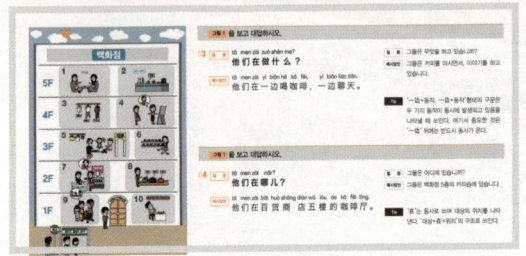

기본부터 탄탄하게!!
TSC 중고급을 한번에 달성하기 위해서는 놓칠 수 없는 초급 단계인 2부분과 3부분을 연습할 수 있도록 구성하였다. 시제, 위치, 장소, 날씨, 감정, 축하, 동작, 상태, 습관, 감사, 사과 등과 관련된 다양한 주제의 문제에 대한 실전 연습이 가능하다. 또한, 제시된 예시답안을 통하여 표현의 정확한 용법을 알고, 응용할 수 있도록 구성하였다.

* 3레슨~7레슨 : TSC 4부분, 5부분 (100문항)

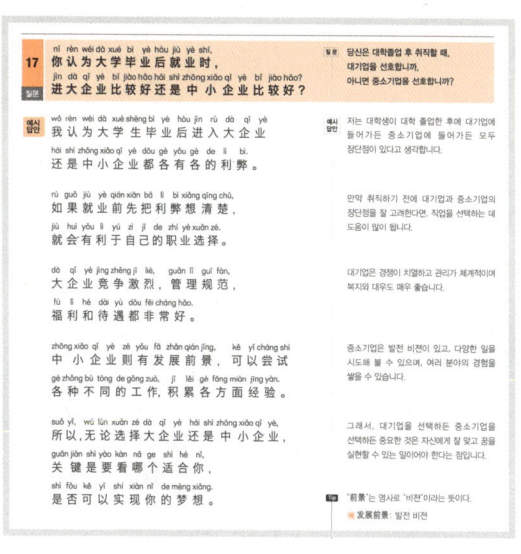

중고급 공략 포인트!! TSC 4부분, 5부분 마스터하기!!!
TSC 중고급을 한번에 달성하기 위해 꼭 마스터해야 하는 4부분과 5부분의 문항으로 구성했다. TSC 4부분부터가 중고급자(TSC 5급 이상)을 테스트하는 부분이므로, 총 100문항의 출제 예시 문제를 통해 자신의 의견을 논리적으로 조리 있게 말할 수 있는 연습을 하도록 하자.

각 문항마다 제시되어 있는 예시답안은 '문제에 대한 생각 정리하기 → 의견 말하기 → 근거를 들어 논지를 확장하기 → 마무리'의 형식으로 답변하는데 도움이 되도록 구성되었다.

* 8레슨~10레슨 : TSC 6부분, 7부분 (30문항)

안정적으로 중고급에 안착하기!!!
TSC 중고급을 고득점으로 달성하기 위하여 놓칠 수 없는 6부분과 7부분의 문항으로 구성하였다.

6부분은 서비스, 주문 취소, 부탁, 설득, 격려 등의 다양한 상황에 처했다고 가정하고 대화하듯이 답변하는 형식으로 총 20문항의 출제 예시 문제를 통하여 연습이 가능하도록 구성하였다.

또한, 7부분은 주어진 4개의 그림을 정해진 시간 내에 연속성을 가진 이야기로 구성하는 형식으로 평상시에 이에 대한 연습이 되어 있어야 실제 시험에서도 조리 있게 말할 수 있다. 총 10개의 출제 예시 문제를 통해 다양한 이야기를 연속성있게 답변할 수 있도록 구성하였다.

이 책의 구성

5. 실전 모의고사

Part 1의 레슨을 통해 TSC 중고급 정복을 위한 집중 학습을 완료한 후, 실제 시험 적응력을 높이도록 구성되었다. 매년 새로운 형태의 문제가 제시되기는 하지만, 기출문제가 반복적으로 출제되고 있다. 이를 주제별로 분석하여 시간, 날짜, 계절, 날씨, 습관, 취미, 운동, 음악, 여행, 쇼핑, 가정, 친구, 학교, 은행, 설득, 부탁, 불평제기 및 해결책 요구, 감동, 황당 등의 자주 출제되는 에피소드로 문항을 구성했다.

* **TSC 第一部分 自我介绍**
  출제 범위: 이름, 생년월일, 가족 수, 소속 기관

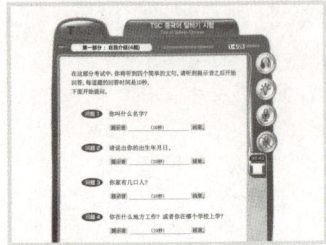

* **TSC 第二部分 看图回答**
  출제 범위: 날짜, 요일, 계절, 날씨, 시간, 가격, 나이, 번호, 무게, 길이, 위치, 존재, 장소 등

* **TSC 第三部分 快速回答**
  출제 범위: 동작, 감정, 축하, 감사 사과, 만남, 헤어짐, 안부, 상태 등

* **TSC 第四部分 简短回答**
  출제 범위: 성격, 취미, 운동, 습관, 영화, 음악, 쇼핑, 회사, 출장, 친구, 학습 등

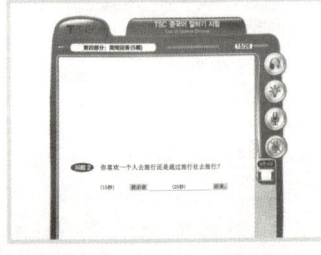

* **TSC 第五部分 拓展回答**
  출제 범위: 전화, 컴퓨터, 은행, 사회문제, 회사생활, 정치, 경제 등

* **TSC 第六部分 情景应对**
  출제 범위: 약속, 서비스, 주문취소, 부탁, 격려, 설득, 상의, 사과, 축하 등

* **TSC 第七部分 看图说话**
  출제 범위: 감동, 황당, 반전, 놀람, 항의 등

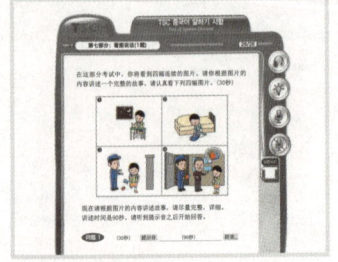

＊ 실전 모의고사 해답

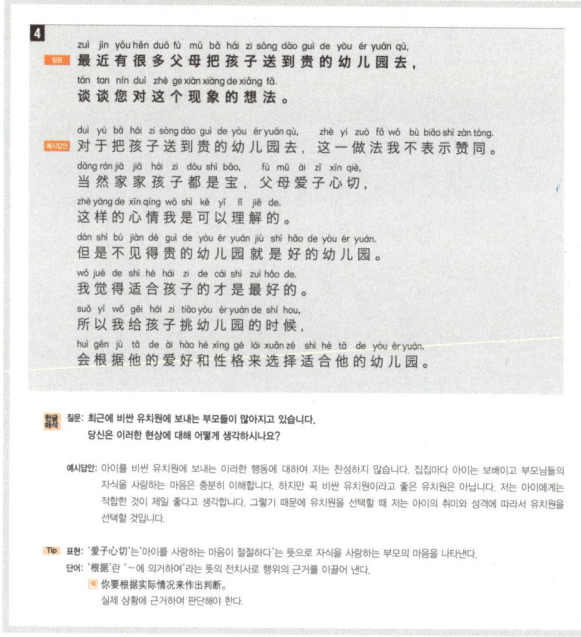

예시답안

중국어 중급 학습자의 수준에 맞추어 중고급 어휘로 답변을 구성하였다. 문제의 요점에 충실하면서, TSC에서 고득점을 보장하는 논리적인 답변의 틀에 맞춘 예시답안으로 고득점 획득 스킬이 반영되어 있다.

Tip

예시답안에서 중요한 어휘 및 성어, 속담을 정리하였다. TSC 중고급 레벨을 획득하기 위해서는 사자성어 및 속담을 효과적으로 사용하는 것이 필요하다. Tip에서 정리한 표현을 실전에서 응용 가능하도록 연습하자.

＊ 부록 | 핵심 단어노트

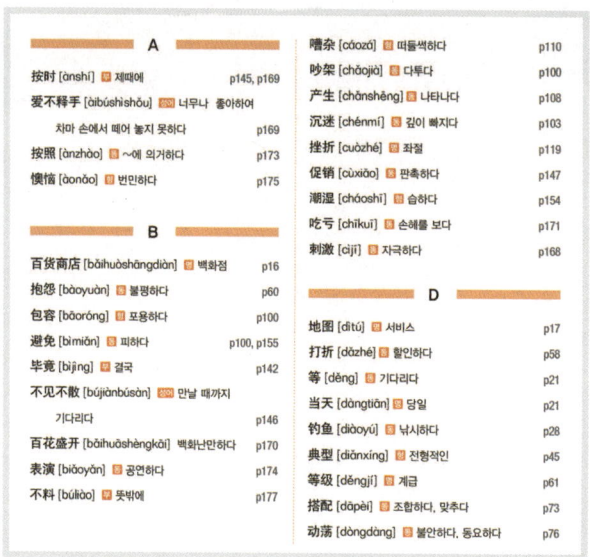

매 레슨의 핵심 단어를 알파벳 순으로 다시 한 번 정리 했다. 단어 뒤 표시된 페이지에 단어를 응용한 표현을 학습할 수 있다.

TSC 진단지

날짜:		이름:	
영역	문항	점수	비고
词语	① 保健(bǎojiàn)	5	
	② 消除(xiāochú)	5	
	③ 剥掉(bōdiào)	5	
	④ 难度(nándù)	5	
口语	① 你能介绍一下韩国的传统服饰和它的含义吗?	5	
	② 你自己的理想职业是什么?	5	
	③ 你购买过哪些名牌?	5	
	④ 你发生过或者见过交通故事吗?	5	
语法	① 去中国旅行的好处是什么?	10	
	② 说说你知道的有名的中国电影导演。	10	
	③ 韩国的家庭一般谁来做饭?	10	
	④ 中国的假期为什么这么长?	10	
阅读	① wǒ men yào qǔ cháng bǔ duǎn ma. 我们要取长补短嘛。	5	
	② shí fēn bào qiàn gěi nǐ dài lái le bú biàn. 十分抱歉给你带来了不便。	5	
	③ cóng xià ge xīng qī kāi shǐ wǒ jiù diào dào xīn de bù mén le. 从下个星期开始我就调到新的部门了。	5	
	④ nà tiáo jiàn jiǎn zhí shì wú kě tiāo tī le. 那条件简直是无可挑剔了。	5	
	총점	100	

Part 1 LESSON

연습을 통해 논리적이고 정확하게!!

LESSON 01 | TSC 第二部分 - 看图回答

八先生 비법 노트 : TSC 핵심 어법

01. **어법** 一边(yì biān) + 동작, 一边(yì biān) + 동작 : ~하면서 ~하다

예문 wǒ xǐ huān yì biān kàn diàn shì, yì biān chī fàn.
我喜欢一边看电视，一边吃饭。
나는 텔레비전을 보면서, 밥을 먹는 것을 좋아한다.

02. **어법** 有点儿(yǒu diǎnr) : 조금 ~하다

예문 zhè jiàn yī fu yǒu diǎnr dà, yǒu méi yǒu xiǎo yì diǎnr de?
这件衣服有点儿大，有没有小一点儿的？
이 옷은 조금 커요, 조금 작은 것 없나요?

03. **어법** 要是(yào shì) : 만약에 ~라면

예문 yào shì zǎo yì diǎnr chū fā, jiù bú huì chí dào le.
要是早一点儿出发，就不会迟到了。
만약에 조금 일찍 출발했다면, 지각하지 않았을 거에요.

04. **어법** 有的(yǒu de)~, 有的(yǒu de)~ : 어떤 것은 ~하고, 어떤 것은 ~하다

예문 gōng yuán lǐ yǒu de rén zài sàn bù, yǒu de rén zài zhào xiàng.
公园里有的人在散步，有的人在照相。
공원에서 어떤 사람은 산책하고 있고, 어떤 사람은 사진을 찍고 있다.

05. **어법** 从(cóng)~ 到(dào)~ : ~부터, ~까지

예문 cóng wǒ jiā dào gōng sī hěn jìn, zhǐ yào shí fēn zhōng jiù kě yǐ.
从我家到公司很近，只要十分钟就可以。
우리 집부터 회사까지 아주 가깝다, 단지 10분이면 된다.

06. 어법 ～是(shì)～, 但是(dàn shì)～ : ～하기는 ～한데, 하지만～

예문
zhōng guó cài hǎo chī shì hǎo chī, dàn shì yǒu diǎnr yóu nì.
中国菜好吃是好吃，但是有点儿油腻。

중국요리는 맛이 있기는 맛있는데, 조금 느끼하다.

07. 어법 看起来(kàn qǐ lái)～ : 보아하니～

예문
tā jīn tiān kàn qǐ lái xīn qíng bú cuò, kě néng gēn nán péng you hé jiě le.
她今天看起来心情不错，可能跟男朋友和解了。

그녀는 오늘 보아하니 기분이 좋아 보인다. 아마 남자친구와 화해했을 것이다.

08. 어법 不是(bú shì)～而是(ér shì)～ : ～가 아니라, ～하다

예문
zhè ge bú shì wǒ de, ér shì tā de.
这个不是我的，而是他的。

이것은 내 것이 아니라, 그의 것이다.

09. 어법 为了(wèi le)～ : ～을 위해서, ～하기 위해서

예문
wèi le wǒ men de yǒu yì, gān bēi.
为了我们的友谊，干杯。

우리의 우정을 위해서, 건배하자.

10. 어법 是(shì)～的(de) : ～이다 (강조표현)

예문
zhè ge shì cóng měi guó mǎi de.
这个是从美国买的。

이것은 미국에서 사온 것이다.

LESSON 01 | TSC 第二部分

八先生 비법 노트 : TSC 핵심 단어

- 百货商店 [bǎihuòshāngdiàn] 명 백화점
- 聊天 [liáotiān] 동 이야기하다
- 服务 [fúwù] 명 서비스
- 地图 [dìtú] 명 지도
- 衣服 [yīfu] 명 옷
- 正装 [zhèngzhuāng] 명 정장, 양복
- 客人 [kèrén] 명 손님
- 打折 [dǎzhé] 동 할인하다
- 玩具 [wánjù] 명 장난감
- 化妆品 [huàzhuāngpǐn] 명 화장품
- 国产 [guóchǎn] 형 국산
- 进口 [jìnkǒu] 동 수입하다
- 口红 [kǒuhóng] 명 립스틱
- 名牌 [míngpái] 명 유명 브랜드
- 特别 [tèbié] 부 특히
- 挑选 [tiāoxuǎn] 동 고르다
- 材料 [cáiliào] 명 재료
- 面包 [miànbāo] 명 빵
- 只 [zhǐ] 부 단지
- 当天 [dàngtiān] 명 당일
- 等 [děng] 동 기다리다
- 公共汽车 [gōnggòngqìchē] 명 버스
- 开始 [kāishǐ] 동 시작하다
- 营业 [yíngyè] 동 영업하다
- 关门 [guānmén] 동 문을 닫다
- 前面 [qiánmian] 명 앞
- 晚餐 [wǎncān] 명 저녁 식사
- 贵 [guì] 형 비싸다
- 鞋 [xié] 명 신발

TSC 第二部分 연습문제 快速回答

※ 본 페이지는 잘라내서 p16-p22에 있는 연습문제와 매칭해서 연습해보세요.

공식 TSC 시험에서는 2부문에서 한 개의 그림으로 시험이 진행됩니다. 하지만 본 교재는 다양한 상황을 연습할 수 있도록 보다 많은 상황을 제시하여 여러 개의 스토리를 담아냈습니다.
각 그림별 연습한 후, 수준이 올라서면, 그림을 묶어서 연습을 해 보세요.

TSC 第二部分 연습문제

看图回答

준비시간 **3** 초
답변시간 **6** 초

TSC 第二部分 연습문제

看图回答

※ 제시된 그림을 보고, 문제에 답하세요.

---

01 [질문] jīn tiān tiān qì zěn me yàng?
今天天气怎么样？

[예시답안] jīn tiān tiān qì yǒu diǎnr yīn, duō yún.
今天天气有点儿阴，多云。

[질문] 오늘의 날씨는 어때요?
[예시답안] 오늘의 날씨는 조금 흐리고, 구름이 많습니다.

[Tip] '有点儿'의 품사는 부사로 문장 내에서 대체로 형용사 앞에 쓰인다. '一点儿'의 품사는 양사로 문장 내에서 대체로 동사나 형용사 뒤에 쓰인다.

---

02 [질문] zhè dòng lóu yí gòng yǒu jǐ céng?
这栋楼一共有几层？

[예시답안] zhè shì bǎi huò shāng diàn, yí gòng yǒu wǔ céng.
这是百货商店，一共有五层。

[질문] 이 건물은 총 몇 층 입니까?
[예시답안] 이 건물은 백화점이고, 총 5층 건물입니다.

[Tip] '一共'은 숫자의 합계를 말할 때 쓰인다.
[예] 一共多少钱? 총 얼마에요?
一共100元。총 100위안에요.

그림 1 을 보고 대답하시오.

03 [질문] tā men zài zuò shén me?
他们在做什么？

[예시답안] tā men zài yì biān hē kā fēi, yì biān liáo tiān.
他们在一边喝咖啡，一边聊天。

[질문] 그들은 무엇을 하고 있습니까?
[예시답안] 그들은 커피를 마시면서, 이야기를 하고 있습니다.

[Tip] '一边+동작, 一边+동작'형태의 구문은 두 가지 동작이 동시에 발생되고 있음을 나타낼 때 쓰인다. 여기서 중요한 것은 '一边' 뒤에는 반드시 동사가 온다.

그림 1 을 보고 대답하시오.

04 [질문] tā men zài nǎr?
他们在哪儿？

[예시답안] tā men zài bǎi huò shāng diàn wǔ lóu de kā fēi tīng.
他们在百货商店五楼的咖啡厅。

[질문] 그들은 어디에 있습니까?
[예시답안] 그들은 백화점 5층의 커피숍에 있습니다.

[Tip] '在'는 동사로 쓰여 대상의 위치를 나타낸다. '대상+在+위치'의 구조로 쓰인다.

준비시간 **3** 초
답변시간 **6** 초

그림 2 를 보고 대답하시오.

05 질문
fú wù zhōng xīn zài jǐ lóu?
服务中心在几楼？

예시답안
fú wù zhōng xīn zài wǔ lóu,
服务中心在五楼，
zài kā fēi tīng de páng biān.
在咖啡厅的旁边。

질문 서비스센터는 몇 층에 있습니까?
예시답안 서비스센터는 5층에 있고, 커피숍 옆에 있습니다.

Tip '在'는 전치사로 쓰여 동작이 발생하는 장소를 나타내기도 하지만, 존재를 나타내는 동사로 쓰여서 '~는 ~에 있다'는 의미를 나타내기도 한다.

그림 2 를 보고 대답하시오.

06 질문
zhuō zi shàng yǒu shén me?
桌子上有什么？

예시답안
zhuō zi shàng yǒu míng piàn hé dì tú,
桌子上有名片和地图，
hái yǒu yì tái diàn huà.
还有一台电话。

질문 책상 위에 무엇이 있습니까?
예시답안 책상 위에 명함과 지도, 그리고 전화기 하나가 있습니다.

Tip '有'는 기본적으로 소유를 나타내는 동사로 '~(에)는 ~(이)가 있다'라는 의미를 나타낼 때 쓴다.

그림 3 을 보고 대답하시오.

07 질문
zhōng jiān de yī fu zuì guì ma?
中间的衣服最贵吗？

예시답안
bú shì. yòu biān de yī fu bǐ zhōng jiān de guì,
不是。右边的衣服比中间的贵，
shì yì qiān èr bǎi kuài.
是一千二百块。

질문 가운데 있는 옷이 제일 비쌉니까?
예시답안 아니요. 오른쪽 옷이 가운데에 있는 옷보다 비쌉니다, 1200위안입니다.

Tip 비교문은 '주어+比+비교대상+서술어' 형태로 쓰이며, 이의 부정형은 '比'앞에 '不'를 사용한다.

그림 3 을 보고 대답하시오.

08 질문
zhèng zhuāng duō shǎo qián yí tào?
正装多少钱一套？

예시답안
zhèng zhuāng bǐ jiào guì,
正装比较贵，
yí tào yì qiān èr bǎi kuài qián.
一套一千二百块钱。

질문 정장은 한 벌에 얼마입니까?
예시답안 정장은 비교적 비쌉니다, 한 벌에 1200 위안입니다.

Tip '比较'는 '비교적 ~하다, 조금 ~하다' 라는 뜻으로 양자의 비교를 나타낸다.
예) 今天比较冷。오늘은 비교적 춥다.

TSC 第二部分 연습문제

看图回答

그림 4 를 보고 대답하시오.

09 [질문] kè rén xǐ huān zhè jiàn yī fu ma?
客人喜欢这件衣服吗？

[예시답안] yīn wèi yī fu tài xiǎo le, suǒ yǐ kè rén bù xǐ huān.
因为衣服太小了，所以客人不喜欢。

[질문] 손님이 이 옷을 좋아합니까?
[예시답안] 옷이 너무 작아서, 손님은 이 옷을 좋아하지 않습니다.

[Tip] '因为+원인，所以+결과'는 원인과 결과를 나타내는 접속사이다. '因为'는 생략되기도 한다.

그림 4 를 보고 대답하시오.

10 [질문] shòu huò yuán bú ràng kè rén shì yī fu ma?
售货员不让客人试衣服吗？

[예시답안] bù, yào shì kè rén bù mǎn yì,
不，要是客人不满意,
kè rén kě yǐ shì chuān bié de yī fu.
客人可以试穿别的衣服。

[질문] 판매원은 손님이 옷을 못 입게 합니까?
[예시답안] 아니요, 만약에 손님이 만족하지 않으면, 손님은 다른 옷을 입어 볼 수 있습니다.

[Tip] '要是~就~'는 '만약에 ~라면, 바로 ~하다'라는 뜻으로 가정을 나타낸다. '如果~就~'와 같은 어법으로 쓰인다.

그림 5 를 보고 대답하시오.

11 [질문] xiǎo hái de yī fu xiàn zài yǒu shén me huó dòng?
小孩的衣服现在有什么活动？

[예시답안] yīn wèi shì ér tóng jié,
因为是儿童节,
xiǎo hái de yī fu xiàn zài zhèng zài dǎ bā zhé.
小孩的衣服现在正在打八折。

[질문] 지금 아이들의 옷은 어떤 행사를 하고 있나요?
[예시답안] 어린이날 때문에, 현재 20% 할인 중입니다.

[Tip] '打八折'는 이합동사로 20% 할인을 '8折'라고 표현한다. 정가의 80%의 금액만 지불하면 된다는 의미이다.

그림 5 를 보고 대답하시오.

12 [질문] hái zi men zài zuò shén me?
孩子们在做什么？

[예시답안] hái zi men zhèng zài wánr wán jù,
孩子们正在玩儿玩具,
kàn qǐ lái hěn kāi xīn.
看起来很开心。

[질문] 아이들은 무엇을 하고 있습니까?
[예시답안] 아이들은 장난감을 가지고 놀고 있고, 즐거워 보입니다.

[Tip] '看起来'는 '보기에는 ~하다'라는 뜻으로 '겉모습이 어떻다'할 때 쓰는 표현이다.

준비시간 **3** 초
답변시간 **6** 초

그림 6 을 보고 대답하시오.

13 질문: tā zài zuò shén me?
她在做什么？

예시답안: tā zài yǐ zi shàng zuò zhe, zhèng zài shì xié.
她在椅子上坐着，正在试鞋。

질문: 그녀는 무엇을 하고 있습니까?
예시답안: 그녀는 의자에 앉아서, 신발을 신어 보고 있는 중입니다.

Tip '在'는 부사로 동작이 진행되고 있음을 나타낸다. 동사 술어 앞에 쓰인다.

그림 6 을 보고 대답하시오.

14 질문: guì zi shàng fàng zhe shén me?
柜子上放着什么？

예시답안: guì zi shàng fàng zhe hěn duō xié, dōu shì nǚ xié.
柜子上放着很多鞋，都是女鞋。

질문: 진열대에는 무엇을 놓여져 있습니까?
예시답안: 진열대에는 많은 신발이 놓여져 있습니다. 모두 여자 신발입니다.

Tip 동태동사 '着'는 동사 뒤에 쓰여, 동작이나 상태의 지속을 나타낸다.
예) 放着: 놓여 있다 | 看着: 보고 있다
等着: 기다리고 있다

그림 7 을 보고 대답하시오.

15 질문: huà zhuāng pǐn shì guó chǎn de ma?
化妆品是国产的吗？

예시답안: huà zhuāng pǐn bú shì guó chǎn de, ér shì jìn kǒu de.
化妆品不是国产的，而是进口的。

질문: 화장품은 국산입니까?
예시답안: 화장품은 국산이 아니라, 수입품입니다.

Tip '不是~而是~'는 서로 대립되거나 상반된 내용을 나타낸다. 앞 문장은 부정을, 뒤 문장은 긍정을 나타내 대립되는 내용 중 한 가지를 설명하기 위한 표현이다.

그림 7 을 보고 대답하시오.

16 질문: tā yào mǎi huà zhuāng pǐn ma?
她要买化妆品吗？

예시답안: shì de, tā yào mǎi yì zhī kǒu hóng.
是的，她要买一支口红。

질문: 그녀는 화장품을 사려고 합니까?
예시답안: 네, 그녀는 립스틱을 사려고 합니다.

Tip '要'는 문장에서 동사나 조동사로 쓰이며, 쓰임에 따라 의미가 다르다. 동사로 쓰이는 경우에는 '바라다, 원하다'의 의미, 그리고 조동사로 쓰이는 경우에는 '~할 것이다, ~하려고 한다'의 의미이다.

TSC 第二部分 연습문제

看图回答

그림 8 을 보고 대답하시오.

17 [질문] tā xǐ huān zhè xiē bāo ma?
她喜欢这些包吗？

[예시답안] xǐ huān shì xǐ huān, dàn shì tā jué de tài guì le.
喜欢是喜欢，但是她觉得太贵了。

[질문] 그녀는 이 가방들을 좋아합니까?
[예시답안] 좋아하긴 좋아하는데, 하지만 그녀는 너무 비싸다고 생각합니다.
[Tip] '~是~, 但是~'의 형태로 쓰여 앞의 사실을 인정하면서도 뒤 부분을 강조하는 구문이다. '~하긴 ~한데, 하지만 ~하다'라는 뜻으로 '但是' 대신 전환관계 접속사인 '不过', '可是'도 사용 가능하다.

그림 2 을 보고 대답하시오.

18 [질문] zhè xiē bāo guì ma?
这些包贵吗？

[예시답안] zhè xiē bāo fēi cháng guì,
这些包非常贵，
tè bié shì zhōng jiān hēi sè de bāo zuì guì.
特别是中间黑色的包最贵。

[질문] 이 가방은 비쌉니까?
[예시답안] 이 가방은 아주 비쌉니다, 특히 중간의 검정색 가방이 제일 비쌉니다.
[Tip] '最~'는 '가장~, 제일~'라는 뜻으로 최고를 나타낸다.
[예] 最喜欢。제일 좋아하다.
最累。제일 힘들다.

그림 9 를 보고 대답하시오.

19 [질문] tā jiā yǒu jǐ kǒu rén?
她家有几口人？

[예시답안] tā jiā yǒu sān kǒu rén,
她家有三口人，
bà ba, mā ma hé yí ge nǚ ér.
爸爸，妈妈和一个女儿。

[질문] 그녀의 집에는 몇 식구가 있습니까?
[예시답안] 그녀의 집에는 세 식구가 있습니다, 아빠, 엄마 그리고 딸 한 명이 있습니다.
[Tip] '几'는 '몇'이라는 뜻으로 묻는 사람이 그 수량이 적다고 (10미만) 생각하고 물을 때 쓰인다. '几+양사'의 형태로 반드시 양사와 함께 쓰인다.

그림 9 를 보고 대답하시오.

20 [질문] mā ma zài zuò shén me?
妈妈在做什么？

[예시답안] mā ma wèi le jiā rén de wǎn fàn,
妈妈为了家人的晚饭，
zài tiāo xuǎn wǎn cān de cái liào.
在挑选晚餐的材料。

[질문] 엄마는 무엇을 하고 있습니까?
[예시답안] 엄마는 가족의 저녁식사를 위해서, 저녁식사 재료를 고르고 있습니다.
[Tip] '为了~'는 '~을 하기 위해서, ~을 위해' 뜻으로 어떤 동작을 하는 목적을 나타낸다.

준비시간 **3** 초
답변시간 **6** 초

그림 10 을 보고 대답하시오.

21 질문 zhè xiē miàn bāo shì shén me shí hou zuò de?
这些面包是什么时候做的？

예시답안 zhè xiē miàn bāo shì jīn tiān zuò de,
这些面包是今天做的，
tā men zhǐ mài dāng tiān de.
他们只卖当天的。

질문 이 빵들은 언제 만든 것 입니까?

예시답안 이 빵들은 오늘 만든 것입니다, 그들은 단지 당일에 만든 빵만 판매합니다.

Tip '是~的'는 이미 발생한 동작의 지점, 목적, 방식, 행위자 등을 강조하여, 말하고자 할 때 사용된다. 강조하고자 하는 부분을 '是' 바로 뒤에 쓴다.

그림 10 을 보고 대답하시오.

22 질문 tā chī hǎo le ma?
他吃好了吗？

예시답안 tā chī de hěn hǎo, zài yě chī bù liǎo le.
他吃得很好，再也吃不了了。

질문 그는 잘 먹었습니까?

예시답안 그는 잘 먹었습니다, 더 이상 못 먹을 것 같습니다.

Tip 동작의 실현 가능성 여부는 '동사 + 得/不 + 결과/방향보어'의 형태로 나타낸다. 또는 '동사 + 得了' 혹은 '동사 + 不了' 형태로 나타낼 수 있다.

그림 11 을 보고 대답하시오.

23 질문 bǎi huò shāng diàn qián miàn de rén men zài zuò shén me?
百货商店前面的人们在做什么？

예시답안 yǒu de rén zài děng gōng gòng qì chē,
有的人在等公共汽车，
yǒu de rén zài děng rén.
有的人在等人。

질문 백화점 앞의 사람들은 무엇을 하고 있습니까?

예시답안 어떤 사람은 버스를 기다리는 중이고, 어떤 사람들은 사람을 기다리는 중입니다.

Tip '有的~, 有的~' 형태로 '어떤 것은 ~하고, 어떤 것은 ~하다'라는 의미로 쓰인다.

그림 11 을 보고 대답하시오.

24 질문 yǒu jǐ lù gōng gòng qì chē dào bǎi huò shāng diàn?
有几路公共汽车到百货商店？

예시답안 yí gòng yǒu sān lù gōng gòng qì chē dào bǎi huò shāng diàn,
一共有三路公共汽车到百货商店，
sān jiǔ yāo yāo, sān líng èr yāo hé liù liù qī lù.
三九幺幺，三零二幺和六六七路。

질문 몇 번 버스가 백화점에 도착합니까?

예시답안 총 3개의 노선이 백화점에 도착합니다, 3911, 3021와 667번입니다.

Tip 중국에서 일련 번호(방 번호, 차 번호, 전화번호 등)은 숫자를 하나씩 읽는다, 이때 주의할 점은 숫자 '1'은 '幺'(yāo)로 읽는다는 점이다.

TSC 第二部分 연습문제

看图回答

준비시간 **3** 초
답변시간 **6** 초

---

25 [질문] bǎi huò shāng diàn jǐ diǎn kāi shǐ yíng yè?
百货商店几点开始营业？

[예시답안] bǎi huò shāng diàn cóng zǎo shang jiǔ diǎn kāi shǐ yíng yè,
百货商店从早上九点开始营业，
dào wǎn shang bā diǎn guān mén.
到晚上八点关门。

[질문] 백화점은 몇 시부터 영업을 합니까?
[예시답안] 백화점은 아침 9시부터 영업하기 시작하고, 저녁 8시에 문을 닫습니다.

[Tip] '从~到~' 형태로 '~부터 ~까지'라는 뜻으로 '从'은 동작의 시간, 공간적 시작점, '到'는 종착점을 나타낸다.

연습문제 다시 풀기

※ 본문의 그림(P15)을 보고, 준비시간, 답변시간을 준수하여 다시 풀어보세요.

	문제	回答时间		评价			
		准备	回答	流利度	语法	词汇	语音
1	今天天气怎么样?	3秒	6秒				
2	这栋楼一共有几层?	3秒	6秒				
3	그림1 他们在做什么?	3秒	6秒				
4	그림1 他们在哪儿?	3秒	6秒				
5	그림2 服务中心在几楼?	3秒	6秒				
6	그림2 桌子上有什么?	3秒	6秒				
7	그림3 中间的衣服最贵吗?	3秒	6秒				
8	그림3 正装多少钱一套?	3秒	6秒				
9	그림4 客人喜欢这件衣服吗?	3秒	6秒				
10	그림4 售货员不让客人试衣服吗?	3秒	6秒				
11	그림5 小孩的衣服现在怎么样?	3秒	6秒				
12	그림5 孩子们在做什么?	3秒	6秒				
13	그림6 她在做什么?	3秒	6秒				
14	그림6 柜子上放着什么?	3秒	6秒				
15	그림7 化妆品是国产的吗?	3秒	6秒				
16	그림7 她要买化妆品吗?	3秒	6秒				
17	그림8 她喜欢这些包吗?	3秒	6秒				
18	그림8 这些包贵吗?	3秒	6秒				
19	그림9 她家有几口人?	3秒	6秒				
20	그림9 妈妈在做什么?	3秒	6秒				
21	그림10 这些面包是什么时候做的?	3秒	6秒				
22	그림10 他吃好了吗?	3秒	6秒				
23	그림11 百货商店前面的人们在做什么?	3秒	6秒				
24	그림11 有几路公共汽车到百货商店?	3秒	6秒				
25	百货商店几点开始营业?	3秒	6秒				

第二部分

LESSON 02 | TSC 第三部分 - 快速回答

八先生 비법 노트 : TSC 핵심 어법

01. 어법 **不管(bù guǎn)～还是(hái shì)～ : ～하던 ～하던, 여전히 ～하다**

예문
bù guǎn míng tiān xià yǔ hái shì xià xuě, wǒ dōu yào qù pá shān.
不管明天下雨还是下雪，我都要去爬山。
내일 비가 오던 눈이 오던, 나는 여전히 등산하러 갈 것이다.

02. 어법 **除了(chú le)～以外(yǐ wài) : ～를 제외하고～, ～하다**

예문
chú le wǒ yǐ wài, dōu xǐ huan chī hǎi xiān.
除了我以外，都喜欢吃海鲜。
나를 제외하고, 모두 해산물을 좋아한다.

03. 어법 **值得(zhí dé)～ : ～할 가치가 있다**

예문
zhè xiàng chéng guǒ zhí dé tuī guǎng.
这项成果值得推广。
이 성과는 널리 알릴 가치가 있다.

04. 어법 **像(xiàng)～一样(yí yàng) : ～와 같다**

예문
wǒ de nǚ ér xiàng gōng zhǔ yí yàng piào liang.
我的女儿像公主一样漂亮。
나의 딸은 공주와 같이 예쁘다.

05. 어법 **不仅(bù jǐn)～而且(ér qiě)～ : ～뿐만 아니라, ～하다**

예문
tā bù jǐn shì wǒ de lǎo shī, ér qiě shì wǒ de péng you.
他不仅是我的老师，而且是我的朋友。
그는 나의 선생님일 뿐만 아니라, 나의 친구이기도 하다.

06. **어법** 顺便(shùn biàn)～ : ～하는 김에, ～하다

예문 huí jiā de lù shàng, shùn biàn qù yí xià chāo shì.
回家的路上，顺便去一下超市。
집에 가는 김에, 마트에 들린다.

07. **어법** 一(yī)～就(jiù)～ : ～하자마자 ～하다

예문 wǒ yí dào jiā, jiù xiān xǐ zǎo.
我一到家，就先洗澡。
나는 집에 도착하자마자, 샤워를 한다.

08. **어법** 又不是(yòu bú shì)～ : ～도 아니고

예문 nǐ yòu bú shì wǒ, zěn me zhī dào wǒ de xiǎng fǎ.
你又不是我，怎么知道我的想法。
네가 내가 아닌데, 어떻게 나의 생각을 알겠니.

09. **어법** 按照(àn zhào)～ : ～에 따르면

예문 àn zhào yào fāng chī yào de huà, bìng mǎ shàng jiù huì hǎo.
按照药方吃药的话，病马上就会好。
처방전에 따라 약을 먹으면, 병은 금방 낫을 거야.

10. **어법** 甚至(shèn zhì)～ : 심지어 ～하다

예문 bù jǐn wǒ xǐ huān liú xíng yīn yuè, shèn zhì wǒ de mā ma yě xǐ huān.
不仅我喜欢流行音乐，甚至我的妈妈也喜欢。
나뿐만이 아니라 엄마도 대중음악을 좋아한다.

LESSON 02 | TSC 第三部分

八先生 비법 노트 : TSC 핵심 단어

- 舒服 [shūfu] — 형 편안하다
- 坚持 [jiānchí] — 동 견지하다
- 钓鱼 [diàoyú] — 동 낚시하다
- 耐心 [nàixīn] — 명 인내심
- 坚定 [jiāndìng] — 형 확고부동하다
- 缓解 [huǎnjiě] — 동 완고하다
- 留念 [liúniàn] — 동 기념으로 남기다
- 撞 [zhuàng] — 동 부딪치다
- 童话 [tónghuà] — 명 동화
- 花园 [huāyuán] — 명 화원
- 指教 [zhǐjiào] — 동 지도하다, 가르치다
- 太阳 [tàiyáng] — 명 태양
- 中央 [zhōngyāng] — 명 중앙
- 长假 [chángjià] — 명 장기 휴가, 연휴
- 游乐园 [yóulèyuán] — 명 놀이공원
- 饮料 [yǐnliào] — 명 음료
- 跑步 [pǎobù] — 동 달리다
- 礼物 [lǐwù] — 명 선물
- 突然 [tūrán] — 부 갑자기
- 升职 [shēngzhí] — 동 승진하다
- 合同 [hétong] — 명 계약서
- 利益 [lìyì] — 명 이익
- 签字 [qiānzì] — 동 서명하다
- 完美 [wánměi] — 형 완벽하다
- 风筝 [fēngzheng] — 명 연
- 紫菜 [zǐcài] — 명 김
- 欣赏 [xīnshǎng] — 동 감상하다
- 风景 [fēngjǐng] — 명 풍경
- 风向 [fēngxiàng] — 명 풍향
- 希望 [xīwàng] — 동 희망하다

TSC 第三部分 연습문제

看图回答

※ 본 페이지는 잘라내서 p28-p36에 있는 연습문제와 매칭해서 연습해보세요.

공식 TSC 시험에서는 2부문에서 한 개의 그림으로 시험이 진행됩니다. 하지만 본 교재는 다양한 상황을 연습할 수 있도록 보다 많은 상황을 제시하여 여러 개의 스토리를 담아냈습니다.
각 그림별 연습한 후, 수준이 올라서면, 그림을 묶어서 연습을 해 보세요.

TSC 第三部分 연습문제

快速回答

준비시간 **2** 초
답변시간 **15** 초

LESSON 02　TSC 第三部分 - 快速回答　27

LESSON 02 | TSC 第三部分

※ 제시된 그림을 보고, 문제에 답하세요.

그림 1을 보고 대답하시오.

01 질문
zhè yàng zuò zhe zhēn shū fu.
这样坐着真舒服。

예시답안
shì ya, hǎo jiǔ méi yǒu zhè yàng shū fu de zuò zhe
是呀，好久没有这样舒服的坐着
liáo tiān le. zuì jìn tài máng le,
聊天了。最近太忙了，
dōu méi yǒu zhè yàng hǎo hǎo zuò zuo.
都没有这样好好坐坐。

질문 이렇게 앉아 있으니 너무 좋다.
예시답안 맞아, 오랫동안 이렇게 편하게 앉아서 얘기하지 않았어. 최근에 너무 바빠서, 이렇게 앉아본 적이 없네.

Tip 동태동사 '着'는 동사 뒤에 쓰여, 동작이나 상태의 지속을 나타낸다.
예) 放着: 놓여 있다 | 看着: 보고 있다
    等着: 기다리고 있다

그림 1을 보고 대답하시오.

02 질문
zuì jìn gōng zuò máng ma?
最近工作忙吗？

예시답안
zuì jìn zhēn shì tài máng le, měi tiān gōng zuò dào bàn yè,
最近真是太忙了，每天工作到半夜，
dàn shì bù guǎn duō lèi, wǒ dōu yào jiān chí.
但是不管多累，我都要坚持。

질문 요즘 일이 많이 바빠?
예시답안 요즘 너무 바빠, 매일 밤 늦게까지 일을 하고 있어. 하지만 많이 힘이 들더라도, 난 끝까지 할 거야.

Tip '不管~, 都~'는 '~을 막론하고/~에 상관없이, 모두 ~한다'라는 뜻으로 어떤 조건하에서도 결과는 변하지 않는다는 의미로 쓰인다. '不管' 뒤에는 반드시 선택적인 상황이 나오며, 뒤 절에는 부사 '都'가 호응한다.

그림 2를 보고 대답하시오.

03 질문
diào yú zuì zhòng yào de shì shén me?
钓鱼最重要的是什么？

예시답안
diào yú chú le nài xīn yǐ wài, hái xū yào jiān dìng de xīn,
钓鱼除了耐心以外，还需要坚定的心，
yǐ jí jīng yàn hé jì shù.
以及经验和技术。

질문 낚시할 때 제일 중요한 것이 무엇입니까?
예시답안 낚시할 때에는 인내심 이외에도, 확고한 마음, 그리고 경험과 기술이 필요해요.

Tip '除了~以外, 还~'는 '~이외에 ~도 역시 ~하다'라는 의미로 내용을 추가적으로 더 이야기할 때 사용하는 표현으로, 앞에 언급한 것 이외에 추가적으로 다른 것이 더 있음을 나타낸다.

TSC 第三部分 연습문제

快速回答

준비시간 **2**초
답변시간 **15**초

그림 2 를 보고 대답하시오.

04 | 질문 |
chú le diào yú yǐ wài, nǐ hái yǒu shén me ài hào?
除了钓鱼以外，你还有什么爱好？

| 예시답안 |
chú le diào yú yǐ wài, wǒ hái xǐ huān pá shān.
除了钓鱼以外，我还喜欢爬山。
wǒ yì pá shān, suǒ yǒu de yā lì jiù dōu bèi huǎn jiě le.
我一爬山，所有的压力就都被缓解了。

| 질문 | 낚시 이외에 또 어떤 취미가 있어?
| 예시답안 | 낚시 이외에, 저는 등산도 좋아합니다. 등산을 하면, 모든 스트레스가 풀려요.

| Tip | '一~就~'구문은 두 가지 뜻을 가지고 있다. 하나는 조건 혹은 원인에 대한 결과를 나타내며, '~하기만 하면, ~하다' 의미를 가지고, 두 번째는 시간상 밀접하게 연결된 두 동작을 나타낼 때 쓰여, '~하자마자, ~하다'의 의미를 가진다.

그림 3 을 보고 대답하시오.

05 | 질문 |
zhè lǐ zhēn shì tài měi le.
这里真是太美了。

| 예시답안 |
shì ya, kuài bāng wǒ zhào xiàng, yào zhào de hǎo kàn diǎnr,
是呀，快帮我照相，要照得好看点儿，
zhèr zhí dé wǒ men liú niàn.
这儿值得我们留念。

| 질문 | 여기 정말 예쁘다.
| 예시답안 | 맞아, 빨리 나 사진 찍어줘, 예쁘게 찍어야 돼, 여기는 우리가 기념할만한 가치가 있는 것 같아.

| Tip | '值得~'는 '~할 만하다, ~할 가치가 있다'는 뜻으로 가치가 있는 대상은 주어의 자리에 오고, 목적어로는 동사구나 문장이 온다.

그림 3 을 보고 대답하시오.

06 | 질문 |
jīn tiān tiān qì zhēn hǎo.
今天天气真好。

| 예시답안 |
shì ya, jiù yào dào chūn tiān le, huā dōu kāi le,
是呀，就要到春天了，花都开了，
tiān qì yě yuè lái yuè nuǎn huo le.
天气也越来越暖和了。

| 질문 | 오늘 날씨가 진짜 좋다.
| 예시답안 | 맞아, 곧 봄인데, 꽃도 피고, 날씨도 점점 따뜻해지고 있어.

| Tip | '就要~了'는 어떤 상황이나 변화가 곧 발생함을 나타낼 때 쓰인다. 보통 '就', '快'를 '要' 앞에 쓰여 시간이 촉박함을 나타낸다.

TSC 第三部分 연습문제

快速回答

그림 4 를 보고 대답하시오.

07 질문

wǒ men qí kuài diǎnr ba.
我们骑快点儿吧。

예시답안

bù xíng, gōng yuán lǐ rén tài duō le, qí tài kuài,
不行，公园里人太多了，骑太快，
wǒ pà zhuàng dào rén. wǒ men hái shì màn màn qí ba.
我怕撞到人。我们还是慢慢骑吧。

질문 우리 조금 빨리 타자.

예시답안 안 돼, 공원에 사람이 너무 많아, 너무 빨리 타면, 다른 사람과 부딪칠까 봐 걱정돼. 우리 천천히 타자.

Tip '怕'의 여러 가지 의미로 쓰인다. 1) (동) 무서워하다, 두려워하다. 2)(동)근심하다, 염려하다, 걱정이 되다. 3)(동)~에 약하다, ~를 참을 수 없다.

그림 4 를 보고 대답하시오.

08 질문

zhè lǐ zhēn shì tài měi le.
这里真是太美了。

예시답안

shì ya, zhè ge gōng yuán zhēn piào liang,
是呀，这个公园真漂亮，
xiàng tóng huà gù shi lǐ de huā yuán yí yàng,
像童话故事里的花园一样，
zhēn piào liang a.
真漂亮啊。

질문 여기 진짜 예쁘다.

예시답안 맞아, 이 공원은 너무 예뻐, 동화 속의 정원 같이, 진짜 예쁘다.

Tip '像~一样'은 '마치 ~와 같다', '~처럼'이라는 뜻으로 비유를 나타낸다. '一样' 뒤에 형용사를 써서 어떤 점이 같은지 나타낸다.

그림 5 를 보고 대답하시오.

09 질문

wǒ zài zhèr gōng zuò liù nián le.
我在这儿工作六年了。

예시답안

guài bu dé nǐ zhè me shú,
怪不得你这么熟，
yuán lái shì nǐ zài zhèr gōng zuò le zhè me jiǔ,
原来是你在这儿工作了这么久，
yǐ hòu hái yào qǐng nǐ duō duō zhǐ jiào.
以后还要请你多多指教。

질문 나 여기서 일한 지 6년이 되었어.

예시답안 어쩐지 너 아주 익숙하게 일을 하더라. 알고 보니 여기서 이렇게 오랫동안 일을 했구나, 앞으로 잘 부탁해.

Tip '怪不得~'는 '어쩐지 ~'라는 의미로 단독으로 쓰이기도 하지만, 흔히 원인을 끌어 내는 '原来(yuánlái: 알고 보니)~'와 호응하여 많이 쓰인다.

준비시간 **2** 초
답변시간 **15** 초

그림 5 를 보고 대답하시오.

10 질문
wǒ men kuài zuò wán xiū xi ba.
我们快做完休息吧。

예시답안
tài yáng zài zhèng dāng tóu, kàn lái yǐ jīng dào zhōng wǔ le,
太阳在正当头，看来已经到中午了，
wǒ men kuài zuò wán qù chī fàn ba.
我们快做完去吃饭吧。

질문: 우리 빨리 하고 쉬자.
예시답안: 해가 딱 중천에 떠 있네. 보아 하니 벌써 점심인가봐. 우리 빨리 끝내고 밥 먹으러 가자.

Tip '都~了', '已经~了'의 시량보어 뒤에 어기조사 '了'를 써서, '~째 ~하고 있다'는 지속의 의미를 나타낸다.

그림 6 을 보고 대답하시오.

11 질문
hái zi men wánr de zhēn kāi xīn a.
孩子们玩儿得真开心啊。

예시답안
shì ya, yǐ hòu wú lùn duō máng,
是呀，以后无论多忙，
wǒ men dōu yào cháng cháng dài zhe hái zi men chū lai wánr.
我们都要常常带着孩子们出来玩儿。

질문: 아이들이 아주 재미있게 노네요.
예시답안: 맞아요. 이제 아무리 바빠도, 우리 자주 아이들을 데리고 놀러 가도록 해요.

Tip '无论'은 뒤에 반드시 선택사항이 나온다. 또한 두 번째 절은 부사 '都/也'와 호응하여 쓰이는 경우가 많다.

그림 6 을 보고 대답하시오.

12 질문
xià cì cháng jià wǒ men qù nǎr wánr?
下次长假我们去哪儿玩儿？

예시답안
guān yú cháng jià, wǒ men kě yǐ qù hái zi men xǐ huan de
关于长假，我们可以去孩子们喜欢的
dì fang, bǐ rú shuō yóu lè yuán.
地方，比如说游乐园。

질문: 다음 연휴 때 우리 어디에 갈까?
예시답안: 연휴에 관해서, 우리는 아이들이 좋아하는 곳에 가도록 해요. 예를 들어 놀이공원이 좋겠어요.

Tip '关于'는 전치사로 하나의 화제를 가지고 말할 때 쓰이며 '~에 관해'의 의미로 쓰이며 말하고자 하는 화제의 범위, 내용을 나타낸다. 부사어로 쓰일 경우에는 문두에 위치한다.

TSC 第三部分 연습문제
快速回答

그림 7 을 보고 대답하시오.

13 질문
wǒ de shǒu jī zài nǎr?
我的手机在哪儿？

예시답안
wǒ kàn dào nǐ bǎ shǒu jī fàng dào nǐ de bāo lǐ le,
我看到你把手机放到你的包里了，
nǐ kàn kan yǒu méi yǒu?
你看看有没有？

질문: 내 휴대폰 어디에 있지?
예시답안: 네가 휴대폰을 너의 가방에 넣는 것을 봤어. 있는지 없는지 봐봐.

Tip '把'자문은 특정 사물이나 사람에게 어떤 행동을 의식적으로 가하여 '어떻게 처리되었는지', '어떤 결과가 발생되었는지' 등을 강조하는 표현이다. 형태는 '주어(행동의 주체)+把+목적어(처치 대상)+동작+기타 성분(了/중첩형/보어)'이다.

그림 7 을 보고 대답하시오.

14 질문
wǒ qù qǔ wǒ de shǒu jī.
我去取我的手机。

예시답안
nǐ qù ná shǒu jī de shí hou,
你去拿手机的时候，
shùn biàn mǎi liǎng píng yǐn liào, wǒ kě le.
顺便买两瓶饮料，我渴了。

질문: 나 휴대폰 찾으러 갈께.
예시답안: 휴대폰 가지러 가는 김에, 음료수 두 병만 사다줘. 목이 말라.

Tip '顺便~'는 '~하는 김에'의 뜻으로, 어떤 일을 하는 과정에 겸사겸사 또 다른 일을 하는 것을 나타내며, 위치는 보통 뒤 절 처음에 나온다.

그림 8 을 보고 대답하시오.

15 질문
zhōu mò zhè me pǎo pǎo bù zhēn hǎo.
周末这么跑跑步真好。

예시답안
hǎo shì hǎo, jiù shì tài rè le.
好是好，就是太热了。
xià cì wǒ men wǎn shang guò lái pǎo bù ba.
下次我们晚上过来跑步吧。

질문: 주말에 이렇게 좀 뛰니까 너무 좋다.
예시답안: 좋긴 좋은데, 너무 덥다. 다음에 우리 저녁에 와서 뛰자.

Tip '~是~, 就是~'는 '~하기 ~하지만, 단지~'의 의미로, 앞 절에 제시된 내용의 일부를 인정하거나 긍정하고 뒤 절에서는 '就是'로 어기를 전환하여 핵심적인 의미를 강조하는 표현이다.

| 준비시간 | **2** 초 |
| 답변시간 | **15** 초 |

그림 8 을 보고 대답하시오.

16 질문
zán men pǎo le duō jiǔ le?
咱们跑了多久了？

예시답안
zán men yǐ jīng pǎo le yí ge duō xiǎo shí le,
咱们已经跑了一个多小时了，
dào qián mian xiū xi yí xià, chī diǎnr dōng xi ba.
到前面休息一下，吃点儿东西吧。

질문 우리 얼마나 뛰었어?
예시답안 우리 이미 한 시간 넘게 뛰었어, 앞에서 조금 쉬고, 뭐 좀 먹자.

Tip '多'는 수사나 양사 뒤에 쓰여 어림수를 나타낸다. 끝자리 수가 '0'일 경우 숫자 뒤에 쓰고, 끝자리 수가 '0'이 아닌 다른 숫자일 경우 양사 뒤에 쓴다.

예 二十多个小时。 20시간 넘게
两年多。 2년 넘게

그림 9 를 보고 대답하시오.

17 질문
zhè shì gěi nǐ de lǐ wù.
这是给你的礼物。

예시답안
jīn tiān yòu bú shì wǒ de shēng rì,
今天又不是我的生日，
zěn me tū rán sòng wǒ lǐ wù ne?
怎么突然送我礼物呢？
yǒu shén me shì ma?
有什么事吗？

질문 이것은 너에게 주는 선물이야.
예시답안 오늘 나의 생일도 아닌데, 왜 갑자기 나에게 선물을 주는 거야? 무슨 일 있어?

Tip '又不是~/有没(有)~'는 '~(한 것)도 아닌데/~(한 것)도 아니었는데'라는 의미로 '又'는 부정문의 어기를 강조한다.

예 你又不是我, 怎么知道我的想法? 네가 내가 아닌데, 어떻게 나의 생각을 알겠어?

그림 10 을 보고 대답하시오.

18 질문
tīng shuō nǐ shēng zhí le, zhè shì gěi nǐ de lǐ wù,
听说你升职了，这是给你的礼物，
xī wàng nǐ xǐ huān.
希望你喜欢。

예시답안
xiè xie, nǐ sòng de lǐ wù wǒ néng bù xǐ huān ma?
谢谢，你送的礼物我能不喜欢吗？
ràng wǒ kàn kan shì shén me lǐ wù.
让我看看是什么礼物。

질문 듣기에 너 승진했다며? 이것은 너에게 주는 선물이야, 네가 좋아하길 바래.
예시답안 고마워, 네가 준 선물을 내가 어떻게 좋아하지 않겠어? 무슨 선물인지 보자.

Tip '能不~吗?'는 '~안 할 리가 있겠니?/~안 할 수가 있을까?'의 의미로 '당연히 ~해야 한다'는 의미를 강조하기 위해 쓰인 반어문 형태이다.

LESSON 02 TSC 第三部分 - 快速回答

TSC 第三部分 연습문제
快速回答

그림 10 을 보고 대답하시오.

19 질문
nǐ kàn kan zhè fèn hé tóng.
你看看这份合同。

예시답안
zhè fèn hé tóng qiān de bú cuò, àn zhào hé tóng,
这份合同 签得不错，按照合同，
wǒ men gōng sī huì dé dào de lì yì zuì dà.
我们公司会得到的利益最大。

질문: 이 계약서 좀 봐봐.

예시답안: 이 계약 나쁘지 않아. 계약에 따르면, 우리 회사가 얻을 이익이 제일 커.

Tip '按照'는 전치사로 '~에 따라, 근거하여'의 의미로 보통 2음절 이상의 단어와 함께 쓰인다.
예) 按照一般的情况来说, 他现在应该在公司。
일반적인 상황에 따르면, 그는 지금 회사에 있을 거야.

그림 10 을 보고 대답하시오.

20 질문
nǐ kàn kan zhè fèn hé tóng,
你看看这份合同，
méi yǒu wèn tí de huà qiān zì ba.
没有问题的话签字吧。

예시답안
dāng rán méi yǒu wèn tí, hái duì wǒ tè bié yǒu lì,
当然没有问题，还对我特别有利，
xiè xie guì gōng sī de zhào gù.
谢谢贵公司的照顾。

질문: 이 계약서 체크하시고, 문제 없으면 싸인해 주세요.

예시답안: 당연히 문제없지요. 게다가 저에게 아주 유리하네요. 귀사의 배려에 감사드립니다.

Tip 접속사 '不仅'은 '~뿐만 아니라'의 의미로 쓰이며 '不仅仅/不但/不光/不单'과 바꾸어 쓸 수 있다. 두 번째 절에는 '而且/并且/还/也'가 이어진다.

그림 11 을 보고 대답하시오.

21 질문
fēng zheng yào zěn me fàng a?
风筝要怎么放啊？

예시답안
fēng zheng yào kàn hǎo fēng xiàng, fēng xiǎo bù xíng,
风筝要看好风向，风小不行，
dàn shì fēng tài dà de huà,
但是风太大的话，
fēng zheng fǎn ér huì fēi bù qǐ lái.
风筝反而会飞不起来。

질문: 연은 어떻게 날려?

예시답안: 연을 날릴 때 풍향을 잘 봐야 해, 바람이 작아도 안되고, 바람이 너무 세면, 오히려 연을 날릴 수가 없어.

Tip '反而'은 접속사로 실제 상황이 자신이 예상했던 상황과 상반되는 경우를 나타낼 때 쓰인다. 앞 절에 '不仅不(没), 不但不(没)'와 호응한다.

준비시간 **2** 초
답변시간 **15** 초

그림 11 을 보고 대답하시오.

22 질문
fēng zhēng zěn me fēi bù qǐ lái ya?
风筝怎么飞不起来呀？

예시답안
nǐ guāng pǎo bù xíng, yào kàn hǎo fēng xiàng,
你光跑不行，要看好风向，
màn màn gēn zhe fēng pǎo.
慢慢跟着风跑。

질문 연이 왜 안날지?
예시답안 뛰기만 하면 안돼, 풍향을 잘 보고, 천천히 바람에 따라 뛰어야 해.

Tip 부사 '光'은 '오로지, 단지'의 의미로 쓰이며 범위부사 '就, 只, 仅, 仅仅'도 비슷한 의미로 쓰인다.

예 **任务这么重，光你们两个人恐怕不行。**
임무가 이렇게 막중하니, 당신들 두 명만으로는 아마 어려울 것입니다.

그림 12 를 보고 대답하시오.

23 질문
zhè ge zǐ cài bāo fàn zhēn hǎo chī.
这个紫菜包饭真好吃。

예시답안
nà dāng rán, xiàn zài bù jǐn hán guó rén,
那当然，现在不仅韩国人，
shèn zhì shì zhōng guó rén yě fēi cháng xǐ huān chī
甚至是中国人也非常喜欢吃
zǐ cài bāo fàn.
紫菜包饭。

질문 이 김밥 진짜 맛있다.
예시답안 당연하지, 지금은 한국사람 뿐만 아니라, 심지어 중국사람도 김밥을 아주 좋아해.

Tip '甚至'는 부사로 '심지어, ~까지도'로 해석되며 뒤에 흔히 부사 '都, 也'가 함께 쓰인다. '甚至'는 복문 두 번째 절 앞에 쓰여 뒤의 상황을 강조하기도 하는데, 이때 앞 절에는 '不仅, 不光, 不但'이 주로 쓰인다.

그림 12 를 보고 대답하시오.

24 질문
zhōng guó rén xǐ huān chī zǐ cài bāo fàn ma?
中国人喜欢吃紫菜包饭吗？

예시답안
shì ya, zuì jìn yīn wèi hán liú,
是呀，最近因为韩流，
zǐ cài bāo fàn fēi cháng shòu zhōng guó rén de huān yíng.
紫菜包饭非常受中国人的欢迎。

질문 중국사람은 김밥을 좋아합니까?
예시답안 네, 요즘 한류 때문에, 김밥은 중국 사람에게 인기가 아주 많습니다.

Tip '受+대상+欢迎'은 직역하면 '그 대상에게 환영을 받는다'는 의미로 '인기가 있다'라고 해석한다.

예 **这个产品很受年轻人欢迎。**
이 제품은 젊은이들에게 인기가 있다.

LESSON 02 TSC 第三部分 - 快速回答

TSC 第三部分 연습문제

快速回答

준비시간 **2** 초
답변시간 **15** 초

그림 12 를 보고 대답하시오.

25 [질문] zhè yàng zài wài miàn chī zhēn hǎo.
这样在外面吃真好。

[예시답안] shì ya, jì kě yǐ chī hǎo chī de,
是呀，既可以吃好吃的，
yòu kě yǐ xīn shǎng měi lì de fēng jǐng,
又可以欣赏美丽的风景，
zhēn shì tài hǎo le.
真是太好了。

[질문] 이렇게 밖에서 먹으니 진짜 좋다.
[예시답안] 맞아, 맛있는 것을 먹을 수 있을 뿐만 아니라, 아름다운 풍경도 감상할 수도 있어, 정말 좋다.

[Tip] '既~又~'는 병렬관계를 나타내며, 동시에 두 가지 성질이나 상황을 지니고 있음을 나타낸다. 앞 절과 뒤 절의 구조는 같아야 한다.

연습문제 다시 풀기

※ 본문의 그림(P27)을 보고, 준비시간, 답변시간을 준수하여 다시 풀어보세요.

	问题		回答时间		评价			
			准备	回答	流利度	语法	词汇	语音
1	그림1	这样坐着真舒服。	2秒	15秒				
2	그림1	最近工作忙吗?	2秒	15秒				
3	그림2	钓鱼最重要的是什么?	2秒	15秒				
4	그림2	除了钓鱼以外, 你还有什么爱好?	2秒	15秒				
5	그림3	这里真是太美了。	2秒	15秒				
6	그림3	今天天气真好。	2秒	15秒				
7	그림4	我们骑快点儿吧。	2秒	15秒				
8	그림4	这里真是太美了。	2秒	15秒				
9	그림5	我在这儿工作六年了。	2秒	15秒				
10	그림5	我们快做完休息吧。	2秒	15秒				
11	그림6	孩子们玩儿得真开心啊。	2秒	15秒				
12	그림6	下次长假我们去哪儿玩儿?	2秒	15秒				
13	그림7	我的手机在哪儿?	2秒	15秒				
14	그림7	我去取我的手机。	2秒	15秒				
15	그림8	周末这么跑跑步真好。	2秒	15秒				
16	그림8	咱们跑了多久了?	2秒	15秒				
17	그림9	这是给你的礼物。	2秒	15秒				
18	그림9	听说你升职了, 这是给你的礼物, 希望你喜欢。	2秒	15秒				
19	그림10	你看看这份合同。	2秒	15秒				
20	그림10	你看看这份合同, 没有问题的话签字吧。	2秒	15秒				
21	그림11	风筝要怎么放啊?	2秒	15秒				
22	그림11	风筝怎么飞不起来呀?	2秒	15秒				
23	그림12	这个紫菜包饭真好吃。	2秒	15秒				
24	그림12	中国人喜欢吃紫菜包饭吗?	2秒	15秒				
25	그림12	这样在外面吃真好。	2秒	15秒				

第三部分

LESSON 03 | TSC 第四部分 - 简短回答

八先生 비법 노트 : TSC 핵심 어법

01. **어법** 一(yī)~就(jiù)~ : ~하자마자 ~하다

예문 wǒ yì huí jiā jiù gěi nǐ dǎ diàn huà.
我一回家就给你打电话。
내가 집에 가자마자 너에게 전화를 할게.

02. **어법** 又(yòu)~又(yòu)~ : ~하기도 하고, ~하기도 하다

예문 tā yòu shuō yòu xiào, hěn kāi xīn de yàng zi.
他又说又笑，很开心的样子。
그는 얘기하면서 웃고, 아주 즐거운 모습이었다.

03. **어법** 偏偏(piān piān)~ : 기어코~, 굳이~

예문 wǒ bú ràng tā lái, tā piān piān yào lái.
我不让他来，他偏偏要来。
내가 그를 못 오게 했는데, 그는 기어코 왔어.

04. **어법** 要是(yào shì)~ : 만약에 ~ 라면

예문 yào shì wǒ shì nǐ, jiù bú huì zhè me zuò.
要是我是你，就不会这么做。
만약에 내가 너라면, 이렇게 하지 않았을 거야.

05. **어법** 千万(qiān wàn)~ : 부디, 제발

예문 nǐ qiān wàn bié gào su tā, bài tuō nǐ le.
你千万别告诉他，拜托你了。
절대로 그에게 알리지 마, 부탁해.

06. 어법 **~的话(de huà)**：~하다면

예문 qù zhōng guó de huà, yí dìng yào qù běi jīng kàn kan.
去中国的话，一定要去北京看看。

중국에 간다면, 반드시 북경에 가봐야 해.

07. 어법 **特别是(tè bié shì)~**：특히 ~하다

예문 wǒ hěn xǐ huān chī zhōng guó cài, tè bié shì yáng ròu chuàn.
我很喜欢吃中国菜，特别是羊肉串。

저는 중국요리를 매우 좋아하고, 특히 양꼬치를 좋아합니다.

08. 어법 **稍微(shāo wēi)~**：조금 ~하다

예문 nín shāo wēi děng yí xià, tā mǎ shàng jiù huí lái le.
您稍微等一下，他马上就回来了。

조금 기다려 주세요, 그는 금방 올 거에요.

09. 어법 **等(děng)~**：~하고 나서

예문 děng nǐ chī bǎo le, wǒ men qù sàn bù ba.
等你吃饱了，我们去散步吧。

네가 배불리 다 먹고 나면, 우리 산책하러 가자.

10. 어법 **连(lián)~也(yě)/都(dōu)~**：심지어 ~ 조차도 ~

예문 wǒ lián nǐ dōu bú xìn de huà, hái néng xìn shuí ya?
我连你都不信的话，还能信谁呀！

내가 너조차 못 믿으면, 누구를 믿을 수 있겠어.

LESSON 03 | TSC 第四部分

八先生 비법 노트: TSC 핵심 단어

励志 [lìzhì]	동 스스로 분발하다
散文 [sǎnwén]	명 산문
精神 [jīngshén]	형 활기차다
细嚼慢咽 [xìjiáomànyàn]	성어 오래오래 잘 씹고 천천히 삼키다
倾听 [qīngtīng]	동 경청하다
蜘蛛 [zhīzhū]	명 거미
伸张正义 [shēnzhāngzhèngyì]	성어 정의를 실현하다
救死扶伤 [jiùsǐfúshāng]	성어 죽음에 처한 사람을 구조하고 부상자를 돌보다
隐藏 [yǐncáng]	동 감추다
无精打采 [wújīngdǎcǎi]	성어 풀이 죽다, 기운 없다
兴高采烈 [xìnggāocǎiliè]	성어 매우 기쁘다
卡奴 [kǎnú]	신조어 카드의 노예
控制 [kòngzhì]	동 통제하다
夸大 [kuādà]	동 과장하다
典型 [diǎnxíng]	형 전형적인
福利 [fúlì]	명 복지
规定 [guīdìng]	동 규정하다
内在美 [nèizàiměi]	명 내면의 아름다움
体贴 [tǐtiē]	동 자상하다
学识 [xuéshí]	명 학식
宠物 [chǒngwù]	명 애완 동물
分解 [fēnjiě]	동 분해하다
膝盖 [xīgài]	명 무릎
随意 [suíyì]	부 마음대로, 뜻대로
主见 [zhǔjiàn]	명 주견
生物碱 [shēngwùjiǎn]	명 알칼로이드
新陈代谢 [xīnchéndàixiè]	명 신진대사
油脂 [yóuzhī]	명 지방
阻力 [zǔlì]	명 저항
记账 [jìzhàng]	동 장부에 적다

TSC 第四部分 연습문제

简短回答

준비시간 **15** 초
답변시간 **25** 초

---

1 nǐ xǐ huān kàn shū ma?
你喜欢看书吗？

| 질문 | 당신은 책 읽는 것을 좋아합니까? |

예시답안
wǒ hěn xǐ huān kàn shū, shì ge shū chóng, yí kàn shū jiù huì wàng le
我很喜欢看书，是个书虫，一看书就会忘了
shí jiān. wǒ xǐ huān kàn gè zhǒng gè yàng de shū, lì zhì lèi、
时间。我喜欢看各种各样的书，励志类、
lì shǐ lèi、 zhèng zhì lèi děng děng, xiǎo shuō sǎn wén yě dōu xǐ huān.
历史类、政治类等等，小说散文也都喜欢。
zhǐ yào shì hǎo shū, wǒ dōu xǐ huān kàn.
只要是好书，我都喜欢看。

예시답안 저는 책을 읽는 것을 좋아합니다, 저는 책벌레라서, 책을 보면 시간 가는 줄을 모릅니다. 저는 다양한 책을 읽는 것을 좋아합니다, 자기 개발서, 역사, 정치에 관한 책이나, 소설과 산문도 좋아합니다. 책이라면, 저는 모두 좋아합니다.

Tip '一+상황1, 就+상황2'에서 '상황1'은 조건을, '상황2'는 그 조건에 따라 바로 발생하는 결과를 나타낸다.

---

2 nǐ měi tiān chī zǎo fàn ma?
你每天吃早饭吗？

| 질문 | 당신은 매일 아침 식사를 합니까? |

예시답안
wǒ yì bān měi tiān dōu chī zǎo fàn,
我一般每天都吃早饭，
yīn wèi wǒ tīng shuō yí rì zhī jì zài yú chén,
因为我听说一日之计在于晨，
zhǐ yǒu zǎo shang chī hǎo le,
只有早上吃好了，
yì zhěng tiān cái néng yòu jiàn kāng yòu yǒu jīng shén.
一整天才能又健康又有精神。
dàn shì yǒu shí hou qǐ de wǎn le, jiù chī bú shàng zǎo fàn le.
但是有时候起得晚了，就吃不上早饭了。

예시답안 저는 일반적으로 아침을 먹습니다, 왜냐하면, 제가 듣기로는 하루의 시작은 아침이라고 하는데, 아침에 잘 먹어야지만, 온종일 건강하고 활기도 있을 것입니다. 하지만 가끔 늦게 일어나면, 아침을 먹을 수 없습니다.

Tip '又~又~'는 동사(구)나 형용사(구)를 연결시켜 두 가지 상황이나 특성이 동시에 존재함을 강조한다.
예) 孩子们高兴极了，又唱又跳。
아이들은 정말 즐거워서, 노래를 부르며 춤을 춘다.

TSC 第四部分 연습문제
简短回答

3 nǐ yǒu shén me hǎo xí guàn?
你有什么好习惯？

질문 ▶ 당신은 어떤 좋은 습관이 있습니까?

예시답안 ▶
wǒ yǒu hěn duō hǎo xí guàn, bǐ rú shuō, zǎo shuì zǎo qǐ,
我有很多好习惯，比如说，早睡早起，
gěi zì jǐ chōng zú de shuì mián. chī fàn shí xì jiáo màn yàn,
给自己充足的睡眠。吃饭时细嚼慢咽，
shí bù yǔ. ér qiě wǒ hái yǒu qīng tīng de hǎo xí guàn,
食不语。而且我还有倾听的好习惯，
bù dǎ duàn bié rén de huà, shì shí de tí gòng jiàn yì shén me de.
不打断别人的话，适时地提供建议什么的。

예시답안 ▶ 저는 많은 좋은 습관이 있습니다, 예를 들어, 일찍 자고 일찍 일어나고, 충분한 수면시간을 가집니다. 밥을 먹을 때 천천히 먹고, 말을 하지 않습니다. 그리고 저는 경청하는 좋은 습관이 있습니다, 다른 사람의 말을 끊지 않고, 적절히 건의를 제의합니다.

Tip ▶ '而且'는 '게다가'라는 뜻으로 앞에 문구에 더불어 추가적인 사항을 말하고자 할 때 쓰인다.

예 ▶ 我不喜欢他，而且他也不是好人。
나는 그를 싫어해, 게다가 그는 좋은 사람이 아니야.

4 qǐng nǐ jiè shào yí bù nǐ xǐ huān de diàn yǐng.
请你介绍一部你喜欢的电影。

질문 ▶ 당신이 좋아하는 영화를 소개해주세요.

예시답안 ▶
wǒ zuì xǐ huān de diàn yǐng shì 'zhī zhū xiá'.
我最喜欢的电影是'蜘蛛侠'。
zhǔ rén gōng gāng kāi shǐ gēn pǔ tōng rén méi yǒu shén me qū bié,
主人公刚开始跟普通人没有什么区别，
dàn tōng guò yí ge jī yuán, chéng wéi le zhī zhū xiá,
但通过一个机缘，成为了蜘蛛侠，
tā shēn zhāng zhèng yì, jiù sǐ fú shāng, piān piān yòu yǐn cáng zì jǐ,
他伸张正义，救死扶伤，偏偏又隐藏自己，
shì zuò hǎo shì bù liú míng de yīng xióng.
是做好事不留名的英雄。

예시답안 ▶ 제가 제일 좋아하는 영화는 '스파이더맨'입니다. 주인공은 처음에는 우리와 같은 평범한 사람이었는데, 우연한 기회를 통해 스파이더맨이 되었습니다, 그는 정의를 실현하고, 어려움에 처한 사람을 도우면서도, 오히려 자신을 감추며, 좋은 일을 하되 이름을 남기지 않는 영웅입니다.

Tip ▶ '偏偏'은 어떤 사실이 주관적인 희망과 같지 않거나 상반됨을 나타낸다. 또 다른 뜻으로 '只有', '仅仅'과 같이 '단지, ~뿐이다'로 어떤 특수한 상황에 대해 다소 불만이 있음을 나타낸다.

준비시간 **15** 초
답변시간 **25** 초

5

nǐ xǐ huān guàng jiē ma? nǐ yì bān gēn shuí yì qǐ qù guàng jiē?
你喜欢逛街吗？你一般跟谁一起去逛街？

질문 당신은 쇼핑하는 것을 좋아합니까?
당신은 보통 누구와 쇼핑을 합니까?

예시답안
wǒ hěn xǐ huān guàng jiē, wǒ yì bān gēn wǒ de nán péng you
我很喜欢逛街，我一般跟我的男朋友
yì qǐ guàng jiē, huò zhě gēn wǒ de péng you men guàng jiē.
一起逛街，或者跟我的朋友们逛街。
wǒ gèng xǐ huān gēn péng you men guàng jiē, yīn wèi gēn nán péng you
我更喜欢跟朋友们逛街，因为跟男朋友
guàng jiē de shí hou, tā zǒng shì wú jīng dǎ cǎi de.
逛街的时候，他总是无精打采的。
ér péng you men què shì xìng gāo cǎi liè de.
而朋友们却是兴高采烈的。

예시답안 저는 쇼핑을 하는 것을 좋아합니다, 저는 일반적으로 남자친구와 쇼핑을 하거나 친구들과 쇼핑을 합니다. 저는 친구들과 쇼핑하는 것을 더 좋아하는데, 그 이유는 남자친구와 쇼핑을 가면, 그가 힘들어하기 때문입니다, 반면 친구들은 오히려 기뻐합니다.

Tip '或者~'는 선택을 나타낸다. 주어가 다를 때에서 '或者'를 주어 앞에 써야 한다.
예) 我们去中国或者日本吧。
우리 중국이나 일본에 가자.

6

nǐ shǐ yòng xìn yòng kǎ ma?
你使用信用卡吗？
qǐng nǐ shuō shuo xìn yòng kǎ de hǎo chù hé huài chù gè shì shén me.
请你说说信用卡的好处和坏处各是什么。

질문 당신은 신용카드를 사용합니까?
신용카드의 장점과 단점이 각각 무엇인지 이야기해 보세요.

예시답안
wǒ shǐ yòng xìn yòng kǎ, wǒ shì yí ge kǎ nú.
我使用信用卡，我是一个卡奴。
shǐ yòng xìn yòng kǎ hěn fāng biàn, yě yǒu hěn duō yōu huì,
使用信用卡很方便，也有很多优惠，
dàn shì zhèng yīn wèi zhè yàng, wǒ méi yǒu bàn fǎ kòng zhì xiāo fèi.
但是正因为这样，我没有办法控制消费。
yào shì méi yǒu xìn yòng kǎ, wǒ kě néng yě bú huì guò dù xiāo fèi.
要是没有信用卡，我可能也不会过度消费。

예시답안 저는 신용카드를 사용합니다, 저는 카드의 노예입니다. 비록 신용카드를 사용하면 편리하고 또 할인을 받을 수 있는 경우가 많지만, 이러한 이유로, 저는 소비를 통제할 수 없습니다, 만약에 신용카드가 없다면, 아마도 과도한 소비를 하지 않을 것입니다.

Tip 접속사 '要是'는 앞 절에 쓰여 일종의 가설을 제시하고 뒤 절에서는 그러한 상황에서 일어날 수 있는 일을 설명한다. 뒤 절의 앞부분에는 주로 '就', '那', '那么' 등의 단어가 호응한다.

TSC 第四部分 연습문제

简短回答

7 nǐ jué de guǎng gào de hǎo chù hé huài chù gè shì shén me?
你觉得广告的好处和坏处各是什么?

질문 광고의 장점과 단점이 각각 무엇입니까?

예시답안
duì xiāo fèi zhě ér yán, guǎng gào de hǎo chù shì
对消费者而言，广告的好处是
kě yǐ hěn kuài de liǎo jiě chǎn pǐn, kě yǐ tōng guò zhī míng dù
可以很快地了解产品，可以通过知名度，
duì chǎn pǐn chǎn shēng yí dìng de xìn rèn。 huài chù shì
对产品产生一定的信任。坏处是
dà bù fēn guǎng gào shì yǒu kuā dà, měi huà de。
大部分广告是有夸大，美化的。
suǒ yǐ xiāo fèi zhě men qiān wàn bù néng quán xìn guǎng gào。
所以消费者们千万不能全信广告。

예시답안 소비자에게 있어, 광고의 장점은 빨리 상품을 이해할 수 있고, 인지도를 통해, 상품에 대해 신뢰를 할 수 있다는 점입니다. 단점은 대부분의 광고가 과장되거나, 미화되었다는 것입니다. 그래서 소비자는 절대로 광고를 전부 믿으면 안 됩니다.

Tip '千万'은 '반드시, 꼭'의 의미로 어떤 사람에게 무엇을 간절히 부탁하거나 희망을 나타내고자 할 때 쓰이며, 뒤에는 일반적으로 '要', 혹은 부정사가 온다.

8 zài nǐ jiā lǐ, jiā wù shì zěn me fēn dān de?
在你家里，家务是怎么分担的?

질문 당신의 집에서는, 집안일을 어떻게 분담합니까?

예시답안
qí shí zài wǒ jiā lǐ, suǒ yǒu de jiā wù dōu shì
其实在我家里，所有的家务都是
wǒ de tài tai zuò de。 yīn wèi wǒ měi tiān zǎo chū wǎn guī,
我的太太做的。因为我每天早出晚归，
měi tiān gōng zuò tè bié máng, huí jiā yǐ hòu jiù xiǎng xiū xi,
每天工作特别忙，回家以后就想休息，
suǒ yǐ yì bān bú zuò jiā wù。
所以一般不做家务。
dàn zhōu mò wǒ huì bāng wǒ tài tai zuò jiā wù。
但周末我会帮我太太做家务。

예시답안 사실 저의 집에서, 모든 집안일은 아내가 하고 있습니다. 왜냐하면, 저는 매일 일찍 일어나고 늦게 퇴근하며, 회사의 일이 너무 바쁩니다, 집에 가서는 그저 쉬고 싶어서, 집안일을 하지 않습니다. 하지만 주말에는 아내를 도와서 집안일을 조금 합니다.

Tip '其实'는 말하려는 상황이 사실임을 강조하며, 앞서 말한 것에 대해 수정이나 보충을 할 경우 사용한다. 서술어나 주어 앞에 쓴다.

준비시간 **15** 초
답변시간 **25** 초

9

zài nǐ men gōng sī, cháng cháng jiā bān ma?
在你们公司，常常加班吗？

질문 당신의 회사는 자주 야근을 합니까?

예시답안
wǒ men gōng sī shì diǎn xíng de hán guó gōng sī.
我们公司是典型的韩国公司，
dēng jí guān niàn tè bié qiáng, suǒ yǐ rú guǒ shàng sī
等级观念特别强，所以如果上司
méi yǒu xià bān, nà me xià shǔ jiù bù néng xià bān.
没有下班，那么下属就不能下班。
yǒu shí bú shì méi wán chéng gōng zuò ér jiā bān,
有时不是没完成工作而加班，
ér shì yīn wèi shàng sī méi xià bān, suǒ yǐ cái jiā bān.
而是因为上司没下班，所以才加班。

예시답안 저희 회사는 전형적인 한국기업입니다, 계급관념이 특히 강해서, 만약에 상사가 퇴근하지 않았다면, 아래 사람도 퇴근할 수 없습니다. 가끔은 일이 완료되지 않아서 추가 근무를 하는 것이 아니라, 단지 상사가 퇴근하지 않았기 때문에, 추가 근무를 하는 경우가 있습니다.

Tip '如果'는 '要是'와 마찬가지로 '만약'이라는 가정을 나타내며, '要是'보다 정식표현이다. '如果'는 앞 절에 쓰이며 뒤 절에는 결론, 결과 혹은 문제 제기가 따른다. 보통 '那么', 혹은 '就'등과 함께 호응을 이룬다.

10

nǐ duì xiàn zài de gōng zuò mǎn yì ma? wèi shén me?
你对现在的工作满意吗？为什么？

질문 당신은 현재 자기 일에 만족합니까? 왜 그런가요?

예시답안
wǒ duì wǒ xiàn zài de gōng zuò méi shén me bù mǎn yì de,
我对我现在的工作没什么不满意的，
gōng zuò huán jìng hǎo, fú lì hǎo, gōng zī gāo,
工作环境好，福利好，工资高，
lí wǒ jiā hái hěn jìn. dàn shì zhǐ yǒu yì diǎn,
离我家还很近。但是只有一点，
nà jiù shì zhè ge zhí yè wǒ bú shì hěn xǐ huān.
那就是这个职业我不是很喜欢。

예시답안 저는 현재 저의 일에 불만족스러운 것은 없습니다, 근무환경도 좋고, 복지도 좋으며, 월급도 높습니다, 저희 집에서 거리도 가깝습니다. 하지만 단 하나의 문제는 이 일이 제가 그다지 좋아하는 직무가 아니라는 점입니다.

Tip 여기에 '什么'는 불특정한 사람이나 사물을 가리킨다. '什么'를 생략해도 뜻에는 변화가 없으며, 명사 앞에 사용한다.

TSC 第四部分 연습문제
简短回答

11
nǐ rèn wéi jīng cháng huàn gōng zuò hǎo ma? wèi shén me?
你认为经常 换 工作好吗？为什么？

질문: 당신은 자주 직업을 바꾸는 것이 좋다고 생각합니까? 이유는 무엇입니까?

예시답안:
wǒ jué de jīng cháng huàn gōng zuò bù hǎo,
我觉得经 常 换 工作不好，
shù yè yǒu zhuān gōng, rú guǒ jīng cháng huàn gōng zuò,
术业有专 攻，如果经 常 换 工作，
nà me kě néng duì měi yí ge gōng zuò liǎo jiě bù shēn,
那么可能对每一个工作了解不深，
bù néng zuò dào 'jīng', ér qiě hái xiǎn de bù wěn dìng,
不 能 做 到'精'，而且还显得不稳 定，
bù wěn zhòng.
不稳重。

예시답안: 저는 자주 직업을 바꾸는 것이 좋지 않다고 생각합니다. 모든 업종은 전문지식이 필요한데, 만약에 자주 직업을 바꾼다면, 아마 모든 일을 자세히 알지 못하고, '정통' 할 수 없을 것입니다. 게다가 불안정하고, 신중하지 않아 보일 것입니다.

Tip: 동사 '显得'는 '어떤 상황이나 상태를 나타내 보이다'라는 의미로, 뒤에는 형용사나 '比~+형용사' 등이 주로 쓰인다.

12
nǐ yǒu wǎng gòu de jīng yàn ma? qǐng jiǎn dān jiè shào yí xià.
你有网 购的经验吗？请简单介绍一下。

질문: 당신은 인터넷 쇼핑 경험이 있습니까? 간단히 소개해 보세요.

예시답안:
wǒ yǒu wǎng gòu de jīng yàn, dàn bìng bù chéng gōng.
我有网 购的经验，但并不 成 功。
yǒu yí cì, wǒ zài wǎng shàng mǎi le yí jiàn yī fu,
有一次，我在网 上 买了一件衣服，
děng shōu dào hòu cái fā xiàn yán sè gēn zài wǎng shàng kàn de
等 收到后才发现颜色跟在网 上 看的
yǒu diǎnr bù yí yàng, ér qiě dà xiǎo yě bù hé shì.
有点儿不一样，而且大小也不合适。
yīn cǐ wǒ duì wǎng gòu hěn shī wàng.
因此我对网 购很失望。

예시답안: 저는 인터넷 쇼핑 경험이 있습니다, 하지만 성공적이지 않았습니다. 한번은, 제가 인터넷에서 옷을 한 벌 샀는데, 받아보니 색깔이 인터넷상에서 본 것과 조금 다르고, 게다가 사이즈도 맞지 않는다는 것을 알게 되었습니다. 그래서 저는 인터넷 쇼핑에 대해 실망했습니다.

Tip: 만약 '等' 뒤에 동사구나 절이 오면, '~하고 나면' 혹은 '~하고 나서'의 의미를 나타내고, 뒤 절에는 주로 '就', '再' 등이 호응한다.

준비시간 **15** 초
답변시간 **25** 초

---

13 nǐ yì bān shàng bān de shí hou chuān shén me yàng de yī fu?
你一般上班的时候，穿什么样的衣服？

질문 당신은 출근할 때, 어떤 옷을 입습니까?

예시답안
wǒ yì bān shàng bān de shí hou huì chuān zhèng zhuāng,
我一般上班的时候会穿正装，
yīn wèi wǒ men gōng sī guī dìng shàng bān shí chuān zhèng zhuāng,
因为我们公司规定上班时穿正装，
jí shǐ shì yán rè de xià tiān wǒ dōu yào chuān cháng xiù chèn shān.
即使是炎热的夏天我都要穿长袖衬衫。
dàn měi ge yuè de zuì hòu yí ge xīng qī wǔ,
但每个月的最后一个星期五，
chuān yī fu kě yǐ shāo wēi suí yì yì diǎnr.
穿衣服可以稍微随意一点儿。

예시답안 저는 일반적으로 출근할 때 정장을 입습니다, 왜냐하면 저희 회사는 출근할 때 정장을 입는 규정이 있습니다, 설사 아주 무더운 여름이라 할지라도 저는 긴 팔 셔츠를 입습니다. 하지만 매달의 마지막 금요일은, 조금 편하게 입어도 됩니다.

Tip '稍微'는 수량이 적음, 혹은 정도가 심하지 않음을 나타내는 부사이다. '稍微+형용사/동사+一点儿/一些'와 같이 사용되어 '좀 ~하다, 좀 ~한'의 의미를 나타낸다.

---

14 nǐ xǐ huān shén me lèi xíng de rén?
你喜欢什么类型的人？

질문 당신은 어떤 유형의 사람을 좋아합니까?

예시답안
wǒ jué de wài mào yì diǎnr yě bú zhòng yào,
我觉得外貌一点儿也不重要，
zuì zhòng yào de shì nèi zài měi, xìng gé hǎo.
最重要的是内在美，性格好。
wǒ xī wàng tā shì yí ge wēn róu tǐ tiē,
我希望她是一个温柔体贴，
kāi lǎng dà fāng, yǒu xué shí, yǒu zhǔ jiàn de rén.
开朗大方，有学识，有主见的人。

예시답안 저는 외모는 조금도 중요하지 않다고 생각합니다, 제일 중요한 것은 내면의 아름다움과 좋은 성격입니다. 저는 그녀가 온유하고 자상하며, 활발하면서도 대범하고, 지혜롭고 주견이 있는 사람이었으면 좋겠어요.

Tip '一~也/都+不/没~'는 어떤 동작이나 행위 혹은 어떤 성질의 부정을 강조할 때 쓰인다.

LESSON 03 TSC 第四部分 - 简短回答

TSC 第四部分 연습문제
简短回答

15
nǐ xǐ huān hē kā fēi hái shì xǐ huān hē chá?
你喜欢喝咖啡还是喜欢喝茶？

질문: 당신은 커피 마시는 것을 좋아합니까 아니면 차를 마시는 것을 좋아합니까?

예시답안:
wǒ xǐ huān hē chá, yīn wèi chá bù jǐn shì yì zhǒng yǐn liào,
我喜欢喝茶，因为茶不仅是一种饮料，
ér qiě duì shēn tǐ hěn hǎo.
而且对身体很好。
tè bié shì chá yè lǐ de shēng wù jiǎn
特别是茶叶里的生物碱
kě yǐ cù jìn xīn chén dài xiè, bāng zhù xiāo huà,
可以促进新陈代谢，帮助消化，
duì yóu zhī yǒu fēn jiě zuò yòng.
对油脂有分解作用。

예시답안: 저는 차를 마시는 것을 좋아합니다. 왜냐하면, 차는 음료 역할을 할 뿐만 아니라, 게다가 몸에도 좋기 때문입니다. 특히 찻잎에는 알칼로이드 성분이 들어 있어서 신신대사를 촉진하고, 소화를 도와주며, 지방을 분해하는 효과가 있습니다.

Tip '特别是'는 같은 종류의 것 중에서도 가장 두드러진 것을 설명할 때 쓰인다. 뒤에는 일반적으로 명사나 동사가 온다.

16
nǐ xǐ huān chǒng wù ma? rú guǒ nǐ yào yǎng chǒng wù,
你喜欢宠物吗？如果你要养宠物，
nǐ xiǎng yǎng māo hái shì yǎng gǒu?
你想养猫还是养狗？

질문: 당신은 애완동물을 좋아합니까? 만약에 당신이 애완동물을 키운다면, 당신은 고양이를 키우겠습니까 아니면 강아지를 키우겠습니까?

예시답안:
wǒ bù xǐ huān chǒng wù, yīn wèi chǒng wù dōu diào máo.
我不喜欢宠物，因为宠物都掉毛。
dàn shì rú guǒ yí dìng yào yǎng chǒng wù de huà,
但是如果一定要养宠物的话，
wǒ xiǎng yǎng māo. yīn wèi māo bǐ jiào gān jìng,
我想养猫。因为猫比较干净，
māo kě yǐ zì jǐ guǎn lǐ hǎo zì jǐ,
猫可以自己管理好自己，
méi yǒu gǒu diào máo nà me yán zhòng.
没有狗掉毛那么严重。

예시답안: 저는 애완동물을 싫어합니다. 왜냐하면 애완동물은 털이 너무 많이 빠집니다. 하지만 만약에 반드시 애완동물을 키워야 한다면, 저는 고양이를 키우겠습니다. 왜냐하면, 고양이는 비교적 깨끗하고, 자기 몸을 스스로 정돈하며, 또 강아지만큼 털이 그렇게 심각하게 빠지지 않기 때문입니다.

Tip 가정문의 또 다른 형식이 바로 '~的话'이다. 앞에 '如果', '要是', '假如' 등 가정을 나타내는 단어가 함께 쓰이기도 하며, 구어체에서 많이 쓰인다.

준비시간 **15** 초
답변시간 **25** 초

17
kàn bàng qiú bǐ sài de shí hou, nǐ xǐ huān zài jiā kàn
看棒球比赛的时候，你喜欢在家看
hái shì xǐ huān zài xiàn chǎng kàn?
还是喜欢在现场看？

질문) 야구 경기를 볼 때, 당신은 집에서 보는 것을 좋아합니까, 아니면 현장에서 보는 것을 좋아합니까?

예시답안)
kàn bàng qiú bǐ sài de huà, wǒ xǐ huān qù xiàn chǎng kàn.
看棒球比赛的话，我喜欢去现场看。
xīn qíng bù hǎo huò zhě yā lì hěn dà de shí hou,
心情不好或者压力很大的时候，
qù yí tàng bàng qiú chǎng, hé dà jiā yì qǐ nà hǎn jiā yóu de huà,
去一趟棒球场，和大家一起呐喊加油的话，
xīn qíng huì biàn de hěn hǎo, yā lì yě huì jiǎn qīng.
心情会变得很好，压力也会减轻。

예시답안) 야구 경기를 본다면, 저는 현장에서 보는 것을 좋아합니다. 기분이 안 좋거나 혹은 스트레스가 많을 때, 야구장에 가서, 함께 큰 소리로 응원하면, 기분도 좋아지고, 스트레스도 줄어듭니다.

Tip) '趟'은 동량사로서 왕복의 동작을 나타내며, 한 번 왕복하는 것을 나타낼 때는 '一趟'이라는 표현을 쓴다.

18
nǐ xǐ huān shén me yùn dòng?
你喜欢什么运动？

질문) 당신은 어떤 운동을 좋아합니까?

예시답안)
wǒ xǐ huān yóu yǒng. yóu yǒng shì yí xiàng hěn hǎo de yùn dòng.
我喜欢游泳。游泳是一项很好的运动。
yīn wèi zài shuǐ lǐ, suǒ yǐ bú huì duì xī gài huò jiǎo wàn
因为在水里，所以不会对膝盖或脚腕
zào chéng yā lì, ér qiě shuǐ de zǔ lì hěn dà,
造成压力，而且水的阻力很大，
suǒ yǐ yùn dòng liàng hěn dà.
所以运动量很大。
měi cì wǒ yì yóu jiù yóu hǎo jǐ ge xiǎo shí.
每次我一游就游好几个小时。

예시답안) 저는 수영을 좋아합니다. 수영은 아주 좋은 운동입니다. 물 속에 있기 때문에, 무릎 혹은 발목에 압력을 주지 않으면서도, 물의 저항이 커서, 운동량도 많습니다. 저는 한번 수영하면 몇 시간씩 수영합니다.

Tip) '一+동사+就+是+수량을 나타내는 말', '一+동사+就+동사+수량을 나타내는 말'은 매번 어떤 일을 할 때마다 어떤 정도까지 그 일을 하는 것을 의미하며, 이 경우 화자는 스스로 그 수량이 많다고 생각하는 경우에 사용한다.

LESSON 03 TSC 第四部分 - 简短回答

TSC 第四部分 연습문제

简短回答

준비시간 **15** 초
답변시간 **25** 초

---

19 nǐ de mā ma shì yí ge shén me yàng de rén?
你的妈妈是一个什么样的人？

질문 당신의 어머니는 어떤 사람입니까？

예시답안
wǒ de mā ma cóng xiǎo duì wǒ jiù hěn yán gé,
我的妈妈从小对我就很严格，
tā bù yǔn xǔ wǒ shuō huǎng.
她不允许我说谎。
rú guǒ wǒ shuō huǎng bèi tā zhī dào,
如果我说谎被她知道，
wú lùn shén me yuán yīn, tā dōu jué duì bú huì
无论什么原因，她都绝对不会
zhēng yì zhī yǎn bì yì zhī yǎn.
睁一只眼闭一只眼。

예시답안 저의 어머니는 제가 어렸을 때부터 저에게 매우 엄격하여, 거짓말을 하는 것을 허락하지 않았습니다. 만약에 제가 거짓말을 했다는 것을 어머니에게 들키면, 어떤 이유라도 절대 용납하지 않았습니다.

Tip '绝对'는 형용사로 쓰여, 상황이 어떠한 조건, 시간이든 모두 그러하다는 것을 나타낸다. 부사로 쓰일 때는 완전하고 고정불변임을 나타낸다.

---

20 nǐ píng shí de xiāo fèi guān shì zěn yàng de?
你平时的消费观是怎样的？

질문 당신의 평소 소비관념은 어떻습니까？

예시답안
wǒ píng shí huā qián hěn yǒu guī lǜ, cóng bú huì luàn huā qián.
我平时花钱很有规律，从不会乱花钱。
ér qiě wǒ hái yǒu jì zhàng de xí guàn,
而且我还有记账的习惯，
lián mǎi yì píng shuǐ zhè yàng de xiǎo qián, dōu huì jì lù.
连买一瓶水这样的小钱，都会记录。
dàn shì gāi huā de qián wǒ hái shì huì huā de.
但是该花的钱我还是会花的。

예시답안 저는 평소에 돈을 쓸 때 규칙이 있고, 절대 마음대로 돈을 쓰지 않습니다. 게다가 저는 가계부를 기록하는 습관이 있습니다, 심지어 물 한 병을 사는 적은 금액일지라도 기록을 합니다. 하지만 돈을 써야할 때에는 씁니다.

Tip '连'과 '也/都' 사이에는 명사, 동사, 절 혹은 수량구가 올 수 있다. 단, 수사는 '一'만 올 수 있다.

  예 他连我想什么都知道。
  그는 내가 무엇을 생각하는 것조차 모두 알고 있다.

---

50 TSC 한번에 달성하기 중고급

연습문제 다시 풀기

※ 준비시간, 답변시간을 준수하여 다시 풀어보세요.

		问题	回答时间		评价			
			准备	回答	流利度	语法	词汇	语音
第四部分	1	你喜欢看书吗?	15秒	25秒				
	2	你每天吃早饭吗?	15秒	25秒				
	3	你有什么好习惯?	15秒	25秒				
	4	请你介绍一部你喜欢的电影。	15秒	25秒				
	5	你喜欢逛街吗? 你一般跟谁一起去逛街?	15秒	25秒				
	6	你使用信用卡吗? 请你说说信用卡的好处和坏处各是什么。	15秒	25秒				
	7	你觉得广告的好处和坏处各是什么?	15秒	25秒				
	8	在你家里, 家务是怎么分担的?	15秒	25秒				
	9	在你们公司, 常常加班吗?	15秒	25秒				
	10	你对现在的工作满意吗? 为什么?	15秒	25秒				
	11	你认为经常换工作好吗? 为什么?	15秒	25秒				
	12	你有网购的经验吗? 请简单介绍一下。	15秒	25秒				
	13	你一般上班的时候, 穿什么样的衣服?	15秒	25秒				
	14	你喜欢什么类型的人?	15秒	25秒				
	15	你喜欢喝咖啡还是喜欢喝茶?	15秒	25秒				
	16	你喜欢宠物吗? 如果你要养宠物, 你养猫还是养狗?	15秒	25秒				
	17	看棒球比赛的时候, 你喜欢在家看还是喜欢在现场看?	15秒	25秒				
	18	你喜欢什么运动?	15秒	25秒				
	19	你的妈妈是一个什么样的人?	15秒	25秒				
	20	你平时的消费观是怎样的?	15秒	25秒				

LESSON 04 | TSC 第四部分 - 简短回答

八先生 비법 노트 : TSC 핵심 어법

01. 어법 **只要(zhǐ yào)~就(jiù)~ : 단지 ~하기만 하면, 바로 ~하다**

예문
zhǐ yào hǎo hǎo xué xí, hàn yǔ jiù yí dìng huì yǒu jìn bù.
只要好好学习，汉语就一定会有进步。

단지 열심히 중국어 공부를 하기만 하면, 중국어는 반드시 향상될 것이다.

02. 어법 **因此(yīn cǐ)~ : 그래서**

예문
wǒ yūn chē, yīn cǐ bú tài xǐ huān chū yuǎn mén.
我晕车，因此不太喜欢出远门。

나는 차 멀미가 있어서, 멀리 가지 않는다.

03. 어법 **反而(fǎn ér)~ : 오히려**

예문
tā shì zhōng guó rén, fǎn ér bǐ wǒ hái liǎo jiě hán guó.
他是中国人，反而比我还了解韩国。

그는 중국사람인데, 오히려 나보다 한국을 더 잘 안다.

04. 어법 **无论(wú lùn)~ : ~에 관계없이**

예문
wú lùn míng tiān xià bú xià yǔ, wǒ dōu yào qù tī zú qiú.
无论明天下不下雨，我都要去踢足球。

내일 비가 오던 안 오던, 나는 축구를 하러 갈 것이다.

05. 어법 **再说(zài shuō) : 게다가, 더구나, 하물며, 그리고**

예문
wǒ bù xǐ huān tā, zài shuō tā yě bù zhāo rén xǐ huān a.
我不喜欢他，再说他也不招人喜欢啊。

나는 그를 좋아하지 않는다, 게다가 그 또한 사람들이 자신을 좋아하게 만들지 않는다.

06. 어법 **除此以外**(chú cǐ yǐ wài)～ : 이 밖에도 ～

예문 tā xǐ huān yóu yǒng, chú cǐ yǐ wài, tā hái xǐ huān dǎ gāo ěr fū qiú.
他喜欢游泳，除此以外，他还喜欢打高尔夫球。

그는 수영을 좋아한다. 그 밖에 그는 골프도 좋아한다.

07. 어법 **不然**(bù rán)～ : 그렇지 않으면 ～

예문 nǐ bié dā yìng tā, bù rán nǐ huì hòu huǐ de.
你别答应他，不然你会后悔的。

그에게 맞추려하지 마. 그렇지 않으면, 너는 후회할거야.

08. 어법 **谈不上**(tán bú shàng)～ : ～라고 얘기할 수 없다

예문 tán bú shàng hǎo bù hǎo, zhǐ shì wú liáo bà le.
谈不上好不好，只是无聊罢了。

좋다, 안 좋다라고 말할 수는 없고, 단지 지루할 뿐이다.

09. 어법 **说不定**(shuō bú dìng) : 아마 ～일 것이다, 짐작컨대 ～일지도 모른다

예문 nǐ shi shi yìng pìn nà jiā gōng sī ba, shuō bú dìng néng jìn qù ne.
你试试应聘那家公司吧，说不定能进去呢。

너 그 회사에 한 번 지원해봐, 들어갈 수 있을지도 몰라.

10. 어법 **就是**(jiù shì)～**也**(yě) : 아무리 ～해도, 역시 ～하다

예문 jiù shì tā rén zài hǎo, wǒ yě bú huì kàn shàng tā de.
就是他人再好，我也不会看上他的。

그가 사람이 아무리 좋아도, 그는 나의 눈에 들 수 없다.

LESSON 04 | TSC 第四部分

八先生 비법 노트: TSC 핵심 단어

- 轻音乐 [qīngyīnyuè]　　　　　명 경음악
- 流动量 [liúdòngliàng]　　　　명 유동량
- 高峰期 [gāofēngqī]　　　　　명 절정기
- 长途汽车 [chángtúqìchē]　　　명 시외버스
- 积分 [jīfēn]　　　　　　　　명 적립
- 抱怨 [bàoyuàn]　　　　　　　동 불평하다
- 酒精 [jiǔjīng]　　　　　　　명 알코올
- 人情味儿 [rénqíngwèir]　　　명 인정미, 인정
- 实效 [shíxiào]　　　　　　　명 실효
- 等级 [děngjí]　　　　　　　 명 계급
- 平起平坐 [píngqǐpíngzuò]　　 성어 동등한 자격으로 대하다. 지위나 권력이 동등하다
- 活跃 [huóyuè]　　　　　　　 형 활기차다
- 执行 [zhíxíng]　　　　　　　동 집행하다
- 运作 [yùnzuò]　　　　　　　 동 활동하다, 운행하다
- 顺畅 [shùnchàng]　　　　　　형 원활하다
- 各抒己见 [gèshūjǐjiàn]　　　 성어 각자 자기의 의견을 발표하다
- 沟通 [gōutōng]　　　　　　　동 소통하다
- 浪费 [làngfèi]　　　　　　　동 낭비하다
- 随意 [suíyì]　　　　　　　　동 뜻대로 하다, 생각대로 하다
- 青春期 [qīngchūnqī]　　　　　명 사춘기
- 上涨 [shàngzhǎng]　　　　　 동 (수위, 물가 등이) 오르다
- 根据 [gēnjù]　　　　　　　　개 ~에 의거하여
- 犯错 [fàncuò]　　　　　　　 동 실수하다
- 严格 [yángé]　　　　　　　　형 엄격하다
- 礼貌 [lǐmào]　　　　　　　　형 예의바르다
- 促进 [cùjìn]　　　　　　　　동 촉진시키다
- 气氛 [qìfēn]　　　　　　　　명 분위기
- 分明 [fēnmíng]　　　　　　　형 명확하다
- 反而 [fǎn'ér]　　　　　　　 접 반대로, 도리어
- 缓解 [huǎnjiě]　　　　　　　동 완화되다

TSC 第四部分 연습문제
简短回答

준비시간 **15** 초
답변시간 **25** 초

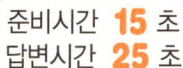

---

1 nǐ yì bān gēn péng you zài nǎr jiàn miàn, zuò shén me?
你一般跟朋友在哪儿见面，做什么？

질문 | 당신은 일반적으로 친구와 어디서 만나고, 무엇을 합니까?

예시답안
wǒ gēn wǒ de péng you yì bān zài kā fēi tīng jiàn miàn,
我跟我的朋友一般在咖啡厅见面，
wǒ men zài nàr yì biān liáo tiān, yì biān hē kā fēi.
我们在那儿一边聊天，一边喝咖啡。
zhǐ yào diǎn yì bēi kā fēi, jiù kě yǐ zuò hěn jiǔ.
只要点一杯咖啡，就可以坐很久。
ér qiě huán jìng hěn hǎo, yǒu hǎo tīng de yīn yuè.
而且环境很好，有好听的音乐。

예시답안 | 저는 친구와 일반적으로 커피숍에서 만납니다. 커피숍에서 우리는 이야기도 하고 커피도 마십니다. 커피 한잔을 주문하기만 하면, 오랫동안 앉아 있을 수 있습니다. 게다가 환경도 좋고, 좋은 음악도 흘러 나옵니다.

Tip '只要~就~'는 조건문이다. '只要' 뒤에는 충분조건이 제시되고, '就' 뒤에는 그러한 조건으로 인해 얻어진 결과가 온다. 그러한 조건에서는 반드시 그러한 결과가 있다는 의미이다.

---

2 nǐ jiā fù jìn de jiāo tōng zěn me yàng?
你家附近的交通怎么样？

질문 | 당신의 집 근처의 교통은 어떻습니까?

예시답안
wǒ jiā zhù zài jiāng nán zhàn fù jìn,
我家住在江南站附近，
jiāng nán zhàn rén kǒu liú dòng liàng tè bié dà,
江南站人口流动量特别大，
yīn cǐ bù guǎn shì bú shì shàng xià bān gāo fēng qī,
因此不管是不是上下班高峰期，
dōu jīng cháng dǔ chē. dàn zhèng yīn wèi zhè yàng,
都经常堵车。但正因为这样，
wǒ jiā fù jìn yǒu hěn duō cháng tú qì chē hé dì tiě děng.
我家附近有很多长途汽车和地铁等。

예시답안 | 저희 집은 강남역 근처입니다. 강남역의 인구 유동량은 특히 많습니다, 그래서 출퇴근 러시아워이든 아니든 관계없이, 항상 차가 심하게 막힙니다. 하지만 이러한 이유로, 저희 집 근처에는 시외버스와 지하철이 아주 많습니다.

Tip '因此'는 결과를 나타내는 절에 쓰이며, 앞 절에서 '由于'와 호응하여 쓰여 원인을 나타내기도 한다. '因此'는 주어 앞에 올 수도 있고 주어 뒤에 올 수도 있다.

TSC 第四部分 연습문제
简短回答

3

nǐ xǐ huān fā duǎn xìn hái shì dǎ diàn huà, wèi shén me?
你喜欢发短信还是打电话，为什么？

질문 당신은 문자 보내는 것을 좋아합니까 아니면 전화를 하는 것을 좋아합니까? 왜 그런가요?

예시답안
wǒ bǐ jiào xǐ huān fā duǎn xìn, yīn wèi diàn huà
我比较喜欢发短信，因为电话
duì fāng děi mǎ shàng jiē, ér duǎn xìn de huà suí shí kě yǐ kàn,
对方得马上接，而短信的话随时可以看，
rú guǒ zhèng zài máng yě kě yǐ yǐ hòu kàn.
如果正在忙也可以以后看。
dàn shì rú guǒ wǒ yǒu jí shì de huà, wǒ hái shì huì dǎ diàn huà.
但是如果我有急事的话，我还是会打电话。

예시답안 저는 문자 보내는 것을 좋아하는 편입니다, 왜냐하면 전화는 상대방이 바로 받아야 하지만, 문자는 언제든 볼 수 있고, 바쁘면 나중에 볼 수도 있습니다. 하지만 만약 급한 일이라면, 전화를 합니다.

Tip 사건의 원인과 결과를 표현할 때 가장 자주 쓰이는 구조는 '因为~所以~'이다. 앞의 '因为' 절은 원인을 나타내며 '所以' 절은 결과를 나타낸다.

4

duì yú zhì néng shǒu jī, nǐ zěn me kàn?
对于智能手机，你怎么看？

질문 스마트폰에 대해서, 당신은 어떻게 생각하십니까?

예시답안
wǒ jué de zhì néng shǒu jī gěi wǒ men de shēng huó
我觉得智能手机给我们的生活
dài lái le biàn lì, shǐ rén yǔ rén zhī jiān de lián xi
带来了便利，使人与人之间的联系
gèng jiā fāng biàn qǐ lái. dàn shì yě yīn wèi zhì néng shǒu jī,
更加方便起来。但是也因为智能手机，
rén men kāi shǐ zhǐ gēn zhì néng shǒu jī jiāo liú,
人们开始只跟智能手机交流，
bǐ cǐ jiān de jiāo liú fǎn ér jiǎn shǎo le.
彼此间的交流反而减少了。

예시답안 저는 스마트폰이 우리의 생활에 편리함을 가져다 주고, 서로 더욱 쉽게 연락할 수 있게 해 주었다고 생각합니다. 하지만 스마트폰 때문에, 사람들은 스마트폰과의 대화만을 하게 되었고, 사람 사이의 교류는 오히려 더 줄어들게 되었습니다.

Tip '反而'는 전환을 나타내는 부사로 '오히려'의 뜻이며, 뒤 절 술어 앞에 쓰인다. 뒷 절의 문두에는 '可是, 但是, 不过' 등 전환관계 접속사가 호응하는 경우가 많다.

준비시간 **15** 초
답변시간 **25** 초

5

nǐ de shēng huó xí guàn zěn me yàng?
你的生活习惯怎么样？

질문 당신의 생활습관은 어떻습니까?

예시답안

wǒ yǒu zǎo shuì zǎo qǐ de hǎo xí guàn,
我有早睡早起的好习惯，

wǒ měi tiān zǎo shang dōu huì zài gōng sī lóu xià de
我每天早上都会在公司楼下的

jiàn shēn fáng yùn dòng, yùn dòng wán yǐ hòu,
健身房运动，运动完以后，

wǒ hái huì zài gōng sī de shí táng chī zǎo cān.
我还会在公司的食堂吃早餐。

wú lùn duō máng, zhè dōu shì wǒ měi tiān bì zuò de shì.
无论多忙，这都是我每天必做的事。

예시답안 저는 일찍 자고 일찍 일어나는 좋은 습관이 있습니다. 저는 매일 아침 회사 아래층의 헬스장에서 운동을 합니다. 운동을 다 하고 나면, 회사 식당에서 아침을 먹습니다. 아무리 바빠도, 이것은 제가 매일 꼭 하는 일입니다.

Tip '无论'은 조건이 바뀌어도 결과는 변함이 없음을 나타낸다. '无论~也/都~'가 일반적인 형식이다. '无论' 뒤에는 반드시 '什么', '怎么', '谁', '哪', '多么' 등의 단어나 선택관계를 나타내는 병렬구조 성분이 와야 한다. '无论'은 '不管'으로 바꾸어 쓸 수도 있다.

6

nǐ shì zěn me guǎn lǐ cái wù de?
你是怎么管理财务的？

질문 당신은 재무를 어떻게 관리합니까?

예시답안

wǒ yòng gōng zī de sān fēn zhī èr jìn xíng chǔ xù,
我用工资的三分之二进行储蓄，

shèng xià de sān fēn zhī yī wǒ yòng lái jiāo bǎo xiǎn、
剩下的三分之一我用来交保险、

diàn huà fèi děng gè zhǒng fèi yòng。 wǒ chǔ xù de mù dì shì
电话费等各种费用。我储蓄的目的是

wèi le mǎi fáng zi, mǎi chē shén me de,
为了买房子，买车什么的，

lǚ yóu yě shì wǒ chǔ xù de mù dì zhī yī。
旅游也是我储蓄的目的之一。

예시답안 3분의 1은 보험, 전화 비용 등 각종 비용을 내는 데 씁니다. 제가 저축을 하는 목적은 집이나 차를 사기 위해서입니다. 여행도 제가 저축을 하는 이유 중 하나입니다.

Tip '之一'는 '그 중의 하나'라는 뜻으로 '是~之一'는 자주 쓰이는 구조이다.

예 中国是世界上人口最多的国家之一。
중국은 세계에서 인구가 가장 많은 국가 중 하나이다.

他是我的好朋友之一。
그는 나의 절친한 친구 중 한 명이다.

TSC 第四部分 연습문제
简短回答

7
nǐ mǎi dōng xi de shí hou,
你买东西的时候，
xǐ huān yòng xiàn jīn hái shì xǐ huān shuā kǎ?
喜欢用现金还是喜欢刷卡？

질문 당신은 물건을 살 때, 현금을 사용하는 것을 좋아합니까 아니면 카드를 사용하는 것을 좋아합니까?

예시답안
wǒ mǎi dōng xi de shí hou, xǐ huān shuā kǎ.
我买东西的时候，喜欢刷卡。
yīn wèi shuā kǎ de huà hěn fāng biàn, ér qiě yǒu shí shuā kǎ
因为刷卡的话很方便，而且有时刷卡
kě yǐ dǎ zhé huò jī fēn. zài shuō, shuā kǎ de huà
可以打折或积分。再说，刷卡的话
yǒu duǎn xìn tōng zhī fú wù, tōng guò duǎn xìn tōng zhī,
有短信通知服务，通过短信通知，
wǒ suí shí kě yǐ zhī dào zhè ge yuè wǒ de zhī chū qíng kuàng.
我随时可以知道这个月我的支出情况。

예시답안 저는 물건을 살 때, 카드를 사용하는 것을 좋아합니다. 카드결제를 하면 매우 편리하고, 때로는 할인이나 적립도 됩니다. 또한, 카드결제를 하면 문자 서비스가 제공되어, 문자를 통해 저는 언제든지 이번 달의 지출상황을 알 수 있습니다.

Tip '再说'는 어떤 이유를 조금 더 구체적으로 설명하거나 새로운 이유를 보충할 때 사용한다. 보통 두 번째 절 앞부분에 쓰이며 구어체에서 많이 볼 수 있다.

8
rú guǒ nǐ de péng you guò shēng rì,
如果你的朋友过生日，
nǐ huì sòng shén me lǐ wù?
你会送什么礼物？

질문 당신의 친구가 생일이라면, 당신은 어떤 선물을 하겠습니까?

예시답안
rú guǒ wǒ de péng you guò shēng rì, wǒ yì bān huì wèn tā
如果我的朋友过生日，我一般会问他
xiǎng yào shén me lǐ wù. yīn wèi wǒ suí biàn mǎi lǐ wù,
想要什么礼物。因为我随便买礼物，
tā shuō bú dìng huì bù xǐ huān huò zhě bù xū yào.
他说不定会不喜欢或者不需要。
suǒ yǐ wǒ yì bān dōu shì shì xiān wèn hǎo zài mǎi.
所以我一般都是事先问好再买。

예시답안 만약 제 친구의 생일이라면, 저는 보통 그에게 무슨 선물을 받고 싶은지 물어봅니다. 왜냐하면 제가 마음대로 선물을 한다면, 그가 싫어하거나 혹은 그에게 필요하지 않을 수도 있기 때문입니다. 그래서 저는 보통 미리 물어보고 구매합니다.

Tip '说不定'은 '아마도(可能)', 혹은 '확신할 수 없지만(不能肯定)'의 뜻이다. 주어 뒤에 쓸 수도 있고 문장 앞에 쓸 수도 있으며 대화 중에 단독으로도 사용된다.

준비시간 **15** 초
답변시간 **25** 초

9

rú guǒ nǐ yǒu sān tiān jià qī, nǐ dǎ suàn zuò shén me?
如果你有三天假期，你打算做什么？

질문: 만약 당신에게 3일의 휴가가 주어진다면, 당신은 무엇을 할 계획입니까?

예시답안

píng shí wǒ hěn máng yě hěn lèi, dàn rú guǒ wǒ yǒu
平时我很忙也很累，但如果我有

sān tiān jià qī, wǒ bìng bú huì yòng lái zài jiā xiū xi.
三天假期，我并不会用来在家休息。

wǒ yào hǎo hāor de péi pei wǒ de hái zi,
我要好好儿地陪陪我的孩子，

dài tā men qù tā men xiǎng qù de dì fāng,
带他们去他们想去的地方，

zuò tā men xiǎng zuò de shì,
做他们想做的事，

chī tā men xiǎng chī de dōng xi.
吃他们想吃的东西。

예시답안: 평소에 저는 정말 바쁘고 피곤합니다. 하지만 만약 3일의 휴가가 주어진다면, 집에서 쉬지는 않을 것입니다. 저는 아이들과 함께 좋은 시간을 보내고 싶습니다. 그들이 가고 싶어하는 곳에 가고, 하고 싶은 일을 같이 하며, 먹고 싶어하는 음식을 먹을 것입니다.

Tip '并'은 부정문 앞에 쓰여 부정의 의미를 강조한다. 실제 상황을 설명하고, 어떤 생각이나 관점을 부정하는 역할을 한다.

10

nǐ yì bān zěn me shàng bān?
你一般怎么上班？

질문: 당신은 일반적으로 어떻게 출근을 합니까?

예시답안

wǒ yì bān zuò dì tiě shàng bān, zuò dì tiě shàng bān
我一般坐地铁上班，坐地铁上班

yào dǎo yí cì chē, suǒ yǐ xū yào yí ge duō xiǎo shí.
要倒一次车，所以需要一个多小时。

yǒu shí wǒ yě kāi chē shàng bān, bù dǔ chē de huà
有时我也开车上班，不堵车的话

sān shí fēn zhōng jiù kě yǐ dào, dàn rú guǒ dǔ chē de huà
三十分钟就可以到，但如果堵车的话

yě xū yào yí ge duō xiǎo shí.
也需要一个多小时。

예시답안: 저는 일반적으로 지하철을 타고 출근을 합니다. 지하철을 타면 한 번 갈아타야 하기 때문에, 한 시간이 넘게 걸립니다. 가끔은 운전해서 출근을 합니다. 차가 막히지 않으면 30분이면 도착하지만, 차가 막히면 한 시간 이상 걸립니다.

Tip '要'는 '필요하다, 원하다'라는 뜻으로 많이 쓰이지만, '만약, 만일'의 뜻으로 쓰이거나, '만약 ~할 계획이라면'이라는 뜻으로 쓰이기도 한다.

TSC 第四部分 연습문제
简短回答

---

11 yǒu yā lì de shí hou, nǐ yì bān zěn me xiāo chú yā lì?
有压力的时候，你一般怎么消除压力？

질문 | 스트레스가 있을 때, 당신은 일반적으로 어떻게 스트레스를 해소합니까?

예시답안
yǒu yā lì de shí hòu,
有压力的时候，
wǒ yì bān huì gēn péng you men yì qǐ hē jiǔ.
我一般会跟朋友们一起喝酒。
dào bú shì yīn wèi jiǔ ér shǐ yā lì jiǎn qīng le,
倒不是因为酒而使压力减轻了，
ér shì gēn péng you men shuō shuo huà,
而是跟朋友们说说话，
bào yuàn bào yuan, yā lì jiù huì dé dào huǎn jiě.
抱怨抱怨，压力就会得到缓解。
zài jiā yì diǎnr jiǔ jīng de zuò yòng,
再加一点儿酒精的作用，
xīn qíng jiù huì biàn de hěn hǎo.
心情就会变得很好。

예시답안 | 스트레스가 있을 때, 저는 일반적으로 친구들과 술을 마십니다. 술을 마셔서 스트레스가 줄어든다기 보다는, 그저 친구들과 이야기하고, 불만 사항을 털어놓으면서 스트레스가 줄어듭니다. 게다가 알코올이 더해지면, 기분도 좋아집니다.

Tip | 여기서의 '倒'는 부정문에서 부정의 어감을 완화하는 역할을 하며, 사실을 반박, 변호, 설명할 때 많이 쓰인다.

---

12 nǐ xǐ huan zài dà xíng chāo shì gòu wù
你喜欢在大型超市购物
hái shì xǐ huan zài chuán tǒng shì chǎng gòu wù?
还是喜欢在传统市场购物？

질문 | 당신은 대형마트에서 쇼핑하는 것을 좋아합니까, 아니면 전통시장에서 쇼핑하는 것을 좋아합니까?

예시답안
suí zhe jīng jì de fā zhǎn,
随着经济的发展，
dà xíng chāo shì yuè lái yuè duō,
大型超市越来越多，
chuán tǒng shì chǎng què yuè lái yuè shǎo le.
传统市场却越来越少了。
dàn wǒ hái shi xǐ huan zài chuán tǒng shì chǎng mǎi dōng xi,
但我还是喜欢在传统市场买东西，
yīn wèi chuán tǒng shì chǎng bǐ jiào yǒu rén qíng wèir,
因为传统市场比较有人情味儿，
ér qiě dōng xi bǐ jiào pián yì.
而且东西比较便宜。

예시답안 | 경제의 발전에 따라, 대형마트도 점점 많아지고 있습니다, 전통 시장은 오히려 점점 줄어들고 있습니다. 하지만 저는 여전히 전통시장에서 물건을 사는 것을 좋아합니다, 왜냐하면 전통시장은 인정이 있고, 게다가 물건도 비교적 저렴하기 때문입니다.

Tip | '随着'는 어떤 상황이 다른 상황의 발전과 변화의 원인이나 조건임을 표현하고자 할 때 사용한다.

준비시간 **15** 초
답변시간 **25** 초

13

zài pìn yòng xīn zhí yuán shí, nǐ jué de gōng zuò jīng yàn zhòng yào
在聘用新职员时，你觉得工作经验重要
hái shì xué xí chéng jì zhòng yào?
还是学习成绩重要?

질문 신규직원을 채용할 때, 당신은 경험이 중요하다고 생각합니까, 아니면 학업성적이 중요하다고 생각합니까?

예시답안

zài pìn yòng xīn zhí yuán shí,
在聘用新职员时，
wǒ jué de hái shì gōng zuò jīng yàn gèng zhòng yào.
我觉得还是工作经验更重要。
yīn wèi jiù shì xué xí chéng jì zài hǎo,
因为就是学习成绩再好，
zài shí jì gōng zuò zhōng yǒu hěn duō dōng xi shì yòng bú dào de.
在实际工作中有很多东西是用不到的。
fǎn ér gōng zuò jīng yàn bǐ jiào yǒu shí xiào.
反而工作经验比较有实效。

예시답안 신규직원을 채용할 때, 저는 경험이 더 중요하다고 생각합니다. 왜냐하면 아무리 학업성적이 좋다고 해도, 실무에서 소용이 있는 경우는 많지 않습니다. 오히려 업무 경험이 더욱 효과가 있습니다.

Tip '就是~也~'는 가정의 양보구문으로, 어떤 조건에서도 '也' 뒤의 상황이 변하지 않을 것임을 강조하며, 구어체에서 많이 쓰인다. 때로는 '就是'가 생략되기도 하며, 서면어에서는 '即使'를 사용한다.

14

nǐ jué de shàng sī hé xià shǔ de guān xi, děng jí fēn míng hǎo
你觉得上司和下属的关系，等级分明好
hái shì xiàng péng you yí yàng píng qǐ píng zuò hǎo?
还是像朋友一样平起平坐好?

질문 당신은 상사와 부하직원의 관계, 계급을 분명하게 하는 것이 좋다고 생각합니까, 아니면 친구처럼 동등하게 지내는 것이 좋다고 생각합니까?

예시답안

wǒ jué de shàng sī hé xià shǔ zhī jiān,
我觉得上司和下属之间，
hái shì děng jí fēn míng de hǎo.
还是等级分明的好。
suī shuō děng jí fēn míng de huà,
虽说等级分明的话，
gōng sī de qì fēn kě néng bù huó yuè,
公司的气氛可能不活跃，
dàn shì zhǐ yǒu děng jí fēn míng le, shàng sī de mìng lìng
但是只有等级分明了，上司的命令
cái néng gèng jiā yǒu xiào de bèi zhí xíng,
才能更加有效地被执行，
gōng sī de yùn zuò cái huì gèng shùn chàng.
公司的运作才会更顺畅。

예시답안 저는 상사와 부하 직원 사이에서는, 그래도 계급을 분명히 하는 것이 좋다고 생각합니다. 비록 계급이 분명하다면 회사 분위기는 활기차지 않겠지만, 계급이 분명해야 비로소 상사의 명령이 더욱 효과적으로 실행되고, 회사의 운영이 더욱 원활해질 것입니다.

Tip '虽说'는 '비록 ~하지만'이라는 뜻이며, 보통 '可是', '但是' 등과 호응하여 쓰이는 구어체 표현이다.

LESSON 04　TSC 第四部分 - 简短回答　61

TSC 第四部分 연습문제
简短回答

15
nǐ jué de kāi huì de shí hou, gè shū jǐ jiàn de fāng shì hǎo
你觉得开会的时候，各抒己见的方式好
hái shì tīng yí ge rén zuò bào gào de xíng shì hǎo?
还是听一个人做报告的形式好？

질문) 당신은 회의할 때, 각자 자신의 의견을 제기하는 방식이 좋습니까, 아니면 한 사람의 보고를 듣는 방식이 좋습니까?

예시답안)
wǒ jué de kāi huì de shí hou, gè shū jǐ jiàn bǐ jiào hǎo.
我觉得开会的时候，各抒己见比较好。
yīn wèi měi ge rén de xiǎng fǎ bù yí yàng,
因为每个人的想法不一样，
tōng guò zì yóu fā yán, kě yǐ dé dào zuì hǎo de
通过自由发言，可以得到最好的
fāng àn huò jié guǒ. chú cǐ yǐ wài,
方案或结果。除此以外，
hái kě yǐ jiā qiáng gōu tōng, cù jìn jiāo liú.
还可以加强沟通，促进交流。

예시답안) 저는 회의를 할 때, 각자 자신의 의견을 말하는 것이 좋다고 생각합니다. 왜냐하면 사람마다 생각이 다르고, 자유로운 방식의 발언을 통해, 가장 좋은 방안 혹은 결과를 얻을 수 있을 것입니다. 이 밖에도, 소통을 강화하고 교류를 촉진시킬 수 있습니다.

Tip) '除此以外'는 '앞에서 말한 상황이나 사물 이외에'라는 뜻이다. '除此之外' 혹은 '此外' 라고도 쓴다.

예) 爷爷特别爱下象棋，除此以外，没有别的爱好。
할아버지는 장기 두는 것을 특히 좋아한다, 이 외에, 다른 취미는 없다.

16
nǐ shì ge shǒu shí de rén ma?
你是个守时的人吗？

질문) 당신은 시간을 준수하는 사람입니까?

예시답안)
wǒ shì yí ge fēi cháng shǒu shí de rén.
我是一个非常守时的人。
yīn wèi wǒ jué de ràng rén děng hěn méi yǒu lǐ mào,
因为我觉得让人等很没有礼貌，
ér qiě wǒ jué de ràng rén jiā děng wǒ,
而且我觉得让人家等我，
shì làng fèi bié rén de shí jiān,
是浪费别人的时间，
bù rán fǎn guò lái, bié rén ràng wǒ děng de huà,
不然反过来，别人让我等的话，
wǒ xiǎng wǒ yě huì bù gāo xìng de.
我想我也会不高兴的。

예시답안) 저는 시간을 잘 준수하는 사람입니다. 왜냐하면 저는 사람을 기다리게 하는 것은 예의가 아니라고 생각합니다. 게다가 저는 다른 사람이 저를 기다리면, 그 사람의 시간을 낭비하는 것이라고 생각합니다. 반대로, 다른 사람이 저를 기다리게 한다면, 저 또한 즐겁지 않을 것입니다.

Tip) '不然'은 '만약 그렇지 않다면'이라는 뜻이다. 만약 앞에서 언급한 상황이 발생하지 않는다면, 뒤의 상황이 일어나게 될 것임을 나타낸다. '的话'와 함께 쓰이기도 한다.

준비시간 **15** 초
답변시간 **25** 초

17
nǐ jué de jiào yù hái zi de shí hou,
你觉得教育孩子的时候,
yán gé yì diǎnr hǎo hái shì suí yì yì diǎnr hǎo?
严格一点儿好还是随意一点儿好?

질문 : 당신은 아이를 교육할 때, 조금 엄하게 대하는 것이 좋다고 생각합니까 아니면 뜻대로 하도록 놓아두는 것이 좋다고 생각합니까?

예시답안
wǒ jué de yì bān de shí hou,
我觉得一般的时候,
hái shì suí yì yì diǎnr hǎo.
还是随意一点儿好。
yīng gāi ràng hái zi zì yóu de chéng zhǎng,
应该让孩子自由地成长,
ràng hái zi kuài lè de chéng zhǎng. dàn zài suí yì,
让孩子快乐地成长。但再随意,
dāng hái zi fàn cuò de shí hou, hái shì yào yán gé de.
当孩子犯错的时候,还是要严格的。

예시답안 : 저는 일반적인 경우에는 뜻대로 하도록 놓아두는 것이 좋다고 생각합니다. 아이가 자유롭고, 즐겁게 성장해야 한다고 생각합니다. 하지만 아무리 뜻대로 한다고 할지라도, 아이가 잘못했을 때에는, 엄하게 해야 한다고 생각합니다.

Tip : '再+형용사(구)~+还~'는 '얼마나 ~할지라도 ~하다'라는 뜻으로, 전체적으로 '还' 뒤에 오는 상황이 변하지 않을 것임을 강조한다.

18
nǐ zuì ná shǒu de shì shén me? qǐng jiǎn dān jiè shào yí xià.
你最拿手的是什么?请简单介绍一下。

질문 : 당신이 제일 잘하는 것이 무엇입니까? 간단하게 소개해 주세요.

예시답안
wǒ zuì ná shǒu de shì zuò cài,
我最拿手的是做菜,
tán bú shàng zuò de duō hǎo chī,
谈不上做得多好吃,
zhǐ shì xǐ huān zuò cài bà le.
只是喜欢做菜罢了。
wǒ huì zuò hán guó cài, zhōng guó cài,
我会做韩国菜,中国菜,
rì běn cài hái yǒu xī cān.
日本菜还有西餐。
qí zhōng zuì ná shǒu de dāng rán hái shì hán guó cài la.
其中最拿手的当然还是韩国菜啦。

예시답안 : 제가 제일 잘하는 것은 요리입니다, 얼마만큼 맛있게 한다고는 말할 수 없지만, 단지 요리를 하는 것을 좋아할 뿐입니다. 저는 한국요리, 중국요리, 일본요리 그리고 서양식 요리를 할 수 있습니다. 그 중에 제일 잘하는 것은 당연히 한국요리입니다.

Tip : '谈不上'은 어느 정도나 수준에 이르지 못했다는 뜻이다. 수준이나 정도를 나타내는 말이 '谈不上'의 주어나 목적어로 온다.

LESSON 04 TSC 第四部分 - 简短回答

TSC 第四部分 연습문제

简短回答

준비시간 **15** 초
답변시간 **25** 초

19
měi ge rén dōu yǒu jiǎn féi de jīng yàn,
每个人都有减肥的经验，
qǐng nǐ jiè shào yí xià nǐ de jiǎn féi fāng fǎ.
请你介绍一下你的减肥方法。

[질문] 모든 사람은 다이어트를 해 본 경험이 있을 것입니다. 당신의 다이어트 방법을 소개해 주세요.

[예시답안]
cóng wǒ guò le qīng chūn qī qǐ, wǒ jiù kāi shǐ jiǎn féi le.
从我过了青春期起，我就开始减肥了。
dàn yì zhí dào xiàn zài hái shì lǎo yàng zi, shí pàng shí shòu de.
但一直到现在还是老样子，时胖时瘦的。
gēn jù wǒ de jīng yàn, zuì hǎo de jiǎn féi fāng fǎ shì
根据我的经验，最好的减肥方法是
bù chī wǎn fàn, rán hòu shì liàng de yùn dòng.
不吃晚饭，然后适量地运动。

[예시답안] 사춘기때부터, 저는 다이어트를 하기 시작했습니다. 하지만 지금까지도 저는 여전히 예전 모습 그대로입니다, 간혹 조금 찌거나 빠지기는 합니다. 제 경험에 따르면, 제일 좋은 다이어트 방법은 저녁을 거르고 적당량의 운동을 하는 것입니다.

Tip '从~起'는 어떤 일이 시작되는 시간이나 방향을 표시하며, 뒤에 '到'가 올 수 있다.
예) 从明天起, 我要开始运动。
내일부터, 나는 운동을 할 것이다.

20
nǐ jué de gōng zuò yǐ hòu yīng gāi
你觉得工作以后应该
xiān mǎi chē hái shi xiān mǎi fáng zi?
先买车还是先买房子？

[질문] 당신은 취직을 한 후 우선 차를 사야 한다고 생각합니까, 아니면 집을 사야 한다고 생각합니까?

[예시답안]
wǒ jué de gōng zuò yǐ hòu yīng gāi xiān mǎi fáng zi.
我觉得工作以后应该先买房子。
yóu yú zuì jìn fáng jià bú duàn shàng zhǎng,
由于最近房价不断上涨，
yīn cǐ mǎi fáng zi yě yuè lái yuè nán le,
因此买房子也越来越难了，
suǒ yǐ wǒ jué de yīng gāi zài néng mǎi fáng zi de shí hou,
所以我觉得应该在能买房子的时候，
gǎn kuài mǎi, chē zé kě yǐ màn màn mǎi.
赶快买，车则可以慢慢买。

[예시답안] 저는 취직을 하면, 집을 먼저 사야 한다고 생각합니다. 최근에 집값이 끊임없이 올라가서, 집을 사기가 점점 어려워지고 있습니다. 그래서 저는 살 수 있을 때 서둘러 집을 사야 한다고 생각합니다, 차는 천천히 사도 됩니다.

Tip '由于'는 원인을 나타낸다. 부사어로서 주어의 앞에 올 수도 있고 뒤에 올 수도 있다. 由于가 앞 절에 쓰일 때, 뒤 절의 앞에는 '所以', '因此', '因而' 등이 올 수 있다. 문장의 뒤 부분에 쓰일 때는 보통 '是由于~'라는 형식으로 쓰인다.

연습문제 다시 풀기

※ 준비시간, 답변시간을 준수하여 다시 풀어보세요.

		问题	回答时间		评价			
			准备	回答	流利度	语法	词汇	语音
第四部分	1	你一般跟朋友在哪儿见面, 做什么?	15秒	25秒				
	2	你家附近的交通怎么样?	15秒	25秒				
	3	你喜欢发短信还是打电话, 为什么?	15秒	25秒				
	4	对于智能手机, 你怎么看?	15秒	25秒				
	5	你的生活习惯怎么样?	15秒	25秒				
	6	你是怎么管理财务的?	15秒	25秒				
	7	你买东西的时候, 喜欢用现金还是喜欢刷卡?	15秒	25秒				
	8	如果你的朋友过生日, 你会送什么礼物?	15秒	25秒				
	9	如果你有三天假期, 你打算做什么?	15秒	25秒				
	10	你一般怎么上班?	15秒	25秒				
	11	有压力的时候, 你一般怎么消除压力?	15秒	25秒				
	12	你喜欢在大型超市购物还是喜欢在传统市场购物?	15秒	25秒				
	13	在聘用新职员时, 你觉得工作经验重要还是学习成绩重要?	15秒	25秒				
	14	你觉得上司和下属的关系, 等级分明好还是像朋友一样平起平坐好?	15秒	25秒				
	15	你觉得开会的时候, 各抒己见的方式好还是听一个人做报告的形式好?	15秒	25秒				
	16	你是个守时的人吗?	15秒	25秒				
	17	你觉得教育孩子的时候, 严格一点儿好还是随意一点儿好?	15秒	25秒				
	18	你最拿手的是什么? 请简单介绍一下。	15秒	25秒				
	19	每个人都有减肥的经验, 请你介绍一下你的减肥方法。	15秒	25秒				
	20	你觉得工作以后应该先买车还是先买房子?	15秒	25秒				

LESSON 05 | TSC 第五部分 - 拓展回答

八先生 비법 노트 : TSC 핵심 어법

01. 어법 **只要**(zhǐ yào) ~ **就**(jiù) ~ : 단지 ~ 하기만 하면, ~ 하다

예문 zhǐ yào nǐ néng zuò dào, wǒ jiù yě néng zuò dào.
只要你能做到，我就也能做到。
네가 해내기만 하면, 나도 할 수 있다.

02. 어법 **不但不**(bú dàn bù) / **不但没**(bú dàn méi) ~, **反而**(fǎn ér) ~ :
~ 하지 않을 뿐만 아니라 / ~ 하지 않았을 뿐만 아니라 ~, 오히려 ~ 하다

예문 tā bú dàn méi xiè xie wǒ, fǎn ér shuō le wǒ yí dùn.
他不但没谢谢我，反而说了我一顿。
그는 나에게 감사하지 않았을 뿐만 아니라, 오히려 나를 혼냈다.

03. 어법 **除了**(chú le) ~ **以外**(yǐ wài), **还**(hái) / **也**(yě) ~ : ~ 를 제외하고, 또 ~ 하다

예문 chú le wǒ yǐ wài, tā yě shì xiāo shòu bù de.
除了我以外，他也是销售部的。
나 이외에, 그 역시도 영업부 직원이다.

04. 어법 **受到**(shòu dào) ~ **影响**(yǐng xiǎng) : ~ 의 영향을 받다

예문 wǒ tè bié róng yì shòu dào wài bù de yǐng xiǎng.
我特别容易受到外部的影响。
나는 특히 외부의 영향을 받기 쉽다.

05. 어법 **连**(lián) ~ **也**(yě) / **都**(dōu) : 심지어 ~ 조차도, 역시 ~ 하다

예문 nǐ lián wǒ dōu shuō fú bù liǎo, zěn me shuō fú bié rén?
你连我都说服不了，怎么说服别人？
네가 나도 설득할 수 없는데, 어떻게 다른 사람을 설득시킬 수 있겠니?

06. 어법 **一旦(yí dàn) ~ 就(jiù) ~ : ~ 하기만 하면, 바로 ~ 하다**

예문 wǒ yí dàn jué dìng de shì, jiù bú huì gǎi biàn.
我一旦决定的事，就不会改变。
나는 결심을 하기만 하면, 변하지 않는다.

07. 어법 **至少(zhì shǎo) ~ : 적어도 ~ 하다**

예문 zhì shǎo wǒ men hái yǒu bǐ cǐ, bǐ shén me dōu hǎo.
至少我们还有彼此，比什么都好。
적어도 우리에게는 서로가 있어서, 무엇보다도 좋아.

08. 어법 **即使(jí shǐ) ~ : 설령 ~ 일지라도, ~ 하다**

예문 jí shǐ nǐ bù xǐ huān pá shān, míng tiān yě yào péi wǒ qù pá shān.
即使你不喜欢爬山，明天也要陪我去爬山。
설령 네가 등산하는 것을 싫어하더라도, 내일을 나와 함께 등산하러 가야 해.

09. 어법 **~ 不如(bù rú) ~ : ~ 만큼 ~ 하다**

예문 wǒ de hàn yǔ bù rú xiǎo míng, dàn yì bān de huì huà méi yǒu wèn tí.
我的汉语不如小明，但一般的会话没有问题。
나의 중국어 실력은 샤오밍만큼 못하지만, 일반적인 회화는 문제가 없다.

10. 어법 **一(yī) ~ 就(jiù) ~ : ~ 하자마자, ~ 하다**

예문 wǒ yí dào jiā wǒ jiā de xiǎo gǒu jiù huì yíng shàng lái.
我一到家我家的小狗就会迎上来。
내가 집에 도착하자마자 우리 집 강아지는 나를 반긴다.

LESSON 05 | TSC 第五部分

八先生 비법 노트 : TSC 핵심 단어

- 季节 [jìjié] 　　　　　명 계절
- 秋高气爽 [qiūgāoqìshuǎng] 　성어 가을 하늘은 높고 날씨는 상쾌하다
- 乏味 [fáwèi] 　　　　형 재미없다
- 频道 [píndào] 　　　명 채널
- 岗位 [gǎngwèi] 　　　명 직장, 부서
- 荤 [hūn] 　　　　　명 육식
- 讲究 [jiǎngjiu] 　　　동 중요시하다
- 搭配 [dāpèi] 　　　　동 조합하다, 맞추다
- 开销 [kāixiāo] 　　　명 비용, 지출
- 前途 [qiántú] 　　　명 앞길, 전말
- 分期付款 [fēnqīfùkuǎn] 　동 할부하다, 분할 지급하다
- 吸尘器 [xīchénqì] 　　명 전기 청소기
- 操作 [cāozuò] 　　　동 조작하다
- 在乎 [zàihu] 　　　　동 마음속에 두다
- 动荡 [dòngdàng] 　　동 불안하다, 동요하다
- 奢望 [shēwàng] 　　　명 지나친 바람
- 应酬 [yìngchou] 　　동 접대하다
- 缺乏 [quēfá] 　　　　동 결핍되다, 결여되다
- 对抗 [duìkàng] 　　　동 대항하다, 적대시하다
- 呐喊助威 [nàhǎnzhùwēi] 　동 성원하다
- 释放 [shìfàng] 　　　동 방출하다
- 礼仪 [lǐyí] 　　　　　명 예의
- 和睦 [hémù] 　　　　형 화목하다, 사이가 좋다
- 功能 [gōngnéng] 　　명 기능, 효능
- 头条 [tóutiáo] 　　　명 톱뉴스
- 敏感 [mǐngǎn] 　　　형 민감하다
- 团圆 [tuányuán] 　　동 한 자리에 모이다
- 繁衍 [fányǎn] 　　　동 번식하다
- 侵犯 [qīnfàn] 　　　동 침범하다
- 平衡 [pínghéng] 　　형 균형이 맞다

TSC 第五部分 연습문제

拓展回答

준비시간 **30** 초
답변시간 **50** 초

---

1 질문

nǐ zuì xǐ huān nǎ ge jì jié? qǐng jiǎn dān shuō yi shuō.
你最喜欢哪个季节？请简单说一说。

질문 당신은 어느 계절을 제일 좋아합니까? 간단하게 이야기해 보세요.

예시 답안

wǒ zuì xǐ huān qiū tiān, yīn wèi qiū tiān shì shōu huò de jì jié,
我最喜欢秋天，因为秋天是收获的季节，
ér qiě qiū gāo qì shuǎng.
而且秋高气爽。

hán guó guó tǔ miàn jī de bǎi fēn zhī qī shí shì shān,
韩国国土面积的百分之七十是山，
měi dào qiū tiān, shān shàng de yè zi dōu hóng le,
每到秋天，山上的叶子都红了，
fēi cháng de piào liang.
非常的漂亮。

qiū tiān de tiān qì bù lěng yě bú rè, fēi cháng shì hé lǚ yóu.
秋天的天气不冷也不热，非常适合旅游。

chú le qiū tiān yǐ wài, wǒ yě bǐ jiào xǐ huān chūn tiān,
除了秋天以外，我也比较喜欢春天，
dàn shì chūn tiān shā chén bǐ jiào duō.
但是春天沙尘比较多。

ér xià tiān tài rè, dōng tiān yòu tài lěng,
而夏天太热，冬天又太冷，
suǒ yǐ wǒ zuì xǐ huān qiū tiān.
所以我最喜欢秋天。

예시 답안

저는 가을을 가장 좋아합니다. 왜냐하면 가을은 수확의 계절이고, 게다가 하늘이 높고 상쾌합니다.

한국은 70%가 산이라서, 가을이 되면 산의 나뭇잎이 물들고 아주 예쁩니다.

가을의 날씨는 춥지도 덥지도 않아서, 여행하기에 좋습니다.

가을 이외에, 저는 봄도 비교적 좋아합니다, 단지 봄에는 황사가 심각합니다.

또 여름은 너무 덥고, 겨울은 너무 춥습니다. 그래서 저는 가을을 가장 좋아합니다.

Tip '除了~以外，还/也~'는 접속사로 '~이외에도, ~도 ~하다'라는 뜻이다. '除了'와 '以外' 사이에는 명사, 동사, 형용사 또는 구절이 위치한다. 일반적으로 주어의 위치는 주어가 같은 경우 '除了'의 앞이고, 주어가 다른 경우에는 '除了'의 뒤, 혹은 뒷 절의 맨 앞에 위치한다.

TSC 第五部分 연습문제
拓展回答

2 질문

nǐ zhōu mò yì bān zěn me dù guò de?
你周末一般怎么度过的？

질문 당신은 주말에 어떻게 지냅니까?

예시답안

wǒ měi ge zhōu mò dōu huì yùn dòng.
我每个周末都会运动。

chèn zhe zhōu mò, zǎo shang hé péng you men
趁着周末，早上和朋友们
zài hàn jiāng fù jìn dǎ lán qiú, kāi shǐ wǒ yú kuài de yì tiān.
在汉江附近打篮球，开始我愉快的一天。

xià wǔ wǒ yì bān huì huí jiā gēn jiā rén yì qǐ chī wǔ fàn,
下午我一般会回家跟家人一起吃午饭，
zuò zuo jiā wù. rán hòu xiū xi yí huìr,
做做家务。然后休息一会儿，
jiù qù chāo shì mǎi dōng xi.
就去超市买东西。

wǒ hé wǒ de jiā rén dōu xǐ huān zuò cài,
我和我的家人都喜欢做菜，
suǒ yǐ zhōu mò de shí hou wǒ men yì bān yì qǐ zuò hǎo chī de.
所以周末的时候我们一般一起做好吃的。

예시답안

저는 주말에 주로 운동을 합니다.

아침에 친구들과 한강에 모여 농구를 하면서 하루를 상쾌하게 시작합니다.

그리고 오후가 되면 집에 와서 가족들과 함께 점심을 먹고, 집안 일을 합니다. 그리고 조금 휴식을 취한 후에, 마트에 가서 장을 봅니다.

우리 가족은 요리를 하는 것에 취미가 있어서 주말에는 다양한 음식을 같이 요리합니다.

Tip '趁着'는 '(조건이나 기회를) 틈타'의 뜻으로 기회나 조건을 이용함을 나타낸다.

예 你趁着年轻多学吧。
젊었을 때 많이 배우세요.

我打算趁着放假去北京。
저는 방학을 이용해 북경에 갈 계획입니다.

준비시간 **30** 초
답변시간 **50** 초

3 질문

nǐ shì rén shì bù de jīng lǐ, zhèng zài yíng jiē xīn de zhí yuán men.
你是人事部的经理，正在迎接新的职员们。
qǐng nǐ gěi tā men jiǎn dān jiè shào yí xià gōng sī, bìng huān yíng tā men.
请你给他们简单介绍一下公司，并欢迎他们。

질문: 당신은 인사부 책임자입니다. 현재 신입사원을 맞이하는 중입니다. 그들에게 간단하게 회사를 소개하고, 그들을 환영해 주십시오.

예시 답안

dà jiā hǎo.
大家好。

cóng jīn tiān qǐ, nǐ men jiù shì wǒ men gōng sī de yì yuán le.
从今天起，你们就是我们公司的一员了。

huān yíng dà jiā jiā rù wǒ men gōng sī.
欢迎大家加入我们公司。

wǒ shì rén shì bù jīng lǐ.
我是人事部经理。

gōng sī pài wǒ lái huān yíng dà jiā, bāng zhù dà jiā
公司派我来欢迎大家，帮助大家
jǐn kuài shú xi huán jìng, zǒu shàng gōng zuò gǎng wèi.
尽快熟悉环境，走上工作岗位。

wǒ xiān lǐng dà jiā cān guān yí xià gōng sī,
我先领大家参观一下公司，
hé gè bù mén fù zé rén jiàn yí xià miàn, rán hòu dà jiā
和各部门负责人见一下面，然后大家
jiù kě yǐ dào gè bù mén bào dào shàng bān le.
就可以到各部门报到上班了。

yǐ hòu yǒu shén me wèn tí huò yāo qiú,
以后有什么问题或要求，
jǐn guǎn duì wǒ shuō, wǒ yí dìng huì jìn lì bāng zhù dà jiā.
尽管对我说，我一定会尽力帮助大家。

예시 답안: 여러분 안녕하십니까?

오늘부터 여러분은 우리 회사의 일원이 되었습니다.

우리 회사에 입사하신 것을 환영합니다.

저는 회사 인사부 책임자입니다.

회사에서는 여러분을 맞이하고, 하루 빨리 환경에 익숙해져서 근무를 할 수 있도록 저를 파견했습니다.

저는 우선 여러분들을 모시고 회사를 둘러보면서 각 부서의 책임자들을 만나도록 하겠습니다. 그 후에 여러분은 각 부서에 출근하시면 됩니다.

이후에 문제나 요구사항이 있으면 언제든지 제게 말씀해 주십시오, 저는 최선을 다해 여러분을 돕겠습니다.

Tip '尽管'은 '마음 놓고, 편한 대로 해도 된다'는 의미이다.

有什么要求, 尽管提好了。
무슨 요구가 있으면, 편한 대로 얘기해도 된다.

TSC 第五部分 연습문제
拓展回答

4 질문

nǐ men jiā shuí fù zé zuò fàn? zuò de hǎo chī ma?
你们家谁负责做饭？做得好吃吗？

질문 당신의 집에서는 누가 요리를 합니까? 맛있게 합니까?

예시답안

jié hūn yǐ qián wǒ hěn shǎo zuò fàn, jié hūn yǐ hòu tiān tiān
结婚以前我很少做饭，结婚以后天天
xià chú fáng, wèi zhàng fu hé zì jǐ zhǔn bèi yí rì sān cān.
下厨房，为丈夫和自己准备一日三餐。

zǎo fàn shì zuì jiǎn dān de, kǎo jǐ piàn miàn bāo,
早饭是最简单的，烤几片面包，
rè liǎng bēi niú nǎi jiù kě yǐ le.
热两杯牛奶就可以了。

wǔ fàn zhàng fu bù huí jiā chī, wǒ yě zài gōng sī chī.
午饭丈夫不回家吃，我也在公司吃。

wǎn fàn kě jiù yào huā dà lì qi zhǔn bèi le.
晚饭可就要花大力气准备了。

měi tiān yào huā yì liǎng ge xiǎo shí, yì bān shì sān ge cài,
每天要花一两个小时，一般是三个菜，
yì hūn liǎng sù.
一荤两素。

wǒ zuò cài de shǒu yì hái kě yǐ,
我做菜的手艺还可以，
zhì shǎo wǒ zhàng fu bǐ jiào mǎn yì.
至少我丈夫比较满意。

예시답안

결혼하기 전에 저는 음식을 거의 하지 않았습니다, 결혼한 후에는 매일 요리를 하는데, 하루 세 번 남편과 저를 위해서 식사를 준비합니다.

아침식사가 제일 간단합니다, 빵 몇 개를 굽고 우유 두 잔만 데우면 됩니다.

점심식사는 남편도 집에 오지 않고, 저 또한 회사에서 먹습니다.

저녁식사는 많은 노력을 해서 준비합니다.

매일 한 두 시간씩 들여 저녁을 준비하고, 일반적으로 고기 요리 하나와 야채요리 두 개, 이렇게 세 가지의 요리를 준비합니다.

저의 요리 솜씨는 그런대로 괜찮아요, 적어도 남편은 만족하는 편입니다.

Tip '至少'는 '적어도~'라는 뜻으로 최소한의 조건이나 상황을 나타낸다.

예 还好至少还有你。
적어도 네가 있어서 다행이다.

준비시간 **30** 초
답변시간 **50** 초

5 질문

nǐ chuān yī fu jiǎng jiū ma?
你穿衣服讲究吗？

질문: 당신은 옷차림을 중요시합니까?

예시답안

wǒ bǐ jiào zài hu zì jǐ zài bié rén yǎn lǐ de xíng xiàng,
我比较在乎自己在别人眼里的形象，
suǒ yǐ chuān yī fu hěn jiǎng jiū.
所以穿衣服很讲究。

bǐ rú shén me chǎng hé chuān shén me yī fu,
比如什么场合穿什么衣服，
shén me yàng de shàng yī gēn shén me yàng de kù zi,
什么样的上衣跟什么样的裤子，
qún zi dā pèi, shì xiān dōu yào yán jiū yì fān.
裙子搭配，事先都要研究一番。

shàng bān de shí hou, wǒ yì bān chuān tào zhuāng huò zhě
上班的时候，我一般穿套装或者
bǐ jiào zhèng shì de lián yī qún.
比较正式的连衣裙。

zhōu mò huò zhě xiū jià zài jiā de shí hou,
周末或者休假在家的时候，
wǒ jiù chuān de bǐ jiào suí yì le,
我就穿得比较随意了，

dàn chū mén de shí hou, yí dìng yào hǎo hǎo dǎ bàn yì fān,
但出门的时候，一定要好好打扮一番，
jué duì bú huì suí biàn chuān shén me jiù chū qù de.
绝对不会随便穿什么就出去的。

예시답안

저는 자신이 남의 눈에 어떻게 비치는지 신경을 쓰는 편입니다. 그래서 옷을 입을 때 매우 신경을 씁니다.

예를 들어 어떤 장소에는 어떤 옷을 입어야 하고, 어떤 상의에는 어떤 바지나 치마가 어울리는지, 미리 한번 생각을 합니다.

출근을 할 때, 저는 일반적으로 투피스, 혹은 비교적 정식인 원피스를 입습니다.

주말 혹은 휴일에 집에 있을 때는, 편하게 입는 편이지만,

집 밖으로 나갈 때에는 아무거나 입고 나가지 않습니다.

Tip '或者'는 '~이거나 아니면(혹은)~'의 뜻으로, 평서문에서 쓰인다.

예) 你去或者我去。
네가 가거나 아니면 내가 간다.

他吃中国菜或者韩国菜。
그는 중국요리나 혹은 한국요리를 먹는다.

TSC 第五部分 연습문제
拓展回答

---

6 질문
nǐ jiā de cái wù shì zěn me ān pái de?
你家的财务是怎么安排的？

질문 당신의 가정의 재무는 어떻게 배분되었습니까?

예시답안

wǒ jié hūn le, wǒ men fū fù dōu zài dà gōng sī gōng zuò,
我结婚了，我们夫妇都在大公司工作，
shōu rù bǐ jiào gāo, kě shì wǒ men zài jīng jì shàng de
收入比较高，可是我们在经济上的
yā lì bìng bu xiǎo.
压力并不小。

wǒ men de shōu rù chú le zhī chū rì cháng kāi xiāo wài,
我们的收入除了支出日常开销外，
hái yǒu yí dà bù fen yòng yú wèi jiāng lái zuò zhǔn bèi.
还有一大部分用于为将来做准备。

wǒ men de hái zi hái xiǎo, děng tā shàng dà xué shí wǒ men
我们的孩子还小，等他上大学时我们
yǐ jīng tuì xiū le, wèi le bǎo zhèng hái zi de qián tú,
已经退休了，为了保证孩子的前途，
wǒ men wèi tā mǎi le jiào yù bǎo xiǎn.
我们为他买了教育保险。

cǐ wài, wǒ men měi yuè hái yǒu yí bù fēn qián yòng yú
此外，我们每月还有一部分钱用于
cháng huán fáng zi de fēn qī dài kuǎn. wèi le jiāng lái,
偿还房子的分期贷款。为了将来，
wǒ men bù dé bù jiǎn shǎo xiàn zài de kāi zhī.
我们不得不减少现在的开支。

예시답안 저는 결혼을 했습니다. 우리 부부는 둘 다 큰 회사에 다녀서 수입이 비교적 많은 편입니다. 하지만 우리는 경제적 부담이 결코 적지 않습니다.

우리는 일상적인 지출 이외에 많은 액수를 장래를 위한 준비에 씁니다.

아이가 아직 어려서 그가 대학에 들어갈 때 즈음에는 우리가 이미 퇴직한 후이기 때문에, 아이의 앞날을 위해 교육 보험을 들었습니다.

이 외에 매달 주택마련대출금 부기상환에 수입의 일부를 씁니다. 미래를 위해 우리는 지금 지출을 줄일 수밖에 없습니다.

Tip '此外'는 '앞에서 말한 것 외에 또한~'이란 의미로, 상황을 보충설명 하는데 쓰인다.
예) 我没有时间，此外我也没那么多钱。
나는 시간이 없다. 또한, 그렇게 많은 돈도 없다.

준비시간 30 초
답변시간 50 초

7 질문

qǐng nǐ jiè shào yí ge chǎn pǐn, yāo qiú jiǎn dān de jiè shào yí xià
请你介绍一个产品，要求简单地介绍一下
chǎn pǐn de gōng néng, yōu diǎn, zhù yì shì xiàng děng.
产品的功能，优点，注意事项 等。

질문 어떤 제품을 정해 소개해 보세요, 제품의 기능, 장점, 주의할 점 등을 간단하게 소개해 보세요.

예시 답안

wǒ jiā yǒu yì tái zì dòng xī chén qì.
我家有一台自动吸尘器。

hé yì bān de xī chén qì bù yí yàng de shì,
和一般的吸尘器不一样的是，
tā gēn běn bù xū yào nǐ dòng shǒu cāo zuò.
它根本不需要你动手操作。

nǐ zhǐ xū yào bǎ tā fàng zài fáng jiān de jiǎo luò lǐ,
你只需要把它放在房间的角落里，
chā shàng diàn yuán jiù kě yǐ le.
插上电源就可以了。

tā huì měi tiān zì jǐ zài fáng jiān lǐ yí dòng,
它会每天自己在房间里移动，
gěi dì bǎn xī chén.
给地板吸尘。

xī wán hòu zì jǐ huí dào yuán lái de dì fāng.
吸完后自己回到原来的地方。

tā bù guāng huì zì dòng xī chén, hái huì zì dòng chōng diàn.
它不光会自动吸尘，还会自动充电。

bú guò, děi zhù yì bú yào ràng tā yí dòng dào
不过，得注意不要让它移动到
lóu tī páng biān, huò cóng gāo chù shuāi xià lái.
楼梯旁边，或从高处摔下来。

예시 답안 저의 집에는 자동 청소기가 있습니다.

일반적인 청소기와 다르게 이것은 당신이 직접 조작할 필요가 없습니다.

단지 방 한구석에 두고, 전원만 꽂아두면 됩니다.

그것은 매일 스스로 방안을 이동하며, 바닥의 먼지를 빨아들일 것입니다.

다 빨아들인 후에는 스스로 원래 있던 곳으로 돌아갑니다.

스스로 먼지를 빨아들일 뿐만 아니라, 스스로 충전도 할 수 있습니다.

하지만, 주의할 점은 계단 옆으로 이동하지 않도록 해야 합니다. 간혹 아래도 떨어질 수 있습니다.

Tip '把'자문은 특징 대상을 어떻게 처리했으며 처리 결과가 어떠했는지를 강조하여 설명할 때 쓰인다. 구조는 '주어+(부사/조동사)+把+특징목적어+처치동사+기타성분'이다.

TSC 第五部分 연습문제
拓展回答

---

8 질문

nǐ shǔ yú shì cháng qī gàn yí ge gōng zuò de rén,
你属于是长期干一个工作的人，
hái shì jīng cháng huàn gōng zuò de rén?
还是经常换工作的人?

질문 당신은 장기적으로 하나의 일을 하는 사람입니까, 아니면 자주 직장을 옮기는 사람입니까?

예시답안

wǒ jīng cháng huàn gōng zuò, wǒ gōng zuò wǔ nián yǐ lái
我经常换工作，我工作五年以来
huàn le sān cì gōng zuò, zhè duì nà xiē yí ge gōng zuò
换了三次工作，这对那些一个工作
gàn yí bèi zi de rén lái shuō, kě néng hěn nán lǐ jiě.
干一辈子的人来说，可能很难理解。

kě shì wǒ fā xiàn, yí dàn nǐ huàn le yí cì gōng zuò,
可是我发现，一旦你换了一次工作，
jiù bú zài hu dì èr cì, dì sān cì le.
就不在乎第二次，第三次了。

yǒu rén shuō wǒ shì zhè shān wàng zhe nà shān gāo,
有人说我是这山望着那山高，
kě shì shuí bù xī wàng zì jǐ shēng huó de gèng hǎo ne?
可是谁不希望自己生活得更好呢?

yǒu de rén xǐ huān wěn dìng, hài pà dòng dàng,
有的人喜欢稳定，害怕动荡，
ér wǒ xǐ huān zài biàn huà zhōng xún qiú fā zhǎn.
而我喜欢在变化中寻求发展。

suǒ yǐ wǒ jīng cháng huàn gōng zuò.
所以我经常换工作。

예시답안

저는 자주 직장을 옮깁니다. 저는 일을 한지 5년이 되었는데 직장을 3번 옮겼습니다. 이것은 한 가지 일을 평생 하는 사람의 입장에서 보면 아마도 도무지 이해하기 힘들 것입니다.

그러나 저는 일단 직장을 한 번 옮겨보면 두 번째, 세 번째 옮기는 것은 많이 어렵지 않다고 생각합니다.

어떤 사람은 저에게 남의 떡이 더 커 보이는 법이라고 하지만, 어느 누가 자신의 생활이 더 나아지길 원하지 않겠습니까?

어떤 사람은 안정적인 것을 좋아하고 동요되는 것을 두려워하지만 저는 변화 속에서 발전을 추구하는 것을 즐깁니다.

그래서 저는 자주 직장을 옮깁니다.

 Tip '一旦~就~'는 어떤 일이 비록 발생빈도가 적고 하기 어렵지만, 그 일이 일어나면 반드시 모종의 결과가 나타남을 말한다.

준비시간 **30** 초
답변시간 **50** 초

9 질문

nǐ zěnyàng kàndài xiànzài de hūn yīn?
你怎样看待现在的婚姻？

질문: 당신은 현재의 혼인에 대해서 어떻게 생각합니까?

예시답안:

wǒ jué de zài xiànzài zhèyàng yí ge chōngmǎn jìngzhēng,
我觉得在现在这样一个充满竞争，
yā lì, bù ān dìng de shí dài,
压力，不安定的时代，
xìng fú wěn dìng de hūn yīn hé jiā tíng shì yì zhǒng shē wàng.
幸福稳定的婚姻和家庭是一种奢望。

bǐ rú shuō wǒ de yí ge tóng shì,
比如说我的一个同事，
tā gāng sān shí suì chū tóu, yīn wèi gōng zuò tài máng,
他刚三十岁出头，因为工作太忙，
yìng chóu tài duō, jī hū měi tiān dōu shì
应酬太多，几乎每天都是
shí yī èr diǎn huí jiā, yǒu shí shèn zhì gèng wǎn.
十一二点回家，有时甚至更晚。

zài jiā shàng sān tiān liǎng tóu chū chāi.
再加上三天两头出差。
wǒ jué de shí jiān cháng le nán miǎn quē fá gǎn qíng shàng de jiāo liú
我觉得时间长了难免缺乏感情上的交流
hé gōu tōng, hūn yīn jiù huì miàn lín yuè lái yuè duō de kùn nán.
和沟通，婚姻就会面临越来越多的困难。

예시답안: 저는 현재 이렇게 경쟁적이고 스트레스가 많고 안정적이지 못한 시대에 행복하고 안정적인 결혼생활과 가정을 유지하는 것은 많이 어렵다고 생각합니다.

예를 들어 저의 한 동료는 서른이 넘은 나이에, 일이 너무 바쁘고, 접대가 너무 많아 거의 매일 11~12시에 귀가하고 또 어떤 때는 더 늦기도 합니다.

더구나 사흘에 두 번은 출장을 갑니다. 시간이 길어지면 애정상의 교류와 소통이 부족해, 혼인은 더욱더 많은 어려움에 맞닥뜨릴 것이라고 생각합니다.

Tip '难免'은 '피하기 어렵다'는 뜻으로, 일이 발생할 가능성이 매우 높음을 말한다. 주의할 것은 '难免' 뒤에 부정사가 붙어도 의미는 같다.

TSC 第五部分 연습문제
拓展回答

10 질문

nǐ zuì xǐ huān shén me yùn dòng, qǐng nǐ jiǎn dān de jiè shào yí xià.
你最喜欢什么运动，请你简单地介绍一下。

질문: 당신은 어떤 운동을 제일 좋아합니까? 간단하게 소개해 보세요.

예시답안

wǒ zuì xǐ huān kàn bàng qiú,
我最喜欢看棒球，
zài hán guó měi nián dōu yǒu bàng qiú sài jì,
在韩国每年都有棒球赛季，
cóng chūn tiān kāi shǐ yì zhí chí xù dào qiū tiān.
从春天开始一直持续到秋天。

bàng qiú shì yì zhǒng jí tǐ xìng,
棒球是一种集体性，
duì kàng xìng hěn qiáng de qiú lèi yùn dòng.
对抗性很强的球类运动。

bàng qiú bǐ sài xiàn dìng rén shù zuì shǎo wéi jiǔ rén,
棒球比赛限定人数最少为9人，
bàng qiú duì yuán fēn wéi gōng shǒu liǎng fāng,
棒球队员分为攻守两方，
lì yòng qiú bàng hé shǒu tào,
利用球棒和手套，
zài yí ge shàn xíng de bàng qiú chǎng lǐ jìn xíng bǐ sài.
在一个扇形的棒球场里进行比赛。

wǒ xǐ huān qù xiàn chǎng kàn bǐ sài,
我喜欢去现场看比赛，
jì kě yǐ biān hē pí jiǔ biān nà hǎn zhù wēi,
既可以边喝啤酒边呐喊助威，
hái kě yǐ zài yú kuài de qì fēn zhōng shì fàng yā lì.
还可以在愉快的气氛中释放压力。

suǒ yǐ bàng qiú fēi cháng shòu hán guó rén de huān yíng.
所以棒球非常受韩国人的欢迎。

예시답안: 저는 야구경기를 보는 것을 제일 좋아합니다, 한국에는 매년 야구시즌이 있고, 봄부터 가을까지 합니다.

야구는 집단성, 적대성이 강한 구기 운동입니다.

야구 시합의 최저인원은 9명이고, 야구선수는 공격팀과 방어팀으로 나뉘어 야구방망이와 장갑을 이용해서 부채모양의 야구장에서 시합을 하는 운동입니다.

저는 현장에 가서 경기를 보는 것을 좋아합니다. 맥주를 마시면서 응원할 수도 있고, 또 즐거운 분위기에서 스트레스를 풀 수도 있습니다.

그래서 야구는 많은 한국 사람에게 환영을 받고 있습니다.

Tip '受~'는 '~을 받다'라는 의미로 결과보어 ''와 결합하여 쓰인다. 주로 뒤에 '欢迎', '表扬', '批评' 등의 추상적인 의미를 가진 목적어가 온다.

준비시간 **30** 초
답변시간 **50** 초

11 질문

zhōng guó hé hán guó de wén huà xiāng tóng diǎn hé
中 国 和 韩 国 的 文 化 相 同 点 和
bù tóng diǎn gè yǒu shén me?
不 同 点 各 有 什 么?

질문 중국과 한국의 문화상의 같은 점과 다른 점은 각 무엇입니까?

예시 답안

zhōng guó hé hán guó dōu shòu dào rú jiā sī xiǎng de yǐng xiǎng,
中 国 和 韩 国 都 受 到 儒 家 思 想 的 影 响,
zhù zhòng lǐ yí.
注 重 礼 仪。

ér qiě dōu shì shǐ yòng xiāng tóng de lì fǎ,
而 且 都 是 使 用 相 同 的 历 法,
zhè yě shì zhōng guó hé hán guó yǒu xiāng tóng jié rì de yuán yīn.
这 也 是 中 国 和 韩 国 有 相 同 节 日 的 原 因。

zài rì cháng shēng huó fāng miàn què yǒu hěn duō de chā yì.
在 日 常 生 活 方 面 却 有 很 多 的 差 异。

bǐ rú shuō, hán guó rén rèn wéi bái sè shì
比 如 说, 韩 国 人 认 为 白 色 是
chún jié gāo guì de xiàng zhēng, ér zhōng guó rén què
纯 洁 高 贵 的 象 征, 而 中 国 人 却
rèn wéi bái sè yǔ sǐ wáng yǒu guān, bú tài jí lì.
认 为 白 色 与 死 亡 有 关, 不 太 吉 利。

hái yǒu zhōng guó rén sòng lǐ jīn de shí hou,
还 有 中 国 人 送 礼 金 的 时 候,
bì xū sòng shuāng shù, yīn wèi tā men jué de
必 须 送 双 数, 因 为 他 们 觉 得
dān shù shì guān xi bù hé mù de yì si.
单 数 是 关 系 不 和 睦 的 意 思。

ér hán guó què yì bān sòng dān shù.
而 韩 国 却 一 般 送 单 数。

예시 답안

중국과 한국은 모두 유교 사상의 영향을 받아서, 예의를 중시합니다.

게다가 모두 비슷한 역법을 사용해서 중국과 한국은 같은 명절이 있습니다.

일상생활 측면에서는 오히려 많은 차이가 있습니다.

예를 들어, 한국사람은 흰색은 순결하고 고귀한 상징이라고 여기는데, 중국에서는 오히려 흰색과 죽음이 관련이 있다고 여겨서 길하지 못하고 생각합니다.

또 중국 사람들은 축의금을 낼 때, 반드시 짝수로 냅니다. 왜냐하면 그들은 홀수는 사이가 좋지 않음을 의미한다고 생각하기 때문입니다.

하지만 한국은 보통 홀수의 축의금을 냅니다.

Tip '受到~影响'은 자주 쓰는 술목 구조로 '~한 영향을 받다'라는 뜻으로, '重视', '欢迎', '喜爱' 등의 추상적인 의미의 목적어와 주로 잘 쓰인다.

TSC 第五部分 연습문제
拓展回答

12 질문
zài nǐ jiā lǐ, jiā wù shì zěn me fēn dān de?
在你家里，家务是怎么分担的？

질문 당신의 집에서는, 가사를 어떻게 분담합니까?

예시답안
jié hūn qián wǒ gēn wǒ zhàng fu yuē dìng, jiā wù bù néng
结婚前我跟我丈夫约定，家务不能
quán ràng wǒ yí ge rén gàn, děi liǎng ge rén fēn dān.
全让我一个人干，得两个人分担。

suǒ yǐ jié hūn hòu wǒ men shì zhè yàng fēn gōng de:
所以结婚后我们是这样分工的：
wǒ mǎi cài、 zuò fàn、 shōu shi fáng jiān,
我买菜、做饭、收拾房间，
tā xǐ wǎn、 xǐ yī fu、 cā dì bǎn、 dào lā jī.
他洗碗、洗衣服、擦地板、倒垃圾。

tīng qǐ lái tā de huór bù shǎo, kě shì dōu bǐ jiào jiǎn dān.
听起来他的活儿不少，可是都比较简单。

jiù shuō xǐ yī fu ba, tā zhǐ bú guò shì bǎ zāng yī fu
就说洗衣服吧，他只不过是把脏衣服
fàng dào xǐ yī jī lǐ, zài àn jǐ xià kāi guān bà le.
放到洗衣机里，再按几下开关罢了。

xǐ wán yī fu gāi yùn de yùn, gāi dié de dié,
洗完衣服该熨的熨，该叠的叠，
quán dōu shì wǒ de shìr
全都是我的事儿。

예시답안
결혼 전, 저는 가사를 저 혼자 도맡아 할 수 없으니 분담해 하기로 남편과 합의했습니다.

그래서 결혼 후, 저는 장보기, 밥짓기, 청소를, 남편은 설거지, 빨래, 걸레질, 쓰레기 버리기를 맡기로 했습니다.

듣기에는 남편의 일이 적지 않은 것 같지만 모두 비교적 간단한 것들입니다.

세탁은 빨랫감을 세탁기 속에 넣고 전원만 몇 번 누르면 됩니다.

빨래가 다 되면 다림질과 옷을 개는 것은 모두 제가 담당합니다.

Tip '只不过~罢了'는 단지 화자가 말하는 정도에 지나지 않는다는 의미로, 일의 정도가 매우 낮음을 가리킨다.

준비시간 **30** 초
답변시간 **50** 초

13 질문

xiàn zài shǒu jī gēng xīn huàn dài de hěn kuài,
现在手机更新换代得很快，
duì cǐ qǐng tán tan nǐ de kàn fǎ.
对此请谈谈你的看法。

질문 현재 휴대폰은 빠른 속도로 갱신되고 있습니다, 이에 대한 당신의 생각을 이야기해 보세요.

예시 답안

wǒ bù jīng cháng huàn shǒu jī, yì bān měi liǎng nián
我不经常换手机，一般每两年
huàn yí cì shǒu jī.
换一次手机。

xiàn zài de shǒu jī gēng xīn de hěn kuài, jī hū měi nián
现在的手机更新得很快，几乎每年
měi ge gōng sī dōu huì tuī chū yì liǎng kuǎn xīn shǒu jī.
每个公司都会推出一两款新手机。

hěn duō rén yì chū xīn shǒu jī jiù huàn.
很多人一出新手机就换。

duì cǐ wǒ jué de méi yǒu bì yào.
对此我觉得没有必要。

ér qiě zhì néng shǒu jī bǐ jiào guì, xīn kuǎn shǒu jī de
而且智能手机比较贵，新款手机的
gōng néng, suī rán yǒu le tí gāo hé gēng xīn,
功能，虽然有了提高和更新，
dàn shì què chà bù liǎo duō shǎo.
但是却差不了多少。

suǒ yǐ wǒ jué de shǒu jī shàng méi yǒu bì yào zhuī gǎn liú xíng.
所以我觉得手机上没有必要追赶流行。

예시 답안

저는 휴대폰을 자주 바꾸지 않습니다, 일반적으로 매 2년마다 휴대폰을 한번 바꿉니다.

현재 휴대폰은 갱신이 너무 빨라서, 거의 매년 모든 회사가 한 두 개의 새 휴대폰을 출시합니다.

많은 사람들은 새 휴대폰이 출시되자마자 바로 휴대폰을 바꿉니다.

저는 이렇게 금방 바꾸는 것은 필요하지 않다고 생각합니다.

게다가 스마트폰은 비교적 비싸고, 또 새 휴대폰의 기능은 비록 향상되고 갱신이 되었지만, 그렇게 큰 차이는 없다고 생각합니다.

그래서 저는 휴대폰은 휴행에 따르지 않아도 된다고 생각합니다.

Tip '一~就~'는 두 가지 일이 시간의 순서에 따라 연이어 발생할 때 쓰이며, 일반적으로 앞뒤절의 주어가 다른 경우에는 '~하자마자 ~하다', 주어가 같은 경우에는 '~하기만 하면 ~하다'의 의미를 나타낸다.

TSC 第五部分 연습문제
拓展回答

14 질문

nǐ měi tiān kàn xīn wén ma?
你每天看新闻吗？

nǐ bǐ jiào guān zhù nǎ fāng miàn de xīn wén?
你比较关注哪方面的新闻？

질문 당신은 매일 뉴스를 봅니까?
어느 분야의 뉴스를 중요시 봅니까?

예시답안

wǒ měi tiān dōu kàn xīn wén, yǐ qián shì tōng guò kàn bào zhǐ,
我每天都看新闻，以前是通过看报纸，
xiàn zài shì yòng shǒu jī kàn xīn wén.
现在是用手机看新闻。

wǒ yì bān xiān kàn tóu tiáo xīn wén,
我一般先看头条新闻，
kàn yi kàn zuì jìn de rè mén huà tí.
看一看最近的热门话题。

rán hòu wǒ huì kàn yí xià jīng jì bǎn,
然后我会看一下经济版，
liǎo jiě zuì jìn de jīng jì zhuàng kuàng.
了解最近的经济状况。

yīn wèi wǒ zài jīn róng gōng sī shàng bān,
因为我在金融公司上班，
suǒ yǐ duì jīng jì fēi cháng mǐn gǎn.
所以对经济非常敏感。

rán hòu zài kàn kan guó jì xīn wén.
然后再看看国际新闻。
wǒ duì wài guó de yí qiè dōu hěn gǎn xìng qù.
我对外国的一切都很感兴趣。

zuì hòu wǒ huì suí biàn kàn kan, zhèng zhì bǎn, yú lè bǎn
最后我会随便看看，政治版，娱乐版
hái yǒu shè huì bǎn děng děng.
还有社会版等等。

예시답안

저는 매일 뉴스를 봅니다, 옛날에는 신문을 통해 보았는데, 지금은 휴대폰으로 보고 있습니다.

저는 일반적으로 톱뉴스를 먼저 보고, 최근의 화제 이슈를 봅니다.

그 다음에 경제면을 통해 최근의 경제 상황을 봅니다.

왜냐하면, 저는 금융회사에서 일을 하기 때문에, 경제에 대해 민감합니다.

그런 다음 국제뉴스를 봅니다. 저는 외국의 모든 것에 대해서 관심이 있습니다.

마지막으로는 자유롭게 정치면, 연애면 그리고 사회면 등을 봅니다.

Tip '随便'은 '행동이나 차림새 등이 제한되지 않다, 자유롭다'의 의미로 회화에서 자주 쓰이는 표현이다. 또 서로의 생각이 다를 때 '随便'를 쓰게 되면, 비록 '상대의 의견에 동의하지는 않지만, 자신과는 상관없다' 라는 의미로도 쓰인다.

준비시간 **30** 초
답변시간 **50** 초

15 질문

qǐng nǐ tán tan duì guó jì hūn yīn de kàn fǎ.
请你谈谈对国际婚姻的看法。

질문 당신은 국제결혼에 대해서 어떻게 생각합니까?

예시답안

wǒ zhī chí guó jì hūn yīn, dàn wǒ yě jué de guó jì hūn yīn
我支持国际婚姻，但我也觉得国际婚姻
cún zài hěn duō de wèn tí.
存在很多的问题。

jí shǐ shì tóng yì zhǒng zú tóng yì wén huà de rén
即使是同一种族同一文化的人
jié hūn de huà, yě dōu huì cún zài wèn tí.
结婚的话，也都会存在问题。

bù tóng wén huà de rén jié hé miàn lín de kùn nán jiù gèng duō le.
不同文化的人结合面临的困难就更多了。

yě xǔ xiāng ài róng yì, dàn shì hūn yīn jiù méi nà me jiǎn dān le.
也许相爱容易，但是婚姻就没那么简单了。

tā men yǒu kě néng yīn wèi yǔ yán hé wén huà fāng miàn
他们有可能因为语言和文化方面
cún zài zhàng ài, dǎo zhì shēng huó méi nà me shùn tan.
存在障碍，导致生活没那么顺坦。

dàn zhǐ yào liǎng ge rén yì qǐ nǔ lì, zhōng huì yǒu hǎo de
但只要两个人一起努力，终会有好的
jié guǒ, yě huì yǒu měi hǎo de hūn yīn de.
结果，也会有美好的婚姻的。

예시답안

저는 국제결혼을 지지합니다, 하지만 저 역시도 국제결혼은 많은 문제가 존재한다고 생각합니다.

설령 같은 민족에 같은 문화를 가진 사람이어도, 문제가 여전히 존재하는데,

문화가 다른 사람들이 결혼할 때 직면하게 되는 어려움들은 비교적 더 많을 것입니다.

서로 사랑하기는 쉬울 지 몰라도, 혼인은 그렇게 간단한 문제가 아닙니다.

그들은 언어와 문화의 장벽 때문에 그렇게 순탄치 못할 것입니다.

하지만 두 사람이 함께 노력을 한다면. 결국에는 좋은 결과가 있을 것이고, 아름다운 결혼도 성사될 수 있을 것입니다.

Tip 접속사 '即使'는 앞 절에 쓰여 '설령 ~ 하더라도(할지라도, 일지라도)'로 해석되며, 가설 겸 양보를 나타낸다. 뒤 절에는 보통 부사 '也', '都' 등이 함께 쓰인다.

TSC 第五部分 연습문제

拓展回答

16 질문

zài shén me qíng kuàng xià, nǐ men jiā rén zài wài miàn chī fàn?
在什么情况下，你们家人在外面吃饭？
qǐng jiǎn dān shuō yi shuō。
请简单说一说。

어떤 상황에서, 당신의 가족은 외식을 합니까? 간단하게 이야기해 보세요.

예시답안

wǒ rèn wéi wài miàn de fàn bù rú jiā lǐ de fàn hǎo chī,
我认为外面的饭不如家里的饭好吃，
dàn shì tè bié de rì zi wǒ jiā rén hái shì huì zài wài miàn chī fàn.
但是特别的日子我家人还是会在外面吃饭。

bǐ rú shuō jiā lǐ yǒu rén guò shēng rì de shí hou,
比如说家里有人过生日的时候，
nà tiān wǒ men huì quán jiā rén yì qǐ qù chī shòu xīng xǐ huān de cài.
那天我们会全家人一起去吃寿星喜欢的菜。
hái yǒu jié rì de shí hou, wǒ men yě huì qù wài miàn chī fàn.
还有节日的时候，我们也会去外面吃饭。

fù qīn jié, mǔ qīn jié, duān wǔ jié, zhōng qiū jié děng děng.
父亲节，母亲节，端午节，中秋节等等。
dàn shì guò nián de shí hou wǒ men què huì zài jiā lǐ
但是过年的时候我们却会在家里
chī tuán yuán fàn.
吃团圆饭。

zhè yàng yí suàn, wǒ men quán jiā rén yì qǐ
这样一算，我们全家人一起
zài wài miàn chī fàn de shí hou yě bú suàn shǎo le.
在外面吃饭的时候也不算少了。

예시답안

저는 밖의 음식은 집 밥만큼 못하다고 생각합니다. 하지만 특별한 날에 우리 가족은 외식을 합니다.

예를 들어 가족 중 누구의 생일 때, 우리 가족 모두는 함께 생일인 사람이 좋아하는 음식점에서 함께 식사를 합니다. 또 명절 때, 우리 가족은 역시 외식을 합니다.

어버이날, 단오절, 추석 등의 경우입니다. 하지만 설에는 집에서 한자리에 모여서 밥을 먹습니다.

이렇게 보니, 우리 전 가족이 외식을 하는 것은 아주 적은 것 같습니다.

Tip '不如'는 '~은 ~만 못하다'의 뜻으로 비교문에 쓰이며 앞의 사람이나 사물이 뒤의 비교 대상보다 못 할 때 사용한다.

예) 他不如我聪明。
그는 나만큼 똑똑하지 않다.
今天不如昨天冷。
오늘은 어제만큼 춥지 않다.

준비시간 30 초
답변시간 50 초

17 질문

zuì jìn zuò zhěng róng shǒu shù de rén yuè lái yuè duō le,
最近做整容手术的人越来越多了，
duì cǐ nǐ zěn me kàn?
对此你怎么看？

질문: 최근에 성형수술을 하는 사람이 점점 많아지고 있습니다. 이에 대해서 당신은 어떻게 생각합니까?

예시 답안

duì yú zuò zhěng róng shǒu shù,
对于做整容手术，
wǒ gè rén rèn wéi zhǐ yào bú guò dù
我个人认为只要不过度
qiě zài néng lì fàn wéi zhī nèi jìn xíng jiù méi yǒu guān xi.
且在能力范围之内进行就没有关系。

bú guò dù zhǐ de shì bú zuò tè bié wēi xiǎn de,
不过度指的是不做特别危险的，
méi yǒu bì yào de shǒu shù.
没有必要的手术。

rú guǒ nǐ zuò le zhěng róng shǒu shù hòu, lián nǐ de mā ma
如果你做了整容手术后，连你的妈妈
dōu rèn bù chū nǐ lái, nà me jiù shì guò dù le.
都认不出你来，那么就是过度了。

'néng lì fàn wéi' zhǐ de shì jīn qián fāng miàn.
'能力范围'指的是金钱方面。

rú guǒ tōng guò zhěng róng shǒu shù,
如果通过整容手术，
néng ràng nǐ biàn de zì xìn, nà me zài bú guò dù
能让你变得自信，那么在不过度
hé néng lì fàn wéi nèi jìn xíng de huà,
和能力范围内进行的话，
wǒ jué de méi yǒu guān xi.
我觉得没有关系。

예시 답안: 성형수술에 대해서, 저는 개인적으로 과도하지 않고 또 능력의 범위 내에서 하는 것은 괜찮다고 생각합니다.

과도하지 않다는 것은 특별히 위험한 수술이 아니면서, 불필요한 수술을 하지 않는다는 것입니다.

만약에 당신이 성형수술을 했는데, 어머니조차도 못 알아 본다면 그건 과도한 것입니다.

'능력 범위'라는 의미는 금전적인 면에 관한 것입니다.

만약 성형수술을 해서, 당신이 자신감이 생기고, 또 과도하지 않으면서도 능력 내에서 한다면, 괜찮다고 생각합니다.

Tip '连~都/也'는 '심지어 ~조차도 ~하다'라는 의미의 접속사로, '连'은 생략할 수 있다.

LESSON 05　TSC 第五部分 - 拓展回答　85

TSC 第五部分 연습문제
拓展回答

18 질문	duì yú zhōng guó de jì huà shēng yù, nǐ zěn me kàn? **对于中国的计划生育，你怎么看？**	질문	중국의 한 자녀 제도에 대해, 당신은 어떻게 생각합니까?

예시답안

wǒ fǎn duì zhōng guó de jì huá shēng yù zhì dù.
我反对中国的计划生育制度。

yīn wèi wǒ rèn wéi shēng yù shì rén lèi fā zhǎn、
因为我认为生育是人类发展、
fán yǎn hòu dài de tú jìng.
繁衍后代的途径。

zhè shì zì rán xiàn xiàng, guó jiā bù yīng gāi qiáng xíng gān yù.
这是自然现象，国家不应该强行干预。

hái yǒu shēng yù shì gè rén wèn tí, guó jiā méi yǒu quán lì
还有生育是个人问题，国家没有权利
qiáng zhì kòng zhì, zhè shì qīn fàn rén quán de.
强制控制，这是侵犯人权的。

ér qiě yóu yú duì yí dài rén de kòng zhì, huì dǎo zhì
而且由于对一代人的控制，会导致
rén kǒu fēn bù bù jūn héng, chū xiàn lǎo líng huà xiàn xiàng.
人口分布不均衡，出现老龄化现象。

xiàng hán guó, bú dàn bù fǎn duì shēng yù,
像韩国，不但不反对生育，
fǎn ér fēi cháng gǔ lì shēng yù.
反而非常鼓励生育。

suǒ yǐ wǒ jué de zhōng guó zhèng fǔ kě yǐ gǔ lì,
所以我觉得中国政府可以鼓励，
dàn bù yīng gāi qiáng zhì shí xíng jì huá shēng yù.
但不应该强制实行计划生育。

예시답안

저는 중국의 한 자녀 제도를 반대합니다.

왜냐하면 저는 출산은 인류의 발전, 후손을 번식하는 수단이라고 생각합니다.

이것은 자연 현상이니, 국가가 강제로 간섭해서는 안 된다고 생각합니다.

또 출산은 개인의 문제이고, 국가가 강제로 통제할 수 있는 권력은 없습니다, 이것은 인권을 침범하는 것입니다.

또 한 시대만 통제하면, 인구의 분배는 균형을 이룰 수 없고, 노령화 현상이 나타날 것입니다.

한국은 출산을 반대하지 않을 뿐만 아니라 오히려 격려하고 있습니다.

그래서 저는 중국 정부도 한 자녀 제도를 격려할 수는 있지만, 강제로 실행해서는 안 된다고 생각합니다.

> **Tip** '不但不/不但没~, 反而~'은 '~하지 않을 뿐만 아니라 오히려 ~하다'라는 뜻으로, 앞, 뒤 절에는 반대의 내용이 들어간다. 주로 예기치 못한 결과가 발생했을 때 사용한다.

준비시간 **30** 초
답변시간 **50** 초

19 질문

shè huì zhǔ yì hé zī běn zhǔ yì, nǐ jué de nǎ ge gèng hǎo?
社会主义和资本主义，你觉得哪个更好？

질문: 사회주의와 자본주의 중, 당신은 어떤 것이 더 좋다고 생각합니까?

예시답안

wǒ jué de wú lùn shì shè huì zhǔ yì hái shì zī běn zhǔ yì
我觉得无论是社会主义还是资本主义
dōu yǒu yōu diǎn hé quē diǎn, wú fǎ shuō nǎ ge hǎo,
都有优点和缺点，无法说哪个好，
nǎ ge bù hǎo.
哪个不好。

bǐ rú shuō zhǐ yǒu shè huì zhǔ yì guó jiā cái yǒu
比如说只有社会主义国家才有
shí nián jì huà, bǎi nián jì huà.
十年计划，百年计划。

ér zī běn zhǔ yì guó jiā
而资本主义国家
zhè zhǒng cháng qī de jì huà hěn nán shí xíng.
这种长期的计划很难实行。

yòu bǐ rú shuō, zī běn zhǔ yì guó jiā shì
又比如说，资本主义国家是
rén mín zì jǐ tóu piào, xuǎn bá zǒng tǒng,
人民自己投票，选拔总统，
guó mín yǒu bǐ jiào dà de quán lì, dàn shè huì zhǔ yì guó jiā
国民有比较大的权力，但社会主义国家
suī rán yě jìn xíng tóu piào, dàn méi yǒu quán lì.
虽然也进行投票，但没有权力。

suǒ yǐ shuō wú lùn shén me zhǔ yì, dōu yǒu yōu quē diǎn.
所以说无论什么主义，都有优缺点。

예시답안: 저는 사회주의 혹은 자본주의 모두 장점과 단점이 있고, 어느 것이 좋다, 어느 것이 안 좋다라고 말하기 쉽지 않다고 생각합니다.

예를 들어 사회주의 국가는 10년 계획, 100년 계획이 있지만,

자본주의 국가에서는 이러한 장기적인 계획을 실행하기 어렵습니다.

또 자본주의 국가에서는 국민 스스로 투표를 통해 대통령을 선발하고, 국민은 비교적 큰 권력을 가지고 있습니다, 하지만 사회주의 국가에서는 비록 투표를 진행하기는 하지만, 국민의 권력이 전혀 없습니다.

그래서 양자 모두 장단점이 있습니다.

Tip '好+동사'는 '~하기 좋다, ~하기 쉽다'의 뜻이고, '**不好说**'는 '그다지 말하기가 쉽지 않다'의 의미이다.

LESSON 05 TSC 第五部分 - 拓展回答 **87**

TSC 第五部分 연습문제

拓展回答

준비시간 **30** 초
답변시간 **50** 초

20 질문

zài gōng sī lǐ, nǐ jué de gōng sī fēn míng de hǎo
在公司里，你觉得公司公私分明的好
hái shì jiǎng diǎn rén qíng de hǎo?
还是讲点人情的好？

질문 회사에서, 공과 사를 분명히 하는 것이 좋은가요, 아니면 인정을 보아주는 것이 좋은가요?

예시답안

wǒ jué de zài gōng sī lǐ hái shì gōng sī fēn míng de hǎo.
我觉得在公司里还是公私分明的好。

zài gōng sī, měi ge rén de rèn wu hé zhí zé bù yí yàng,
在公司，每个人的任务和职责不一样，
suǒ yǐ zài gōng sī zhǐ yào zuò hǎo zì jǐ fēn nèi de shì
所以在公司只要做好自己分内的事
jiù kě yǐ le.
就可以了。

bù chí dào, bù zǎo tuì, gāi zuò de gōng zuò àn shí zuò hǎo.
不迟到，不早退，该做的工作按时做好。

rú guǒ jiǎng rén qíng, nà me kě néng
如果讲人情，那么可能
yǒu de zhí yuán chí dào, yǒu de zhí yuán gōng zuò shǎo,
有的职员迟到，有的职员工作少，
zhè yàng gōng sī de zhì xù jiù huì bèi dǎ luàn.
这样公司的秩序就会被打乱。

suǒ yǐ wǒ jué de zài gōng sī jiù yīng gāi gōng sī fēn míng.
所以我觉得在公司就应该公私分明。

예시답안

저는 회사에서는 공과 사를 분명히 하는 것이 좋다고 생각합니다.

회사에서 사람마다 임무와 직책이 다르기 때문에 단지 자기가 해야 할 일을 하기만 하면 됩니다.

지각하지 않고, 조퇴하지 않고, 해야 할 업무를 열심히 하면 됩니다.

만약에 인정을 보아 준다면, 아마도 어떤 직원은 지각을 하고, 어떤 직원은 업무가 적을 수도 있습니다. 이렇게 되면 회사의 균형이 깨질 것입니다.

그래서 저는 회사에서는 공과 사를 분명히 하는 것이 좋다고 생각합니다.

Tip '只要~就~'는 '~하기만 하면 ~할 것이다'의 뜻으로 조건 관계를 나타낸다. '只要' 뒤에는 조건이 오고, '就' 뒤에는 결과가 온다.

연습문제 다시 풀기

※ 준비시간, 답변시간을 준수하여 다시 풀어보세요.

		问题	回答时间		评价			
			准备	回答	流利度	语法	词汇	语音
第五部分	1	你最喜欢哪个季节？请简单说一说。	30秒	50秒				
	2	你周末一般怎么度过的？	30秒	50秒				
	3	你是人事部的经理，正在迎接新的职员们。请你给他们简单介绍一下公司，并欢迎他们。	30秒	50秒				
	4	你们家谁负责做饭？做得好吃吗？	30秒	50秒				
	5	你穿衣服讲究吗？	30秒	50秒				
	6	你家的财务是怎么安排的？	30秒	50秒				
	7	请你介绍一个产品，要求简单地介绍一下产品的功能，优点，注意事项等。	30秒	50秒				
	8	你属于是长期干一个工作的人，还是经常换工作的人？	30秒	50秒				
	9	你怎样看待现在的婚姻？	30秒	50秒				
	10	你最喜欢什么运动，请你简单地介绍一下。	30秒	50秒				
	11	中国和韩国的文化相同点和不同点各有什么？	30秒	50秒				
	12	在你家里，家务是怎么分担的？	30秒	50秒				
	13	现在手机更新换代得很快，对此请谈谈你的看法。	30秒	50秒				
	14	你每天看新闻吗？你比较关注哪方面的新闻？	30秒	50秒				
	15	请你谈谈对国际婚姻的看法。	30秒	50秒				
	16	在什么情况下，你们家人在外面吃饭？请简单说一说。	30秒	50秒				
	17	最近做整容手术的人越来越多了，对此你怎么看？	30秒	50秒				
	18	对于中国的计划生育，你怎么看？	30秒	50秒				
	19	社会主义和资本主义，你觉得哪个更好？	30秒	50秒				
	20	在公司里，你觉得公私分明的好还是讲点人情的好？	30秒	50秒				

LESSON 06 | TSC 第五部分 - 拓展回答

八先生 비법 노트 : TSC 핵심 어법

01. **어법** 非(fēi)~ 不可(bù kě) : 꼭 ~ 해야 한다, 반드시 ~ 할 것이다

예문
wǒ fēi qù bù kě, nǐ bié lán zhe.
我非去不可，你别拦着。
나는 꼭 가야 해. 말리지 마.

02. **어법** 哪怕(nǎ pà) ~ : ~ 해도 상관없다

예문
nǎ pà nǐ guài wǒ, wǒ yě yào cí zhí.
哪怕你怪我，我也要辞职。
네가 나를 탓해도 상관없어. 난 사직할 거야.

03. **어법** 不得不(bù dé bù) ~ : 할 수 없이 ~, 어쩔 수 없이 ~

예문
yīn wèi méi yǒu shí jiān, wǒ bù dé bù dǎ chē lái.
因为没有时间，我不得不打车来。
시간이 없었기 때문에, 어쩔 수 없이 택시를 타고 왔어.

04. **어법** 与其(yǔ qí)A, 不如(bù rú)B : A를 하느니 차라리 B를 한다

예문
yǔ qí gào su tā ràng tā shāng xīn, bù rú bú gào su tā.
与其告诉她让她伤心，不如不告诉她。
그에게 알려서 그녀가 속상해 하느니 차라리 그녀에게 알리지 말자.

05. **어법** 对(duì) ~ 来说(lái shuō) : ~ 에 대해서는, ~ 에게는

예문
xiàn zài duì wǒ lái shuō, xué xí hàn yǔ zuì zhòng yào.
现在对我来说，学习汉语最重要。
현재 나에게는, 중국어를 공부하는 것이 제일 중요해.

06. 어법 **以至于**(yǐ zhì yú) : ~에 이르기까지

예문 wǒ de shǒu dǒu de lì hài yǐ zhì yú jī hū wò bú zhù mài kè fēng.
我的手抖得厉害以至于几乎握不住麦克风。

나는 손이 너무 떨려서 마이크를 잡기가 힘들었다.

07. 어법 **一旦**(yí dàn) : 일단 ~ 한다면

예문 tā yí dàn yào gàn, shuí yě dǎng bú zhù.
他一旦要干，谁也挡不住。

그가 일단 하려고만 하면 누구도 막지 못한다.

08. 어법 **给**(gěi) ~ **带来**(dài lái) ~ : ~에게 ~을 가져다 주다

예문 tā gěi dà jiā dài lái le fú yīn.
他给大家带来了福音。

그는 모두에게 좋은 소식을 가져다 주었다.

09. 어법 **并且**(bìng qiě) : 게다가, 나아가, 그리고 (= 还有 / 而且 / 以及)

예문 zhè xiē gù shi lìng wǒ chī jīng, bìng qiě gǎn dòng le wǒ.
这些故事令我吃惊，并且感动了我。

이러한 이야기들은 나를 놀라게 했고, 나아가 감동하게 만들었다.

10. 어법 **否则**(fǒu zé) : 그렇지 않으면

예문 xiàn zài bì xū mǎ shàng chū fā, fǒu zé jiù gǎn bú shàng háng bān le.
现在必须马上出发，否则就赶不上航班了。

지금 출발해야 해, 그렇지 않으면 비행기 시간에 댈 수 없을 거야.

LESSON 06 | TSC 第五部分

八先生 비법 노트 : TSC 핵심 단어

- 洗漱 [xǐshù] 동 세수하고 양치질하다
- 疲劳 [píláo] 형 피로하다, 지치다
- 预定 [yùdìng] 동 예약하다, 예정하다
- 磕头 [kētóu] 동 절하다
- 矛盾 [máodùn] 명 갈등
- 和解 [héjiě] 동 화해하다
- 僵持 [jiāngchí] 동 대치하다
- 闹钟 [nàozhōng] 명 알람
- 打扰 [dǎrǎo] 동 방해하다, 폐를 끼치다
- 包容 [bāoróng] 형 포용하다
- 冷漠 [lěngmò] 형 무관심하다
- 吵架 [chǎojià] 동 다투다
- 避免 [bìmiǎn] 동 피하다
- 开玩笑 [kāiwánxiào] 동 농담하다
- 掌握 [zhǎngwò] 동 숙달하다, 장악하다
- 刻不容缓 [kèbùrónghuǎn] 성어 잠시도 늦출 수 없다
- 调整 [tiáozhěng] 동 조정하다
- 齐心合力 [qíxīnhélì] 힘과 마음을 함께 모으다
- 适应 [shìyìng] 동 적응하다
- 沉迷 [chénmí] 동 깊이 빠지다
- 影响 [yǐngxiǎng] 동 영향을 주다
- 稳定 [wěndìng] 형 안정되다
- 代沟 [dàigōu] 명 세대차이
- 产生 [chǎnshēng] 동 나타나다
- 摩擦 [mócā] 명 마찰
- 前景 [qiánjǐng] 명 전망
- 舒服 [shūfu] 형 편안하다
- 嘈杂 [cáozá] 형 떠들썩하다
- 减轻 [jiǎnqīng] 동 줄이다
- 解决 [jiějué] 동 해결하다

TSC 第五部分 연습문제

拓展回答

준비시간 **30** 초
답변시간 **50** 초

질문 1　qǐng jiǎn dān shuō yi shuō nǐ měi tiān de zuò xī qíng kuàng.
请 简 单 说 一 说 你 每 天 的 作 息 情 况。

질문　당신의 일상 작업과 휴식시간을 간단하게 이야기해 보세요.

예시답안
wǒ shì yí ge shēng huó fēi cháng yǒu guī lǜ de rén.
我是一个生活非常有规律的人。

měi tiān zǎo shang liù diǎn qǐ chuáng, xǐ shù hòu
每天早上六点起床，洗漱后
huì zài jiā chī zǎo fàn.
会在家吃早饭。

qī diǎn cóng jiā chū fā, dào gōng sī dà gài qī diǎn sì shí fēn.
七点从家出发，到公司大概七点四十分。

bā diǎn kāi shǐ gōng zuò, yì zhí gōng zuò dào wǎn shang qī diǎn.
八点开始工作，一直工作到晚上七点。

rú guǒ méi yǒu tè bié de shì, wǒ yì bān huì huí jiā chī wǎn fàn.
如果没有特别的事，我一般会回家吃晚饭。

huí jiā yǐ hòu nǎ pà zài lèi, wǒ dōu huì xǐ zǎo.
回家以后哪怕再累，我都会洗澡。

xǐ wán zǎo hòu yì tiān suǒ yǒu de yā lì hé pí láo
洗完澡后一天所有的压力和疲劳
jiù dōu xiāo shī le.
就都消失了。

měi tiān zhǔn shí shí èr diǎn shuì jiào.
每天准时十二点睡觉。

zhè jiù shì wǒ de yì tiān.
这就是我的一天。

예시답안
저의 생활은 아주 규칙적입니다.

매일 아침 6시에 일어나서, 씻고 집에서 밥을 먹습니다.

7시에 집에서 출발하고, 회사에 도착하면 7시 40분쯤이 됩니다.

8시부터 시작해서, 저녁 7시까지 일을 합니다.

특별한 일이 없으면, 저는 일반적으로 집에서 저녁을 먹습니다.

집에 가서 아무리 피곤해도, 저는 먼저 샤워를 합니다.

샤워를 하면 하루에 쌓인 모든 스트레스와 피로가 풀립니다.

매일 정시 12시에 잠을 잡니다.

이것이 바로 저의 하루입니다.

Tip '哪怕'는 양보문에 쓰이며, '설령 ~할지라도'라는 뜻이다. '就是'와 같은 의미로 구어체에서 많이 쓰이며, 서면어에서는 '即使'를 사용한다. '哪怕~也~'는 '也' 뒤의 내용에 대한 선택이나 그에 대한 확신을 나타낸다. '哪怕'가 뒤 절의 앞에 놓일 경우에는, 앞 절의 내용에 대한 선택이나 확신을 나타낸다.

TSC 第五部分 연습문제
拓展回答

2 질문

qǐng nǐ jiè shào yí xià nǐ men guó jiā de hūn lǐ.
请你介绍一下你们国家的婚礼。

질문 당신 국가의 결혼식을 소개해 보세요.

예시 답안

zài hán guó, jié hūn shì rén shēng de dà shì,
在韩国，结婚是人生的大事，
suǒ yǐ hūn lǐ yě fēi cháng fù zá.
所以婚礼也非常复杂。

shǒu xiān shì zhǔn bèi hūn lǐ. yù dìng hūn lǐ chǎng suǒ、
首先是准备婚礼。预定婚礼场所、
xuǎn hūn shā、 zhào hūn shā zhào、 sòng lǐ jīn、
选婚纱、照婚纱照、送礼金、
sòng sān jīn děng.
送三金等。

hūn lǐ dāng tiān, zǎo shang qù měi róng yuàn huà zhuāng,
婚礼当天，早上去美容院化妆，
zuò tóu fa shén me de.
做头发什么的。

jìn rù huì chǎng shí, yì bān yóu nǚ fāng de fù qīn
进入会场时，一般由女方的父亲
qiān zhe xīn niáng de shǒu rù chǎng,
牵着新娘的手入场，
bìng bǎ xīn niáng de shǒu jiāo gěi xīn láng.
并把新娘的手交给新郎。

hái yǒu xiàng shuāng fāng fù mǔ kē tóu,
还有向双方父母磕头，
gǎn xiè tā men de yǎng yù zhī ēn.
感谢他们的养育之恩。

suī rán zhǔn bèi hūn lǐ hěn má fan, dàn què shì xìng fú de.
虽然准备婚礼很麻烦，但却是幸福的。

예시 답안

한국에서 결혼은 인생의 대사(大事)입니다.

그래서 결혼식도 아주 복잡합니다. 우선 결혼식을 준비하는데, 웨딩홀을 예약하고, 웨딩드레스를 고르고, 웨딩 사진도 미리 찍고, 예물도 선물합니다.

결혼식 당일에는 아침에 미용실에 가서 화장과 머리를 합니다.

결혼식 때, 일반적으로 신부의 아버지가 신부의 손을 잡고 들어가서, 신부의 손을 신랑에게 쥐어 줍니다.

또 양쪽 부모님에게 절을 올리며, 키워주신 고마움을 표현합니다.

비록 결혼식을 준비하는데 힘은 들지만, 행복하답니다.

Tip 부사인 '却'는 전환을 나타내며 주어 뒤에 쓰인다. 전환 접속사인 '可是', '但是' 등과 함께 쓸 수도 있다.
예 昨天天气好你不来, 今天天气不好, 你却来了。
어제 날씨가 좋을 때는 안 오더니, 오늘은 날씨가 안 좋은데, 오히려 왔네.

준비시간 **30** 초
답변시간 **50** 초

3 질문

dāng nǐ gēn nǐ de péngyou huò àirén yǒu le máodùn,
当你跟你的朋友或爱人有了矛盾，
nǐ zěnme huàjiě? qǐng jiǎndān shuō yi shuō.
你怎么化解？请简单说一说。

질문: 당신과 당신의 친구 혹은 부부간 갈등이 생긴다면, 당신은 어떻게 풉니까? 간단하게 얘기해 보세요.

예시 답안

wǒ gēn wǒ de péngyou yǒu máodùn de shíhou,
我跟我的朋友有矛盾的时候,
yìbān wǒ huì zhǔdòng qù huàjiě.
一般我会主动去化解。

yī lái bùguǎn shì shuí de cuò, wǒ bù xǐhuan
一来不管是谁的错，我不喜欢
ràng máodùn chíxù hěn cháng shíjiān.
让矛盾持续很长时间。

èr lái bùguǎn shì shénme hěn duō shíhou zhǐyào
二来不管是什么很多时候只要
gè tuì yí bù, zhǔdòng tuì yí bù,
各退一步，主动退一步，
nà ge máodùn qíshí yě méiyǒu nàme yánzhòng.
那个矛盾其实也没有那么严重。

sān lái rúguǒ zhēn de shì hǎo péngyou,
三来如果真的是好朋友，
nàme shuí xiān dàoqiàn, shuí zhǔdòng héjiě
那么谁先道歉，谁主动和解
dōu bú zhòngyào, zhēn de zàihu zhè ge péngyou,
都不重要，真的在乎这个朋友，
jiù bú huì wèi le miànzi, jiāngchí zhe.
就不会为了面子，僵持着。

suǒyǐ yìbān wǒ gēn péngyou yǒu máodùn de shíhou,
所以一般我跟朋友有矛盾的时候，
wǒ huì zhǔdòng qù huàjiě.
我会主动去化解。

예시 답안: 저는 친구와 갈등이 있을 때, 일반적으로 적극적으로 풉니다.

왜냐하면 첫째는 누구의 잘못이든, 저는 갈등이 오래 지속되는 것을 좋아하지 않습니다.

둘째는 어떤 갈등이든 각자 한걸음만 양보하면, 그 갈등은 사실 그렇게 심각한 것은 아니기 때문입니다.

셋째는 만약 진짜 친구라면, 누가 먼저 사과하든, 누가 적극적으로 화해하든 상관이 없습니다. 정말 이 친구를 소중히 여긴다면, 체면 때문에 대치하지는 않을 것입니다.

그래서 저는 친구와 갈등이 생길 때, 적극적으로 풉니다.

Tip '一来~, 二来~, 三来~'는 '첫째는 ~이고, 둘째는 ~이고, 셋째는 ~이고'라는 의미의 접속사로 두 가지 이상의 목적이나 상황을 설명할 때 쓰인다.

TSC 第五部分 연습문제
拓展回答

4 질문
xiàn zài jī hū měi ge rén dōu yòng zhì néng shǒu jī le,
现在几乎每个人都用智能手机了，
nǐ yì bān yòng zhì néng shǒu jī zuò shén me?
你一般用智能手机做什么？

질문: 현재 거의 모든 사람이 스마트폰을 사용하고 있습니다. 당신은 스마트폰으로 무엇을 하십니까?

예시답안

wǒ de shēng huó lí bù kāi shǒu jī.
我的生活离不开手机。

měi tiān zǎo shang wǒ de shǒu jī lǐ de nào zhōng
每天早上我的手机里的闹钟
huì zhǔn shí jiào wǒ qǐ chuáng, rán hòu wǒ huì yòng shǒu jī
会准时叫我起床，然后我会用手机
kàn yí xià jīn tiān de tiān qì.
看一下今天的天气。

zài shàng bān de lù shàng, wǒ yòng shǒu jī kàn shū hé tīng yīn yuè.
在上班的路上，我用手机看书和听音乐。

zài gōng sī, wǒ yǒu shí yòng shǒu jī jì shì huò zuò bào gào.
在公司，我有时用手机记事或做报告。

huí jiā de lù shàng, yīn wèi hěn pí láo,
回家的路上，因为很疲劳，
suǒ yǐ wǒ yòng shǒu jī wánr yóu xì.
所以我用手机玩儿游戏。

shuì jiào yǐ qián, wǒ yòng shǒu jī què rèn míng tiān de rì chéng.
睡觉以前，我用手机确认明天的日程。

wǒ de yì tiān shì cóng shǒu jī kāi shǐ, dào shǒu jī jié shù de.
我的一天是从手机开始，到手机结束的。

méi yǒu shǒu jī, wǒ de shēng huó fēi luàn tào bù kě.
没有手机，我的生活非乱套不可。

예시답안: 저의 생활은 스마트폰을 떠날 수 없습니다.

매일 아침 휴대폰 알람이 정시에 저를 깨워줍니다. 그리고 핸드폰을 통해 오늘의 날씨를 확인합니다.

출근하는 길에는, 핸드폰으로 책을 보면서 음악을 듣습니다.

회사에서, 저는 때로는 휴대폰으로 일을 기록하거나 보고를 합니다.

집에 가는 길에는, 피곤하기 때문에 저는 핸드폰으로 게임을 합니다.

마지막으로 자기 전에, 핸드폰으로 내일의 일정을 체크합니다.

저의 하루는 핸드폰으로 시작하고, 핸드폰으로 끝납니다.

휴대폰이 없으면, 저의 생활은 정리가 되기 어려울 것 같습니다.

Tip '非~不可'는 '반드시 그렇게 해야 한다'는 것을 의미한다. '非' 뒤에는 대부분 '要', '得'를 함께 사용하며, '不可' 외에 '不行'이나 '不成'이 오기도 한다.

준비시간 **30** 초
답변시간 **50** 초

5 질문

nǐ mí xìn ma? nǐ zhī dào yǒu nǎ xiē mí xìn?
你迷信吗？你知道有哪些迷信？

질문 당신은 미신을 믿습니까? 당신은 어떤 미신을 알고 있습니까?

예시 답안

wǒ bù mí xìn, dàn shì wǒ de māma bǐ jiào mí xìn,
我不迷信，但是我的妈妈比较迷信，
suǒ yǐ wǒ duì mí xìn yǒu yì xiē liǎo jiě.
所以我对迷信有一些了解。

bǐ rú shuō, chī fàn de shí hou bù néng bǎ kuài zi chā zài wǎn lǐ,
比如说，吃饭的时候不能把筷子插在碗里，
nà yù shì zhe sǐ wáng.
那预示着死亡。

hái yǒu bù néng dǒu tuǐ, dǒu tuǐ de huà hǎo de yùn qi
还有不能抖腿，抖腿的话好的运气
jiù huì bèi dǒu méi le.
就会被抖没了。

wǎn shang bù néng jiǎn zhǐ jiǎ, shuō shì huì zhāo lái guǐ guài.
晚上不能剪指甲，说是会招来鬼怪。

wǒ bù xiāng xìn mí xìn, wǒ jué de zì jǐ de mìng yùn
我不相信迷信，我觉得自己的命运
yóu zì jǐ jué dìng.
由自己决定。

dàn yǒu shí yě bù dé bù zūn shǒu zhè xiē mí xìn,
但有时也不得不遵守这些迷信，
yīn wèi rú guǒ nǐ bù zūn shǒu, huì bèi rèn wéi méi yǒu lǐ mào.
因为如果你不遵守，会被认为没有礼貌。

예시 답안 저는 미신을 믿지 않습니다, 하지만 저의 어머니께서 미신을 믿기 때문에, 미신에 대해서 조금 알고 있습니다.

예를 들어, 밥을 먹을 때 젓가락을 밥그릇에 꽂으면 안됩니다, 그것은 죽음을 예시한다고 합니다.

또 다리는 흔들면 안됩니다, 그것은 좋은 기운을 털어 버린다고 합니다.

저녁에는 손톱을 자르면 안 된다고 합니다, 그것은 귀신을 불러온다고 합니다.

저는 미신을 믿지 않으며, 자신의 운명은 스스로 결정한다고 생각합니다.

하지만 때로는 미신을 어찔 수 없이 따라야 할 때도 있습니다. 왜냐하면 만약 준수하지 않으면, 예의가 없다고 여겨질 수 있기 때문입니다.

Tip '由'는 행위자 앞에 위치하여 행위자를 강조한다. 동작의 대상은 동사 뒤에 놓일 수도 있고, '由' 앞에 놓일 수도 있다.

예 现在由李先生介绍这次旅行的计划。
이제 이선생이 이번 여행계획을 소개하겠습니다.

这件事由我负责。
이 일은 내가 책임지겠습니다.

TSC 第五部分 연습문제
拓展回答

6 질문

nǐ hé nǐ tóng shì de guān xi zěn me yàng?
你和你同事的关系怎么样？
nǐ jué de tóng shì kě yǐ chéng wéi péng you ma?
你觉得同事可以成为朋友吗？

질문: 당신은 동료와의 관계가 어떻습니까? 동료는 친구가 될 수 있다고 생각합니까？

예시답안

wǒ hé wǒ tóng shì de guān xi fēi cháng hǎo,
我和我同事的关系非常好，
dàn wǒ zǒng wú fǎ bǎ tā men dāng chéng péng you.
但我总无法把他们当成朋友。

zài gōng sī, xiū xi de shí hou wǒ men yě
在公司，休息的时候我们也
yì qǐ hē kā fēi, liáo tiān, kāi wán xiào.
一起喝咖啡，聊天，开玩笑。

dàn shì xià le bān yǐ hòu, tè bié shì zhōu mò de shí hou,
但是下了班以后，特别是周末的时候，
zài qīn de tóng shì, wǒ men yě bú huì hù xiāng lián xi,
再亲的同事，我们也不会互相联系，
yě bú huì jiàn miàn.
也不会见面。

zhǐ yǒu yǒu guān gōng zuò de shì qíng de shí hou,
只有有关工作的事情的时候，
wǒ cái bù dé bù gēn tóng shì lián xi yí xià,
我才不得不跟同事联系一下，
wǒ hái jué de hěn bù hǎo yì si,
我还觉得很不好意思，
yīn wèi zhōu mò hái dǎ rǎo bié rén xiū xi.
因为周末还打扰别人休息。

rú guǒ shì péng you, jiù bú huì zhè yàng le.
如果是朋友，就不会这样了。

예시답안: 저와 저의 동료의 관계는 아주 좋습니다, 하지만 저는 동료를 친구로 생각하기가 쉽지 않습니다.

휴식시간에 우리는 함께 커피도 마시고, 잡담도 하고, 농담도 합니다.

하지만 퇴근 후에, 특히 주말에는, 아무리 친한 동료라도 우리는 서로 연락을 하지 않고, 만나지 않습니다.

단지 일과 관련이 있을 때, 어쩔 수 없이 동료와 연락을 하는데, 그런 경우라도 저는 오히려 미안해 합니다, 왜냐하면, 주말에 다른 사람의 휴식을 방해하는 것이기 때문입니다.

만약에 친구라면, 그렇지 않을 것입니다.

Tip '不得不'는 관용어로서 '只好'보다 강한 어감을 가진다. 자신의 의지가 아닌 어쩔 수 없는 상황에서 이렇게 하는 것 외에는 다른 방법이 없음을 나타낸다.

준비시간 30 초
답변시간 50 초

7 질문
nǐ jué de xuǎn zé jié hūn de duì xiàng de shí hou,
你觉得选择结婚的对象的时候，
zuì zhòng yào de shì shén me?
最重要的是什么？

질문 당신은 결혼의 상대를 선택할 때, 제일 중요한 것은 무엇이라고 생각합니까?

예시 답안
wǒ jué de xuǎn zé jié hūn duì xiàng de shí hou,
我觉得选择结婚对象的时候，
zuì zhòng yào de shì kàn xìng gé.
最重要的是看性格。

yīn wèi jié hūn shì yí bèi zi de shì,
因为结婚是一辈子的事，
shì xuǎn zé hé nǐ dù guò yì shēng de bàn lǚ,
是选择和你度过一生的伴侣，
suǒ yǐ xìng gé hǎo, gēn nǐ hé de lái cái néng
所以性格好，跟你合得来才能
cháng jiǔ de shēng huó zài yì qǐ.
长久地生活在一起。

zhì yú wài mào, tán liàn ài de shí hou kě néng huì
至于外貌，谈恋爱的时候可能会
bǐ jiào zhòng shì, dàn jié hūn de huà jiù méi yǒu nà me
比较重视，但结婚的话就没有那么
zhòng yào le, rén dōu huì lǎo, děng lǎo le
重要了，人都会老，等老了
zài měi lì de wài mào dōu shì yí yàng de.
再美丽的外貌都是一样的。

suǒ yǐ xuǎn zé jié hūn duì xiàng shí, wǒ zuì kàn zhòng xìng gé.
所以选择结婚对象时，我最看重性格。

예시 답안 저는 결혼의 상대를 선택할 때, 제일 중요한 것은 성격이라고 생각합니다.

왜냐하면, 결혼은 평생의 일이고, 자신과 일생을 함께 하는 배우자를 선택하는 것이기 때문입니다.

그래서 성격이 좋고, 자신과 잘 맞아야 오랫동안 함께 생활할 수 있습니다.

외모는 연애를 할 때에는 아마 중요하게 보겠지만, 결혼의 경우에는 그렇게 중요하지 않습니다, 사람은 다 나이를 먹고, 늙으면 아무리 예쁜 외모도 다 비슷해집니다.

그래서 결혼 상대를 선택할 때, 저는 성격이 제일 중요하다고 생각합니다.

Tip '至于'는 새로운 화제를 이끌어낼 때 쓰이며, 문장의 앞에 위치한다.
예 妈妈说要来中国, 至于什么时候来, 还没定。
엄마가 중국에 오신다고 했는데, 언제인지는 아직 정해지지 않았다.

TSC 第五部分 연습문제
拓展回答

8 질문

xiàn zài lí hūn de rén yuè lái yuè duō,
现在离婚的人越来越多，
duì cǐ nǐ zěn me kàn?
对此你怎么看？

질문: 현재 이혼하는 사람이 점점 많아지고 있습니다. 이에 대해서 어떻게 생각하십니까?

예시답안

xiàn zài lí hūn de rén yuè lái yuè duō, wǒ jué de shì
现在离婚的人越来越多，我觉得是
yīn wèi xiàn zài de rén tài máng, méi yǒu shí jiān yě
因为现在的人太忙，没有时间也
méi yǒu jīng lì qù jīng yíng yí duàn měi hǎo de hūn yīn.
没有精力去经营一段美好的婚姻。

tā men bǎ shēng huó de zhōng xīn fàng zài gōng zuò hé
他们把生活的中心放在工作和
tǐ xiàn zì wǒ jià zhí shàng. yīn cǐ duì bié rén de
体现自我价值上。因此对别人的
lǐ jiě hé bāo róng jiù biàn de shǎo le,
理解和包容就变得少了，
fū qī jiān de máo dùn yě jiàn jiàn duō le,
夫妻间的矛盾也渐渐多了，

yīn cǐ hěn duō rén jué de yǔ qí chǎo jià huò lěng mò,
因此很多人觉得与其吵架或冷漠，
bù rú lí hūn.
不如离婚。

qí shí zhǐ yào lěng jìng xià lái, duō zhàn zài duì fāng de
其实只要冷静下来，多站在对方的
jiǎo dù xiǎng yi xiǎng, lí hūn shì kě yǐ bì miǎn de.
角度想一想，离婚是可以避免的。

예시답안: 현재 이혼하는 사람이 점점 많아지는 것은 사람들이 너무 바빠서, 아름다운 결혼생활을 할 시간이 없기 때문이라고 생각합니다.

사람들은 생활의 중심을 일에 두고, 자신의 가치를 실현하는데 두고 있습니다. 그래서 다른 사람을 이해하고 포용하는 마음이 작아져서, 부부간의 갈등이 많아지게 됩니다.

그래서 많은 사람들은 싸우거나 혹은 무관심해지는 것보다는 이혼하는 것이 낫다고 생각하게 됩니다.

사실 침착하게 상대방의 입장에서 생각해 보면, 이혼은 피할 수 있습니다.

Tip '与其A, 不如B'는 A, B에 대해 비교해 본 후 A가 아닌 B를 선택함을 나타낸다. 'A 하느니 차라리 B를 하겠다'의 의미로 쓰인다.

| | 준비시간 **30** 초 |
| | 답변시간 **50** 초 |

9 질문

nǐ xiàn zài jū zhù de huán jìng zěn me yàng?
你现在居住的环境怎么样？

nǐ yǒu bān jiā de dǎ suàn ma?
你有搬家的打算吗？

질문: 당신이 거주하는 환경은 어떻습니까?
당신은 이사할 계획은 있습니까?

예시답안

wǒ méi yǒu bān jiā de dǎ suàn,
我没有搬家的打算。

yīn wèi wǒ jiā zhōu wéi de jiāo tōng shí fēn biàn lì,
因为我家周围的交通十分便利，

zǒu wǔ fēn zhōng jiù yǒu dì tiě zhàn hé gōng gòng qì chē zhàn,
走五分钟就有地铁站和公共汽车站，

hòu mian hái yǒu gāo sù gōng lù.
后面还有高速公路。

ér qiě wǒ de hái zi de xué xiào yě zài fù jìn,
而且我的孩子的学校也在附近，

tā men xiàn zài shì gāo zhōng shēng,
他们现在是高中生，

hěn nán shì yìng xīn de xué xiào hé xīn de huán jìng.
很难适应新的学校和新的环境。

wǒ qī zi de gōng sī yě zài wǒ jiā fù jìn.
我妻子的公司也在我家附近。

suī rán wǒ jiā lí wǒ de gōng sī yǒu diǎnr yuǎn,
虽然我家离我的公司有点儿远，

dàn shì duì wǒ lái shuō, jiā rén de xìng fú hé
但是对我来说，家人的幸福和

biàn lì kě yǐ ràng wǒ kè fú yí qiè,
便利可以让我克服一切，

suǒ yǐ wǒ bù dǎ suàn bān jiā.
所以我不打算搬家。

예시답안: 저는 이사할 계획이 없습니다. 왜냐하면 저희 집 근처의 교통은 아주 편리합니다. 걸어서 5분 거리에 지하철역과 버스정류장이 있고, 뒤에는 고속도로가 있습니다.

게다가 저의 아이들의 학교도 근처에 있습니다. 만약에 집이 이사한다면, 아이들은 새로운 학교와 환경에 적응하는데 어려울 것입니다.

또 제 와이프의 회사도 집 근처에 있습니다.

비록 저희 집은 저의 회사로부터 좀 멀기는 하지만, 가족의 행복과 편리는 제가 모든 것을 극복할 수 있게 합니다. 그래서 저는 이사할 계획이 없습니다.

Tip '对~来说'는 특정 사람이나 일의 각도에서 어떤 상황을 파악할 때에 사용하는 표현이다.

예) 对企业来说, 质量就好像是生命。
기업에게 있어, 품질은 마치 생명과 같다.

LESSON 06 TSC 第五部分 - 拓展回答

TSC 第五部分 연습문제
拓展回答

10 질문
nǐ yǒu tǎo jià huán jià de jīng yàn ma?
你有讨价还价的经验吗？
zěn me jìn xíng tǎo jià huán jià?
怎么进行讨价还价？

질문 당신은 가격을 흥정한 경험이 있습니까?
어떻게 가격을 흥정을 합니까?

예시답안
wǒ yǒu tǎo jià huán jià de jīng yàn, tǎo jià huán jià de shí hou,
我有讨价还价的经验，讨价还价的时候，
shǒu xiān, yào qīng chǔ zì jǐ yào mǎi de dōng xi,
首先，要清楚自己要买的东西，
duō guàng yi guàng, bǐ jiào yí xià gè ge shāng diàn de jià gé.
多逛一逛，比较一下各个商店的价格。
rán hòu zài qí zhōng zuì pián yi de yì jiā jìn xíng tǎo jià huán jià.
然后在其中最便宜的一家进行讨价还价。

qí cì, jí shǐ nǐ hěn xǐ huān yí ge chǎn pǐn,
其次，即使你很喜欢一个产品，
yě bù néng ràng diàn jiā kàn chū lái nǐ hěn xǐ huān
也不能让店家看出来你很喜欢
nà jiàn chǎn pǐn, yào zhǎo dào nǐ bù mǎn yì de dì fang,
那件产品，要找到你不满意的地方，
yǐ cǐ lái jìn xíng tǎo jià huán jià.
以此来进行讨价还价。

lìng wài, bú yào yīn wèi jiǎng jià ér jué de diū miàn zi.
另外，不要因为讲价而觉得丢面子。

qí shí tǎo jià huán jià xū yào shí jì jīng yàn,
其实讨价还价需要实际经验，
duō shì shi jiù néng zhǎng wò zì jǐ dú yǒu de fāng fǎ le.
多试试就能掌握自己独有的方法了。

예시답안 저는 가격을 흥정한 경험이 있습니다. 가격을 흥정할 때, 우선, 자신이 살 상품을 명확히 하고, 많이 돌아보면서, 각 상점의 가격을 비교해 보아야 합니다. 그 다음에 그 중 제일 싼 가게에서 가격을 흥정하면 됩니다.

그 다음에, 설령 당신이 한 상품을 아주 좋아해도, 상점주인에게 당신이 그 상품이 마음에 든다는 것을 알게 하면 안됩니다, 당신이 만족하지 못하는 점을 찾아서, 이를 이용해 가격을 흥정해야 합니다.

또, 가격을 흥정한다는 것이 체면을 잃는다고 생각하면 안됩니다.

사실 가격을 흥정하는데 실제적인 경험이 필요하고, 많이 시도해 보면 자기만의 방법을 찾을 수 있습니다.

Tip 접속사 '即使'는 앞 절에 쓰여 '설령 ~하더라도(할지라도, 일지라도)'로 해석되며, 가설 겸 양보를 나타낸다. 뒤 절에는 보통 부사 '也', '还' 등과 함께 쓰인다.

준비시간 **30**초
답변시간 **50**초

11 질문

hán guó zuì jìn yīn wèi xiào yuán bào lì ér zì shā de
韩国最近因为校园暴力而自杀的
qīng shào nián bù shǎo, nǐ jué de yīng gāi rú hé jiě jué
青少年不少，你觉得应该如何解决
xiào yuán bào lì zhè yí wèn tí?
校园暴力这一问题？

질문: 요즘 한국에서 학교폭력으로 자살하는 청소년이 많습니다. 학교폭력의 해결방안은 무엇이라고 생각하십니까?

예시답안

xiào yuán bào lì rì qū yán zhòng, yóu cǐ zào chéng de bēi jù
校园暴力日趋严重，由此造成的悲剧
yě yuè lái yuè duō, suǒ yǐ wǒ rèn wéi jiě jué xiào yuán bào lì
也越来越多，所以我认为解决校园暴力
kè bù róng huǎn.
刻不容缓。

wǒ rèn wéi xué xiào hé jiā zhǎng、jiào shī dōu yào yì qǐ
我认为学校和家长、教师都要一起
chéng dān qǐ yù fáng xiào yuán bào lì de zé rèn.
承担起预防校园暴力的责任。

xué xiào yīng gāi zhì dìng zhuān mén de xué xiào ān quán fǎ guī,
学校应该制定专门的学校安全法规，
lái bǎo zhàng xué shēng de rén shēn ān quán.
来保障学生的人身安全。

tóng shí jiā zhǎng yě yào kān guǎn hǎo hái zi, ràng hái zi
同时家长也要看管好孩子，让孩子
yuǎn lí bào lì yóu xì、bào lì xíng dòng huà piān jí diàn yǐng.
远离暴力游戏、暴力型动画片及电影。
bú yào ràng hái zi chén mí yú wǎng luò.
不要让孩子沉迷于网络。

lǎo shī yě yào bāng zhù xué shēng jí shí de tiáo zhěng xīn tài,
老师也要帮助学生及时地调整心态，
jiě jué hái zi de xīn lǐ wèn tí.
解决孩子的心理问题。

jǐ yǔ xué shēng gèng duō de bāng zhù hé guān ài,
给予学生更多的帮助和关爱，
zēng qiáng tā men de zì wǒ kòng zhì néng lì hé xìn xīn.
增强他们的自我控制能力和信心。

zhǐ yǒu sān fāng miàn qí xīn hé lì, cái néng chè dǐ jiě jué
只有三方面齐心合力，才能彻底解决
xiào yuán bào lì wèn tí.
校园暴力问题。

예시답안: 날로 심각해지는 학교폭력으로 인해 빚어지는 참사는 점점 늘어나고 있습니다. 따라서 학교폭력의 해결은 잠시도 늦출 수 없다고 생각됩니다.

학교와 학부모 그리고 교사 모두가 함께 학교폭력 예방의 책임을 짊어져야 한다고 생각합니다.

학교에서는 맞춤형 안전법규를 마련하여, 학생들의 신변안전을 보장하여야 하며,

학부모들도 아이들이 폭력에 관한 게임, 애니메이션, 영화 등을 멀리하고 인터넷에 깊이 빠지지 않도록 단속하여야 합니다.

교사노 학생들의 심리 상태를 조정하고, 심리적인 문제를 해결하도록 도움을 주어야 합니다.

보다 많은 도움과 사랑을 주어, 학생들의 자제력과 자신감을 높여주어야 합니다.

이 모든 조건을 갖추어야 비로소 학교폭력을 완전히 해결할 수 있다고 생각합니다.

Tip '调整'는 동사로 '조정하다'라는 뜻이다. '调整心态'는 '심리 상태를 조정하다', '调整情绪'는 '정서를 조절하다', '调整时间'은 '시간을 조정하다', '调整花销'는 '소비를 조절하다'라는 표현으로 사용된다.

TSC 第五部分 연습문제
拓展回答

12 질문

近年来家长越来越注重孩子的教育问题，早期留学现象越来越多，谈谈你对此的看法。

최근 들어 학부모들이 아이들의 교육을 점점 중요시하고 조기유학의 붐이 일고 있습니다. 이에 대한 생각을 말해보세요.

예시답안

随着社会经济的高速发展，社会对人才的要求也越来越高。

以至于家长也更加重视孩子的早期教育问题。

我觉得早期留学具有两面性。

一方面来说，孩子在国外读书，可以培养独立生活的能力，对他们以后适应社会生活有很大的帮助。同时也可以培养孩子的外语能力，提高综合素质。

但从另一方面来看，因为孩子年龄还小，心理还不够成熟，新的环境容易给他们的身心带来巨大压力。

所以，我认为家长需要多方面考虑，尊重孩子的个人意见。

사회경제의 빠른 발전에 따라, 인재에 대한 요구치가 점점 높아지고 있어,

자녀의 조기교육에 대한 학부모들의 관심이 높아지고 있습니다.

저는 조기유학에는 양면성이 있다고 생각합니다.

외국에서 공부하며 아이들의 독립성을 키울 수 있어, 향후 사회생활에 적응하는 데 큰 도움이 됩니다. 또한 외국어 능력을 높이고 전체적인 자질도 향상할 수 있습니다.

다른 한편으로는 아이가 아직 어리고 심리적으로 성숙하지 못한 상태이기 때문에, 새로운 환경이 아이들에게 심한 스트레스를 초래하게 됩니다.

그래서 학부모들은 여러 문제점을 심사 숙고하고 아이들의 의견을 존중해야 합니다.

Tip '适应'는 동사로 '적응하다'라는 뜻이다.
예) 适应社会: 사회에 적응하다
适应新环境: 새로운 환경에 적응하다
适应国外生活: 외국생활에 적응하다
适应职场生活: 직장생활에 적응하다

준비시간 **30** 초
답변시간 **50** 초

13 질문

yǒu de jiā zhǎng rèn wéi jiā lǐ mǎi diàn nǎo fáng ài hái zi xué xí,
有的家长认为家里买电脑妨碍孩子学习，
nǐ tóng yì zhè yì guān diǎn ma?
你同意这一观点吗？

질문 컴퓨터를 사면 아이의 공부에 방해된다고 생각하는 학부모들이 있습니다. 이 의견에 동의합니까?

예시 답안

wǒ tóng yì zhè ge guān diǎn.
我同意这个观点。

wǒ rèn wéi qīng shào nián shí qī, hái zi quē fá zì zhì néng lì,
我认为青少年时期，孩子缺乏自制能力，
róng yì chén mí yú wǎng luò yóu xì huò zhě yǔ xué xí wú guān de
容易沉迷于网络游戏或者与学习无关的
wǎng luò shì jiè lǐ, rú guǒ méi yǒu jiā zhǎng hé lǎo shī
网络世界里，如果没有家长和老师
jìn xíng yǐn dǎo jiān dū de huà, huì chū xiàn hěn dà de wèn tí.
进行引导监督的话，会出现很大的问题。

suī rán yě yǒu hěn duō hái zi kě yǐ tōng guò diàn nǎo
虽然也有很多孩子可以通过电脑
jiē chù dào hěn duō yǒu yì de xìn xī, dàn shì wǎng shàng de
接触到很多有益的信息，但是网上的
dōng xi yǒu hǎo yǒu huài, yí dàn ràng qīng shào nián jiē chù dào
东西有好有坏，一旦让青少年接触到
bù liáng xìn xī, nà me huì duì hái zi zào chéng
不良信息，那么会对孩子造成
fù miàn yǐng xiǎng.
负面影响。

yīn cǐ, wǒ rèn wéi jiā zhǎng yīng gāi ràng hái zi hé lǐ de
因此，我认为家长应该让孩子合理地
lì yòng diàn nǎo, bāng zhù hái zi rèn shi hé liǎo jiě shì jiè.
利用电脑，帮助孩子认识和了解世界。

예시 답안

이 의견에 동의합니다.

청소년기의 아이들은 자제력이 부족하고, 인터넷 게임이나 공부와 관련 없는 인터넷에 깊이 빠지기 쉽습니다. 만약 학부모와 선생님의 지도와 감독이 없다면 큰 문제가 나타날 수 있습니다.

비록 많은 아이들이 컴퓨터를 통해 유익한 정보를 많이 얻지만, 인터넷 상에는 유익한 정보와 해로운 정보가 있습니다. 일단 청소년이 해로운 정보를 접촉하게 되면 아이에게 부정적인 영향을 미칠 것입니다.

학부모들은 아이들에게 컴퓨터를 합리적으로 사용하게 함으로써 세상을 인식하고 이해하도록 도움을 주어야 한다고 생각합니다.

Tip '沉迷'는 동사로 '깊이 빠지다'라는 뜻이다.
예 沉迷于网络: 인터넷에 빠지다
　 沉迷于武侠小说: 무협소설에 빠지다
　 沉迷于整容: 성형에 빠지다

TSC 第五部分 연습문제
拓展回答

14
질문
qǐng wèn nǐ duì xiǎo xué shēng shǐ yòng shǒu jī
请问你对小学生使用手机
zhè yí xiàn xiàng zěn me kàn?
这一现象怎么看？

질문: 초등학생이 휴대폰을 사용하는 현상을 어떻게 생각합니까?

예시답안
wǒ rèn wéi xiǎo xué shēng kě yǐ shǐ yòng shǒu jī.
我认为小学生可以使用手机。
zài zhè ge kē jì huà、 xìn xī huà de nián dài, xiǎo xué shēng men
在这个科技化、信息化的年代，小学生们
yě yǒu quán lì xiǎng shòu kē jì gěi wǒ men dài lái de fāng biàn.
也有权利享受科技给我们带来的方便。

ér qiě dà bù fen jiā zhǎng gěi hái zi mǎi shǒu jī shì yīn wèi
而且大部分家长给孩子买手机是因为
suí shí kě yǐ lián xi dào hái zi. hái zi yǒu shǒu jī
随时可以联系到孩子。孩子有手机
yě kě yǐ bǎo hù tā men de zì shēn ān quán, yǒu shén me
也可以保护他们的自身安全，有什么
jǐn jí qíng kuàng kě yǐ mǎ shàng bào jǐng.
紧急情况可以马上报警。

suī rán yǒu le shǒu jī kě néng huì fā shēng shàng kè zhù yì lì
虽然有了手机可能会发生上课注意力
bù jí zhōng, wán diàn zǐ yóu xì děng xiàn xiàng,
不集中，玩电子游戏等现象，
dàn shì zhè xiē wèn tí zhǐ yào jiā zhǎng zhù yì guǎn lǐ,
但是这些问题只要家长注意管理，
ràng hái zi zì jǐ míng bai pèi bèi shǒu jī de zhēn zhèng yòng tú,
让孩子自己明白配备手机的真正用途，
nà me jiù bú huì yǐng xiǎng hái zi de xué xí hé shēng huó.
那么就不会影响孩子的学习和生活。

예시답안: 초등학생이 휴대폰을 사용해도 된다고 생각합니다. 과학기술과 정보화 시대에 초등학생도 과학기술이 우리에게 주는 편리함을 누릴 권리가 있습니다.

대부분 학부모들은 아이와 쉽게 연락할 수 있기 때문에 휴대폰을 사줍니다. 휴대폰이 있으면 위급한 상황에 처했을 때 즉시 경찰에 신고하여 자신을 보호할 수 있습니다.

비록 휴대폰으로 인해 수업에 집중하지 않고 게임을 하는 현상이 나타날 수 있지만 학부모들이 관리를 소홀히 하지 않고 아이들이 스스로 휴대폰을 사준 진정한 의도를 알게 한다면, 아이들의 공부와 생활에 영향을 미치지 않을 것입니다.

Tip 예 影响身心: 심신에 영향을 끼치다
影响生活: 생활에 영향을 미치다
影响情绪: 정서에 영향을 미치다

준비시간	**30** 초
답변시간	**50** 초

15 질문

qǐng wèn nǐ zěnme kàndài zhèngshì zhíyuán hé línshí gōng,
请问你怎么看待正式职员和临时工，
jiǎndān shuōshuo nǐ de kànfǎ.
简单说说你的看法。

질문: 정규직과 계약직에 대한 의견을 간단히 이야기해 보세요.

예시답안

xiànzài zhěng ge shèhuì dōu chù zài jiùyè nán de wèntí zhī zhōng.
现在整个社会都处在就业难的问题之中。

suǒyǐ zhèngshì zhíyuán hé línshí gōng de chūxiàn yě shì
所以正式职员和临时工的出现也是
shèhuì jīngjì fāzhǎn guòchéng zhōng de bìrán jiéguǒ.
社会经济发展过程中的必然结果。

zhèngshì zhíyuán pǔbiàn bǐ línshí gōng ná de
正式职员普遍比临时工拿的
gōngzī yào gāo, érqiě gōngzuò xiāngduì wěndìng,
工资要高，而且工作相对稳定，
dàiyù hé fúlì dōu huì bǐjiào hǎo.
待遇和福利都会比较好。

dànshì línshí gōng zé gàn de duō, ná de shǎo,
但是临时工则干得多，拿得少，
gōngzuò bù wěndìng. tāmen zài quánlì hé dàiyù fāngmiàn
工作不稳定。它们在权利和待遇方面
yǒuxiē bú tài hélǐ, dànshì duìyú qǐyè láishuō,
有些不太合理，但是对于企业来说，
gùyōng línshí gōng shì lìyì zuì dà huà de fāngfǎ,
雇佣临时工是利益最大化的方法，
yě shì wúfǎ bìmiǎn de.
也是无法避免的。

suǒyǐ, wǒ xīwàng qǐyè kěyǐ hélǐ de tiáojié
所以，我希望企业可以合理的调节
zhèngshì zhíyuán hé línshí gōng de bǐlì,
正式职员和临时工的比例，
bìngqiě jǐnliàng shǐ tāmen de dàiyù chābié búyào tài dà.
并且尽量使他们的待遇差别不要太大。

예시답안: 현재 사회는 취업난에 처해 있습니다.

때문에 정규직과 계약직은 사회발전 과정의 필연적 결과라고 생각합니다.

정규직은 계약직보다 보편적으로 월급이 높고 일이 안정적이며 대우와 복지가 좋습니다.

이에 비해 계약직은 일을 많이 하고 월급이 적으며 안정적이지 못합니다. 이 둘은 권리와 대우 측면에서 합리적이지 못하지만, 기업의 입장에서 볼 때 계약직의 고용은 이익의 최대화를 이루며 또한 없어서는 안 됩니다.

그러므로 기업에서는 정규직과 계약직 수의 비율을 합리적인 선에서 조절하고, 차별대우를 자제해야 합니다.

Tip '稳定'는 동사로 '안정되다'라는 뜻이다.

예) 工作稳定: 일이 안정되다
生活稳定: 생활이 안정되다
情绪稳定: 정서가 안정되다

TSC 第五部分 연습문제
拓展回答

16 질문

nǐ rèn wéi jié hūn hòu gēn fù mǔ yì qǐ zhù hǎo,
你认为结婚后跟父母一起住好,
hái shì fēn kāi dān dú zhù hǎo?
还是分开单独住好?

질문 결혼 후 부모님과 함께 사는 것과 따로 사는 것 중에 어떤 것이 좋다고 생각합니까?

예시 답안

wǒ rèn wéi hái shì fēn kāi zhù bǐ jiào hǎo。 yīn wèi liǎng dài rén
我认为还是分开住比较好。因为两代人
zhù zài yì qǐ yǒu dài gōu, róng yì chǎn shēng máo dùn。
住在一起有代沟,容易产生矛盾。

nián qīng rén hé lǎo yí bèi de shēng huó xí guàn hé
年轻人和老一辈的生活习惯和
sī wéi fāng shì dōu bú tài yí yàng, zhù zài yì qǐ huì fā shēng
思维方式都不太一样,住在一起会发生
hěn duō mó cā, yǐng xiǎng jiā tíng hé mù,
很多摩擦,影响家庭和睦,
gèng yǐng xiǎng pó xí guān xi。 yán zhòng de huà
更影响婆媳关系。严重的话
hái huì shāng hài fū qī gǎn qíng。
还会伤害夫妻感情。

ér qiě rú guǒ gēn fù mǔ zhù zài yì qǐ huì chǎn shēng
而且如果跟父母住在一起会产生
yī lài gǎn, shén me shì qíng dōu huì kào fù mǔ bāng máng,
依赖感,什么事情都会靠父母帮忙,
huì yǐng xiǎng dú lì chǔ lǐ shì qíng de néng lì。
会影响独立处理事情的能力。
suǒ yǐ, zài fù mǔ tóng yì de qíng kuàng xià
所以,在父母同意的情况下
zuì hǎo hái shì fēn kāi zhù。
最好还是分开住。

예시 답안 저는 따로 사는 것이 좋다고 생각합니다. 부모님과 자식간에 세대차이가 있어 갈등이 쉽게 생깁니다.

젊은이와 어르신의 생활습관과 사고방식이 다르기 때문에, 같이 생활하면 많은 갈등이 생겨 가족의 화합, 나아가 고부관계에 영향을 미치며, 심하면 부부관계에도 영향을 미치게 됩니다.

게다가 부모님과 함께 생활하면 쉽게 의존적인 성향이 나타나고 모든 일을 부모님의 도움에 기대고, 독립적으로 일을 처리하는데 영향을 받습니다. 부모님이 동의한다면 따로 생활하는 것이 좋다고 봅니다.

Tip '产生'는 동사이고 '생기다'라는 뜻이다.
예 产生矛盾: 갈등이 생기다
产生感情: 감정이 생기다
产生分歧: 이견이 생기다

준비시간 **30**초
답변시간 **50**초

17 질문

nǐ rèn wéi dà xué bì yè hòu jiù yè shí,
你认为大学毕业后就业时，
jìn dà qǐ yè bǐ jiào hǎo hái shì zhōng xiǎo qǐ yè bǐ jiào hǎo?
进大企业比较好还是中小企业比较好？

질문 당신은 대학졸업 후 취직할 때,
대기업을 선호합니까,
아니면 중소기업을 선호합니까?

예시답안

wǒ rèn wéi dà xué shēng bì yè hòu jìn rù dà qǐ yè
我认为大学生毕业后进入大企业
hái shì zhōng xiǎo qǐ yè dōu gè yǒu gè de lì bì.
还是中小企业都各有各的利弊。

rú guǒ jiù yè qián xiān bǎ lì bì xiǎng qīng chǔ,
如果就业前先把利弊想清楚，
jiù huì yǒu lì yú zì jǐ de zhí yè xuǎn zé.
就会有利于自己的职业选择。

dà qǐ yè jìng zhēng jī liè, guǎn lǐ guī fàn,
大企业竞争激烈，管理规范，
fú lì hé dài yù dōu fēi cháng hǎo.
福利和待遇都非常好。

zhōng xiǎo qǐ yè zé yǒu fā zhǎn qián jǐng, kě yǐ cháng shì
中小企业则有发展前景，可以尝试
gè zhǒng bù tóng de gōng zuò, jī lěi gè fāng miàn jīng yàn.
各种不同的工作，积累各方面经验。

suǒ yǐ, wú lùn xuǎn zé dà qǐ yè hái shì zhōng xiǎo qǐ yè,
所以，无论选择大企业还是中小企业，
guān jiàn shì yào kàn nǎ ge shì hé nǐ,
关键是要看哪个适合你，
shì fǒu kě yǐ shí xiàn nǐ de mèng xiǎng.
是否可以实现你的梦想。

예시답안 저는 대학생이 대학 졸업한 후에 대기업에 들어가든 중소기업에 들어가든 모두 장단점이 있다고 생각합니다.

만약 취직하기 전에 대기업과 중소기업의 장단점을 잘 고려한다면, 직업을 선택하는 데 도움이 많이 됩니다.

대기업은 경쟁이 치열하고 관리가 체계적이며 복지와 대우도 매우 좋습니다.

중소기업은 발전 비전이 있고, 다양한 일을 시도해 볼 수 있으며, 여러 분야의 경험을 쌓을 수 있습니다.

그래서, 대기업을 선택하든 중소기업을 선택하든 중요한 것은 자신에게 잘 맞고 꿈을 실현할 수 있는 일이어야 한다는 점입니다.

Tip '前景'는 명사로 '비전'이라는 뜻이다.
예 发展前景: 발전 비전
就业前景: 취업 비전
投资前景: 투자 비전

TSC 第五部分 연습문제
拓展回答

18 질문

nǐ xǐ huān zài jiā lǐ shàng wǎng hái shì xǐ huān qù
你喜欢在家里上网还是喜欢去
wǎng bā shàng wǎng? wèi shén me?
网吧上网？为什么？

질문 당신은 집에서 인터넷을 하는 것을 즐깁니까, 아니면 PC방에서 인터넷 하는 것을 즐깁니까?

예시답안

wǒ bǐ jiào xǐ huān zài jiā lǐ shàng wǎng.
我比较喜欢在家里上网。

yīn wèi jiā lǐ fēi cháng shū fu, ér qiě yě hěn ān jìng.
因为家里非常舒服，而且也很安静。

kě yǐ bú shòu wài jiè gān rǎo, zì yóu zì zài de xiǎng shòu
可以不受外界干扰，自由自在的享受
wǎng luò dài gěi wǒ de lè qù.
网络带给我的乐趣。

zì jǐ xiǎng tǎng zhe jiù tǎng zhe, xiǎng zuò zhe jiù zuò zhe,
自己想躺着就躺着，想坐着就坐着，
hěn fāng biàn.
很方便。

ér qiě zài jiā shàng wǎng jì ān quán yòu shěng qián.
而且在家上网既安全又省钱。
dàn shì zài wǎng ba shàng wǎng kōng qì bǐ jiào chà, ér qiě
但是在网吧上网空气比较差，而且
chōu yān de rén hěn duō, chǎo chǎo nào nào de, bǐ jiào cáo zá.
抽烟的人很多，吵吵闹闹的，比较嘈杂。

wǎng bā de diàn nǎo yǒu hěn duō rén shǐ yòng, shǔ biāo hé jiàn pán
网吧的电脑有很多人使用，鼠标和键盘
dōu bú wèi shēng, yǒu shí hái huì xiè lòu gè rén yǐn sī.
都不卫生，有时还会泄露个人隐私。

suǒ yǐ, wǒ dà duō dōu huì xuǎn zé zài jiā shàng wǎng.
所以，我大多都会选择在家上网。

예시답안 저는 집에서 인터넷 하는 것을 비교적 즐깁니다.

왜냐하면 집은 아주 편안하고 게다가 조용합니다.

외부의 방해를 받지 않고 자유롭게 인터넷이 나에게 주는 즐거움을 즐길 수 있습니다.

눕고 싶으면 눕고, 앉고 싶으면 앉을 수 있어 아주 편합니다.

게다가 집에서 인터넷을 하면 안전하고 금전적으로 절약됩니다. 하지만 PC방에서 인터넷을 하면 공기가 안 좋고, 담배 피우는 사람이 많으며, 시끄럽고 번잡스럽습니다.

PC방의 컴퓨터는 많은 사람이 사용하기 때문에, 마우스와 키보드가 위생적이지 못하고 가끔은 개인 프라이버시도 노출됩니다.

그래서, 저는 집에서 인터넷을 합니다.

Tip '舒服'는 형용사로 '편안하다'라는 뜻이다.
예 身体舒服: 환경이 편안하다
心里舒服: 마음이 편안하다
感到舒服: 편안함을 느끼다

준비시간 **30**초
답변시간 **50**초

19 질문

xiàn dài shè huì lǎo líng huà wèn tí yán zhòng, yǎng lǎo yǐ jīng
现代社会老龄化问题严重，养老已经
chéng wéi shè huì rè mén huà tí. nǐ rèn wéi xuǎn zé nǎ zhǒng
成为社会热门话题。你认为选择哪种
yǎng lǎo fāng shì bǐ jiào hǎo? wèi shén me?
养老方式比较好？为什么？

질문 현대 사회에는 고령화 문제가 심각합니다. 노인을 부양하는 것은 이미 사회의 쟁점이 되었습니다. 당신은 어떠한 방식으로 노인을 부양하는 것이 좋다고 생각합니까? 그 이유는 무엇입니까?

예시 답안

wǒ jué de shè huì yǎng lǎo fāng shì bǐ jiào hǎo.
我觉得社会养老方式比较好。

xuǎn zé shè huì yǎng lǎo kě yǐ jiǎn qīng zǐ nǚ de fù dān,
选择社会养老可以减轻子女的负担，
ér qiě yě néng shǐ lǎo rén zài gèng yōu yuè de huán jìng xià
而且也能使老人在更优越的环境下
shēng huó, yú kuài de xiǎng shòu wǎn nián shēng huó.
生活，愉快地享受晚年生活。

xiàn zài shè huì jī hū dōu shì dú shēng zǐ nǚ jiā tíng
现在社会几乎都是独生子女家庭，
rú guǒ shuāng fāng fù mǔ dōu xuǎn zé jiā tíng yǎng lǎo,
如果双方父母都选择家庭养老，
hái zi de fù dān huì guò zhòng, nán yǐ chéng shòu.
孩子的负担会过重，难以承受。

suǒ yǐ, guó jiā yīng gāi lì yòng fú lì shǒu duàn,
所以，国家应该利用福利手段，
gěi lǎo rén tí gòng jīng jì shàng de bǎo zhàng,
给老人提供经济上的保障，
wèi lǎo rén tí gòng liáng hǎo ér yōu yuè de yǎng lǎo huán jìng.
为老人提供良好而优越的养老环境。

예시 답안 저는 사회에서 노인을 부양하는 것이 좋다고 생각합니다.

사회에서 노인을 부양하면 자녀의 부담을 덜어줄 수 있고, 노인이 더 나은 환경에서 생활할 수 있으며, 즐겁게 노년 생활을 누릴 수 있습니다.

요즘은 한 자녀 가정이 대부분입니다. 만약 양쪽 부모님이 모두 가정에서 부양하는 것을 선택한다면, 자녀의 부담이 과중하고 견디기 힘들 것입니다.

그래서, 국가에서 복지수단을 활용하여, 노인에게 경제적인 보장과 양질의 부양환경을 제공해야 한다고 생각합니다.

Tip '减轻'는 동사로 '줄이다'라는 뜻이다.

예 减轻负担: 부담을 줄이다
减轻痛苦: 고통을 줄이다
减轻压力: 스트레스를 줄이다
减轻体重: 체중을 줄이다

TSC 第五部分 연습문제

拓展回答

준비시간 **30** 초
답변시간 **50** 초

---

20 질문

tán yi tán shè huì lǎo líng huà
谈一谈社会老龄化
gěi wǒ men de shè huì fā zhǎn dài lái de yǐng xiǎng.
给我们的社会发展带来的影响。

질문 고령화 문제가 사회발전에 미치는 영향에 대해 말해 보세요.

예시답안

shǒu xiān, lǎo líng huà wèn tí huì zēng jiā zhèng fǔ
首先，老龄化问题会增加政府
duì lǎo nián fú lì shè shī hé lǎo nián fú wù děng de guó jiā
对老年福利设施和老年服务等的国家
zhī chū, bú lì yú kuò dà zài shēng chǎn hé jīng jì de fā zhǎn.
支出，不利于扩大再生产和经济的发展。

qí cì, lǎo nián rén wèi le shēng jì, huì tuī chí tuì xiū,
其次，老年人为了生计，会推迟退休，
shì chǎng de gōng zuò zhí wèi huì jiǎn shǎo,
市场的工作职位会减少，
cóng ér shǐ nián qīng rén zhǎo bú dào gōng zuò,
从而使年轻人找不到工作，
shī yè lǜ huì dà fú shàng shēng.
失业率会大幅上升。

jiǔ ér jiǔ zhī, guò duō de nián qīng rén zhǎo bú dào
久而久之，过多的年轻人找不到
gōng zuò, huì gěi shè huì dài lái bù ān dìng de yīn sù.
工作，会给社会带来不安定的因素，
fàn zuì lǜ yě huì shàng shēng.
犯罪率也会上升。

zuì hòu, lǎo líng huà wèn tí shì bù kě bì miǎn de,
最后，老龄化问题是不可避免的，
suǒ yǐ guó jiā shǒu xiān yào jiě jué rú hé néng bǎo zhàng
所以国家首先要解决如何能保障
lǎo nián rén de shēng huó,
老年人的生活，
zhè chéng le zhòng zhōng zhī zhòng.
这成了重中之重。

예시답안

우선, 고령화 문제는 노인 복지 시설과 노인 서비스 등 국가지출을 증가시켜, 재생산 확대 및 경제발전에 부정적인 영향을 줍니다.

둘째, 노인들이 생존을 위하여 퇴직을 늦추게 되면, 시장의 일자리가 줄어 젊은이들이 일자리를 찾을 수 없게 되고 실업률이 대폭 상승하게 될 것입니다.

이러한 현상이 장기화되면, 수많은 젊은이들이 취업하지 못해, 사회에 불안요소를 가져다 줄 것입니다. 범죄율 또한 높아질 것입니다.

마지막으로, 고령화 문제는 피할 수 없는 문제입니다. 그래서 국가에서 어떻게 노인의 삶을 보장할지 우선적으로 해결해야 하고 이는 무엇보다 중요한 문제입니다.

> **Tip** '解决'는 동사로 '해결하다'라는 뜻이다.
> 예 解决难题: 난제를 해결하다
> 解决方案: 해결방안
> 解决矛盾: 모순을 해결하다

연습문제 다시 풀기

※ 준비시간, 답변시간을 준수하여 다시 풀어보세요.

		问题	回答时间		评价			
			准备	回答	流利度	语法	词汇	语音
第五部分	1	请简单说一说你每天的作息情况。	30秒	50秒				
	2	请你介绍一下你们国家的婚礼。	30秒	50秒				
	3	当你跟你的朋友或爱人有了矛盾，你怎么化解？请简单说一说。	30秒	50秒				
	4	现在几乎每个人都用智能手机了，你一般用智能手机做什么？	30秒	50秒				
	5	你迷信吗？你知道有哪些迷信？	30秒	50秒				
	6	你和你同事的关系怎么样？你觉得同事可以成为朋友吗？	30秒	50秒				
	7	你觉得选择结婚的对象的时候，最重要的是什么？	30秒	50秒				
	8	现在离婚的人越来越多，对此你怎么看？	30秒	50秒				
	9	你现在居住的环境怎么样？你有搬家的打算吗？	30秒	50秒				
	10	你有讨价还价的经验吗？怎么进行讨价还价？	30秒	50秒				
	11	韩国最近因为校园暴力而自杀的青少年不少，你觉得应该如何解决校园暴力这一问题？	30秒	50秒				
	12	近年来家长越来越注重孩子的教育问题，早期留学现象越来越多，谈谈你对此的看法。	30秒	50秒				
	13	有的家长认为家里买电脑妨碍孩子学习，你同意这一观点吗？	30秒	50秒				
	14	请问你对小学生使用手机这一现象怎么看？	30秒	50秒				
	15	请问你怎么看待正式职员和临时工，简单说说你的看法。	30秒	50秒				
	16	你认为结婚后跟父母一起住好，还是分开单独住好？	30秒	50秒				
	17	你认为大学毕业后就业时，进大企业比较好还是中小企业比较好？	30秒	50秒				
	18	你喜欢在家里上网还是喜欢去网吧上网？为什么？	30秒	50秒				
	19	现代社会老龄化问题严重，养老已经成为社会热门话题。你认为选择哪种养老方式比较好？为什么？	30秒	50秒				
	20	谈一谈社会老龄化给我们的社会发展带来的影响。	30秒	50秒				

LESSON 07 | TSC 第五部分 - 拓展回答

八先生 비법 노트 : TSC 핵심 어법

01. 어법 **无论(wú lùn)~ 都(dōu)** : ~을(를) 막론하고 / ~을(를) 따지지 않고 / ~에 관계 없이 / ~든지, 모두 ~ 하다

예문
wú lùn zěn me zuò, dōu yí yàng.
无论怎么做，都一样。
어떻게 하더라도, 마찬가지이다.

02. 어법 **不仅(bù jǐn)~ 而且(ér qiě)** : ~뿐만 아니라, 게다가 ~

예문
tā bù jǐn xué xí hǎo, ér qiě tǐ yù yě hěn hǎo.
他不仅学习好，而且体育也很好。
그는 공부를 잘 할 뿐만 아니라 체육도 잘합니다.

03. 어법 **当(dāng)~ 时(shí)** : ~할 때

예문
dāng nǐ lèi shí, jiù chū qù lǚ xíng sàn sàn xīn.
当你累时，就出去旅行散散心。
피곤할 때는, 나가서 여행하면서 기분을 푸세요.

04. 어법 **另外(lìng wài)** : 이 외에, 이 밖에 (= 此外)

예문
nǐ qù jī chǎng jiē jī, lìng wài zài dìng yì jiā jiǔ diàn.
你去机场接机，另外再订一家酒店。
공항에 마중나가고, 호텔도 예약해 주세요.

05. 어법 **总之(zǒng zhī)** : 총괄적으로 말하면, 총괄하면, 요컨대, 한마디로 말하면

예문
zǒng zhī, wǒ bù tóng yì nǐ de yì jiàn.
总之，我不同意你的意见。
요컨대, 나는 당신의 의견에 동의하지 않습니다.

06. `어법` **只有**(zhǐ yǒu)～**才**(cái) : 단지 ～ 하여야만, 비로소 ～ 하다

`예문` zhǐ yǒu shì guò le cái zhī dào.
只有试过了才知道。
시도를 해봐야만 알 수 있다.

07. `어법` **切记**(qiè jì) : 반드시 기억해야 한다, 명심해야 한다

`예문` chī fàn shí qiè jì bú yào bǎ kuài zi chā zài fàn wǎn lǐ.
吃饭时切记不要把筷子插在饭碗里。
밥을 먹을 때 젓가락을 그릇에 꽂아놓지 마세요.

08. `어법` **根据**(gēn jù) : ～에 의거하여

`예문` gēn jù wǒ duì tā de liǎo jiě, tā bú huì fǎn duì de.
根据我对他的了解，他不会反对的。
내가 알고 있는 그 사람이라면, 반대하지 않을 것이다.

09. `어법` **千万**(qiān wàn) : 제발, 부디(= 千万别, 千万不)

`예문` nǐ qiān wàn bú yào yí ge rén qù, hěn wēi xiǎn.
你千万不要一个人去，很危险。
제발 혼자서 가지 마세요, 아주 위험해요.

10. `어법` ～**在于**(zài yú)～ : ～에 달려 있다 (=决定于)

`예문` chéng gōng yǔ fǒu zài yú nǐ de nǔ lì.
成功与否在于你的努力。
성공은 당신의 노력에 달렸다.

LESSON 07 TSC 第五部分 - 拓展回答

LESSON 07 | TSC 第五部分

八先生 비법 노트 : TSC 핵심 단어

- 掌握 [zhǎngwò]　　　동 숙달하다
- 疏忽 [shūhu]　　　동 소홀히 하다
- 尖端 [jiānduān]　　　명 첨단
- 形势 [xíngshì]　　　명 형세
- 盲目 [mángmù]　　　형 무작정
- 维持 [wéichí]　　　동 유지하다
- 分享 [fēnxiǎng]　　　동 (기쁨·행복·좋은 점 등을) 함께 나누다
- 喜悦 [xǐyuè]　　　형 기쁘다
- 挫折 [cuòzhé]　　　명 좌절
- 鼓励 [gǔlì]　　　동 격려하다
- 贡献 [gòngxiàn]　　　동 공헌하다
- 辛勤 [xīnqín]　　　형 근면하다
- 领略 [lǐnglüè]　　　동 감지하다
- 固然 [gùrán]　　　접 물론
- 过度 [guòdù]　　　형 과도하다, 지나치다
- 避免 [bìmiǎn]　　　동 피하다
- 消费 [xiāofèi]　　　동 소비하다
- 千方百计 [qiānfāngbǎijì]　　　성어 천방백계, 갖은 방법을 다 써 보다
- 调整 [tiáozhěng]　　　동 조정하다
- 深奥 [shēn'ào]　　　형 심오하다
- 协调 [xiétiáo]　　　형 조화롭다
- 应聘 [yìngpìn]　　　동 초빙에 응하다
- 逐步 [zhúbù]　　　부 점차
- 克服 [kèfú]　　　동 극복하다
- 侵害 [qīnhài]　　　동 침해하다
- 制止 [zhìzhǐ]　　　동 저지하다
- 和谐 [héxié]　　　형 조화롭다
- 奢侈 [shēchǐ]　　　형 사치하다
- 避免 [bìmiǎn]　　　동 피하다, 모면하다
- 后顾之忧 [hòugùzhīyōu]　　　성어 뒷걱정, 뒷근심

TSC 第五部分 연습문제

拓展回答

준비시간 **30** 초
답변시간 **50** 초

---

1 질문

nǐ rèn wéi jiā tíng jiào yù hé xué xiào jiào yù
你认为家庭教育和学校教育
nǎ ge gèng zhòng yào? wèi shén me?
哪个更重要？为什么？

질문 당신은 가정교육과 학교교육 중에 어느 것이 더 중요하다고 생각합니까? 이유는 무엇입니까?

예시답안

wǒ jué de xiāng duì yú xué xiào jiào yù, jiā tíng jiào yù
我觉得相对于学校教育，家庭教育
gèng zhòng yào.
更重要。

yīn wèi shè huì fā zhǎn dào xiàn zài,
因为社会发展到现在，
xué xiào jiào yù yǐ jīng cóng jiāo shū yù rén yǎn biàn wéi
学校教育已经从教书育人演变为
rú jīn zhǐ zhù zhòng xué xí chéng jì hé zhǎng wò gè xiàng
如今只注重学习成绩和掌握各项
tè cháng, shū hū le duì xué shēng de dào dé jiào yù.
特长，疏忽了对学生的道德教育。

suǒ yǐ xué shēng rén gé pǐn dé de xíng chéng,
所以学生人格品德的形成，
zhǔ yào shòu dào jiā tíng jiào yù de yǐng xiǎng.
主要受到家庭教育的影响。

wú lùn zhǎng wò duō me jiān duān de zhī shi,
无论掌握多么尖端的知识，
zhǐ yǒu zài dào dé zhǐ yǐn xià jiāng qí yòng yú zhèng tú,
只有在道德指引下将其用于正途，
cái huì duì shè huì hé zì shēn fā zhǎn yǒu yì.
才会对社会和自身发展有益。

suǒ yǐ wǒ jué de jiā tíng jiào yù gèng zhòng yào.
所以我觉得家庭教育更重要。

예시답안 저는 학교 교육보다 가정교육이 더 중요하다고 생각합니다.

왜냐하면 사회가 지금까지 발전해 오면서 학교는 지식을 전달하고 인성을 기르는 곳에서, 성적과 각종 특기를 중요시 여기는 곳으로 변하면서, 학생의 도덕교육을 소홀히 하고 있습니다.

그래서 학생의 인격과 품성은 주로 가정교육의 영향을 받아 형성됩니다.

첨단 지식을 얼마나 알고 떠나, 도덕의 지도에 따라 쓰여야 할 곳에 쓰여야만 사회와 개인의 발전에 도움이 됩니다.

따라서 저는 가정교육이 더 중요하다고 생각합니다.

Tip '掌握'는 동사로 '숙달하다, 정통하다, 파악하다'라는 뜻이다.

예 掌握知识: 지식을 숙달하다
　 掌握技术: 기술을 정통하다
　 掌握规律: 규칙을 파악하다

TSC 第五部分 연습문제

拓展回答

---

2 질문

zhǎo gōng zuò de shí hou, shōu rù hé xìng qù nǐ jué de
找 工 作 的 时 候， 收 入 和 兴 趣 你 觉 得
nǎ fāng miàn gèng zhòng yào? wèi shén me?
哪 方 面 更 重 要？ 为 什 么？

질문 취직할 때, 당신은 소득과 흥미 중에 어느 것이 더욱 중요하다고 생각합니까? 이유는 무엇입니까?

예시답안

wǒ jué de xìng qù gèng zhòng yào.
我 觉 得 兴 趣 更 重 要。

rú guǒ xuǎn zé le zì jǐ bù xǐ huān de zhí yè,
如 果 选 择 了 自 己 不 喜 欢 的 职 业，
bù jǐn gōng zuò yā lì dà, ér qiě zài dāng qián de
不 仅 工 作 压 力 大， 而 且 在 当 前 的
jīng jì xíng shì xià, rèn hé zhí yè dōu cún zài
经 济 形 势 下， 任 何 职 业 都 存 在
yí dìng de bù wěn dìng xìng.
一 定 的 不 稳 定 性。

xuǎn zé zì jǐ xǐ huān de、 bìng néng gòu wéi chí
选 择 自 己 喜 欢 的、 并 能 够 维 持
shēng jì de gōng zuò, kě yǐ cháng jiǔ de zuò xià qù,
生 计 的 工 作， 可 以 长 久 地 做 下 去，
jiāng lái hái néng yǒu suǒ fā zhǎn,
将 来 还 能 有 所 发 展，
bìng qiě chéng wéi háng yè jīng yīng.
并 且 成 为 行 业 精 英。

nà me gāo shōu rù yě huì suí zhī ér lái.
那 么 高 收 入 也 会 随 之 而 来。

suǒ yǐ, wǒ jué de zhǎo gōng zuò bù néng
所 以， 我 觉 得 找 工 作 不 能
máng mù de kàn dài yù, yīng gāi kàn zì jǐ shì fǒu
盲 目 地 看 待 遇， 应 该 看 自 己 是 否
zhēn zhèng xǐ huān, zhǎo yí ge zì jǐ rè ài de
真 正 喜 欢， 找 一 个 自 己 热 爱 的
zhí yè fēi cháng zhòng yào.
职 业 非 常 重 要。

예시답안

저는 흥미가 더욱 중요하다고 생각합니다.

만약 자신이 좋아하지 않는 직업을 선택 했다면, 업무 스트레스를 많이 받을 것입니다.

또한 현재의 경제상황에서 어떠한 직종이든 어느 정도 불안정성이 존재합니다. 자기 자신이 좋아하고 게다가 생계를 유지할 수 있는 일을 한다면, 꾸준히 해 나갈 수 있고 발전가능성도 있으며 업계의 엘리트가 될 수 있습니다.

그렇다면 높은 소득도 자연스럽게 따라 올 것입니다.

그래서 저는 취직을 할 때 맹목적으로 대우만 보지 말고 스스로 무엇을 좋아하는지부터 알고 자신이 좋아하는 직업을 찾는 것이 중요하다고 생각합니다.

Tip '维持'는 동사로 '유지하다'라는 뜻이다.

예 维持现状: 현재 상황을 유지하다
维持秩序: 질서를 유지하다
维持家计: 생계를 유지하다

준비시간 **30** 초
답변시간 **50** 초

3 질문
nǐ jué de zài nǐ de rén shēng zhōng shén me zuì zhòng yào?
你觉得在你的人生中什么最重要？

질문: 당신은 인생에서 무엇이 가장 중요하다고 생각합니까?

예시답안
duì wǒ lái shuō, zài wǒ de rén shēng zhōng jiā rén zuì zhòng yào.
对我来说，在我的人生中家人最重要。

jiā shì wǒ bì fēng de gǎng wān.
家是我避风的港湾。

dāng nǐ chéng gōng shí, tā men huì gēn nǐ fēn xiǎng
当你成功时，他们会跟你分享
chéng gōng de xǐ yuè;
成功的喜悦；

dāng nǐ shī luò shí, tā men huì bāng nǐ fēn dān tòng kǔ.
当你失落时，他们会帮你分担痛苦。

zhǐ yào yǒu tā men péi bàn zài wǒ shēn biān, wú lùn duō me
只要有他们陪伴在我身边，无论多么
dà de kùn nán hé tòng kǔ wǒ dōu yuàn yì kè fú;
大的困难和痛苦我都愿意克服；

wú lùn jīng lì duō shǎo cuò zhé, wǒ dōu yuàn yì yì zhí
无论经历多少挫折，我都愿意一直
jiān chí dào dǐ.
坚持到底。

zhǐ yào tā men hěn xìng fú, wǒ jiù huì hěn kāi xīn.
只要他们很幸福，我就会很开心。

zài tā men de gǔ lì xià, wǒ yí dìng huì chéng wéi
在他们的鼓励下，我一定会成为
yí ge bú cuò de rén.
一个不错的人。

예시답안: 저에게 있어서 인생에서 가족이 가장 중요합니다.

집은 바람을 막아주는 항구입니다.

당신이 성공할 때, 그들은 당신과 성공의 기쁨을 나눌 것이고,

당신이 풀이 죽어 있을 때, 당신을 도와 고통을 덜어줍니다.

단지 가족만 제 옆에 있으면 그 어떠한 고난과 고통도 모두 극복할 수 있고,

아무리 많은 좌절을 겪어도 꾸준히 계속해 나갈 것입니다.

단지 그들만 행복하다면 저는 즐겁습니다.

그들의 격려 속에서 저는 반드시 좋은 사람이 될 것입니다.

Tip '分享'는 동사로 '(기쁨·행복 등을) 함께 나누다'라는 뜻이다.

예 分享喜悦: 기쁨을 함께 나누다
分享幸福: 행복을 함께 나누다
分享成果: 성과를 함께 나누다

TSC 第五部分 연습문제
拓展回答

4 질문
rú guǒ nǐ zhòng le cǎi piào tóu děng jiǎng, nǐ xiǎng gàn shén me?
如果你中了彩票头等奖，你想干什么？

질문 만약 당신이 복권 1등에 당첨이 되었다면, 무엇을 하고 싶습니까?

예시답안
rú guǒ wǒ zhòng le cǎi piào tóu děng jiǎng, wǒ xiǎng xiān
如果我中了彩票头等奖，我想先
juān chū yí bù fen, zī zhù kùn kǔ wú yī de gū ér,
捐出一部分，资助困苦无依的孤儿，
wèi shè huì zuò yì diǎnr gòng xiàn, duì shēn biān
为社会做一点儿贡献，对身边
xū yào bāng zhù de rén shēn chū yuán zhù zhī shǒu.
需要帮助的人伸出援助之手。

wǒ hái xiǎng wèi fù mǔ yíng zào yí ge gèng jiā shū shì de
我还想为父母营造一个更加舒适的
shēng huó huán jìng, mǎi yí dòng fēi cháng piào liang de fáng zi,
生活环境，买一栋非常漂亮的房子，
ràng fù mǔ bú yòng zài xīn qín gōng zuò.
让父母不用再辛勤工作。

zuì hòu wǒ xiǎng yào dào shì jiè gè dì lǚ yóu,
最后我想要到世界各地旅游，
lǐng luè gè dì de fēng tǔ rén qíng, zēng zhǎng zì jǐ de jiàn shí.
领略各地的风土人情，增长自己的见识。

chú cǐ yǐ wài, wǒ hái xiǎng jì xù xué xí,
除此以外，我还想继续学习，
dú yán jiū shēng, tí gāo zì shēn de sù zhì.
读研究生，提高自身的素质。

zǒng zhī, wǒ huì yòng tā shí xiàn wǒ suǒ yǒu de mèng xiǎng.
总之，我会用它实现我所有的梦想。

예시답안 만약 제가 복권 1등에 당첨되었다면 일부를 기부하고 싶습니다. 가난하고 의지할 곳이 없는 고아를 돕고, 사회를 위해 공헌하며, 주위에 도움이 필요한 사람에게 먼저 도움의 손길을 내밀고 싶습니다.

그리고 부모님을 위해 보다 편안하게 생활할 수 있는 환경을 마련해 드리고 싶습니다. 예쁘고 큰 집을 사서 부모님이 더 이상 고생하지 않도록 하겠습니다.

마지막으로 세계일주를 떠나 각지의 다양한 풍습을 느끼며 식견을 넓히고 싶습니다.

이 밖에도 저는 계속 공부하여 대학원에서 소양을 높이고 싶습니다.

요컨대, 저는 상금으로 저의 모든 꿈을 이룰 것입니다.

Tip '领略'는 동사로 '느끼다, 깨닫다'라는 뜻이다.

 领略异国风情: 이국의 풍토와 인정을 느끼다
领略诗意: 시에 담긴 뜻을 득하다
领略美丽风景: 아름다운 풍경을 음미하다

준비시간	**30** 초
답변시간	**50** 초

5 질문

zuì jìn jǐ nián diàn zi chǎn pǐn gēng xīn hěn kuài,
最近几年电子产品更新很快，
hěn duō rén yì nián huàn yí cì shǒu jī,
很多人一年换一次手机，
nǐ duì cǐ zěn me kàn? jiǎn dān shuō yi shuō.
你对此怎么看？简单说一说。

질문 최근 몇 년 간 새로운 전자제품의 출시가 빨라졌습니다. 많은 사람들이 일 년에 한번 정도 휴대전화를 바꿉니다. 이에 대해 어떻게 생각합니까? 간단히 말해 보세요.

예시답안

diàn zi chǎn pǐn de kuài sù gēng xīn dài biǎo le kē jì de
电子产品的快速更新代表了科技的
kuài sù jìn bù.
快速进步。

shǒu jī yǐ jīng bù dān dān shì tōng xùn gōng jù,
手机已经不单单是通讯工具，
gōng zuò, shēng huó, yú lè děng dōu lí bù kāi shǒu jī.
工作、生活、娱乐等都离不开手机。

wǒ men yīng gāi gēn jù zì jǐ de shí jì xū yào,
我们应该根据自己的实际需要，
xuǎn zé yì kuǎn shì hé zì jǐ de shǒu jī.
选择一款适合自己的手机。

zhǐ yào xīn chǎn pǐn néng duì wǒ men de gōng zuò hé
只要新产品能对我们的工作和
shēng huó yǒu bāng zhù, wǒ jué de yì nián huàn yí cì shǒu jī
生活有帮助，我觉得一年换一次手机
yě kě yǐ lǐ jiě.
也可以理解。

dāng rán, rú guǒ jǐn jǐn shì jiāng shǒu jī yòng yú dǎ diàn huà
当然，如果仅仅是将手机用于打电话
hé wán yóu xì jiù méi yǒu bì yào jīng cháng huàn shǒu jī le.
和玩游戏就没有必要经常换手机了。

ràng zì jǐ gēn shàng shí dài de bù fá gù rán zhòng yào,
让自己跟上时代的步伐固然重要，
dàn shì yě bù yīng wèi cǐ guò dù xiāo fèi.
但是也不应为此过度消费。

예시답안

새로운 전자제품이 출시되는 것은 과학기술이 빠르게 발전하고 있음을 보여줍니다.

휴대전화는 이미 단순한 통신기기가 아닌 일, 생활, 오락에서도 없어서는 안될 존재입니다.

우리는 실제로 필요하고, 자신에게 맞는 휴대전화를 선택해야 합니다.

새로 출시된 제품이 우리의 일과 생활에 도움이 된다면 일 년에 한번 핸드폰을 바꾼다 해도 이해할 수 있습니다.

물론, 핸드폰으로 단지 통화와 게임만을 즐긴다고 한다면 자주 핸드폰을 바꿀 필요가 없다고 생각합니다.

시대의 흐름에 따라가는 것도 중요하지만, 유행 때문에 과도한 소비를 해서는 안됩니다.

Tip '更新'는 동사로 '새롭게 바꾸다'라는 뜻이다.

예 更新设备: 설비를 업데이트하다
　　更新技术: 기술 혁신
　　更新理念: 이념을 새롭게 바꾸다

TSC 第五部分 연습문제
拓展回答

6 질문

xiàn zài shè huì shī yè lǜ yuè lái yuè gāo, nǐ rèn wéi yīng gāi
现在社会失业率越来越高，你认为应该
zěn yàng jiě jué zhè ge wèn tí, tán yi tán nǐ de kàn fǎ.
怎样解决这个问题，谈一谈你的看法。

현재 사회의 실업률이 날이 갈수록 높아지고 있습니다. 당신은 어떻게 해결해야 한다고 생각합니까? 당신의 생각을 말해보세요.

예시답안

suí zhe shè huì de fā zhǎn, shī yè yuè lái yuè chéng wéi
随着社会的发展，失业越来越成为
pǔ biàn xiàn xiàng.
普遍现象。

사회가 발전함에 따라, 실업이 점점 보편적인 현상이 되었습니다.

wǒ jué de shǒu xiān yīng zài guó nèi jiàn shè xún huán jīng jì,
我觉得首先应在国内建设循环经济，
bì miǎn dān chún yī kào chū kǒu, dāng guó nèi jīng jì xún huán
避免单纯依靠出口，当国内经济循环
zhèng cháng yǐ hòu, zì rán huì dài dòng xiāo fèi de,
正常以后，自然会带动消费的，
fā zhǎn cóng ér dài dòng zhěng gè jīng jì de fā zhǎn,
发展从而带动整个经济的发展，
biàn huì shǐ shī yè wèn tí yíng rèn ér jiě.
便会使失业问题迎刃而解。

저는 국내에서 순환 경제를 실현하고, 단순히 수출에 의지하는 경제를 피해야 한다고 생각합니다. 국내경제가 정상적으로 순환되면 소비를 촉진하여 전체 경제발전을 이끌 것입니다. 그렇다면 실업문제는 자연히 해결될 것입니다.

qí cì, qiān fāng bǎi jì de bāng zhù nà xiē mù qián zhèng zài
其次，千方百计地帮助那些目前正在
tíng chǎn、bàn tíng chǎn de qǐ yè, wěn dìng yuán gōng,
停产、半停产的企业，稳定员工，
fáng zhǐ shī yè, cóng ér jiàng dī zhěng gè shè huì de shī yè lǜ.
防止失业，从而降低整个社会的失业率。

둘째, 온갖 방법을 동원하여 현재 생산정지, 반 생산정지가 된 기업을 도와 직원을 안정시키고 실업을 막아, 사회의 전체 실업률을 줄여야 합니다.

zǒng zhī, jiě jué shī yè wèn tí
总之，解决失业问题
hái xū yào zhèng fǔ duō fāng miàn de tiáo zhěng hé zhī chí.
还需要政府多方面的调整和支持。

요컨대, 실업 문제를 해결하려면 정부에서 다방면으로 조정하고 지지해줘야 합니다.

Tip '迎刃而解'는 성어로 본래 뜻은 '대나무를 가를 때 윗부분만 가르면 아래는 칼날 따라 쉽게 갈라진다'이다. 다시 말해서 '핵심적인 문제만 해결하면 다른 것들은 잇따라 풀린다. 순리적으로 문제가 해결되다'라는 뜻이다.

준비시간 **30**초
답변시간 **50**초

7 질문

dà xué shēng jiù yè yuè lái yuè nán,
大学生就业越来越难，
nǐ rèn wéi hái yǒu bì yào shàng dà xué ma? wèi shén me?
你认为还有必要上大学吗？为什么？

질문: 대학생의 취업이 점점 어려워지고 있습니다. 당신은 그래도 대학교에 진학할 필요가 있다고 생각합니까? 이유는 무엇입니까?

예시답안:

shàng dà xué bù jǐn kě yǐ xué dào xīn zhī shi, gāo jí jì shù,
上大学不仅可以学到新知识、高级技术，
ér qiě hái néng duì zhǎng wò xīn zhī shi xīn jì shù de fāng fǎ
而且还能对掌握新知识新技术的方法
jìn xíng xùn liàn, xué xí gèng shēn céng cì de xué wèn.
进行训练，学习更深层次的学问。

dà xué hái yǒu hěn duō duì zōng hé néng lì de xùn liàn、
大学还有很多对综合能力的训练、
xué shēng zì wǒ guǎn lǐ de xùn liàn, jiāo jì xié tiáo néng lì de
学生自我管理的训练，交际协调能力的
xùn liàn děng, zì shēn de yì xiē ruò diǎn huì zài
训练等，自身的一些弱点会在
róng rù dà xué zhī hòu zhú bù kè fú.
融入大学之后逐步克服。

zài dāng jīn zhè ge shè huì, wǒ men bù néng shuō bú shàng dà xué
在当今这个社会，我们不能说不上大学
jiù yí dìng zhǎo bú dào gōng zuò chī bú shàng fàn. dàn shì,
就一定找不到工作吃不上饭。但是，
dà bù fēn qíng kuàng nǐ lián yìng pìn de jī huì dōu méi yǒu,
大部分情况你连应聘的机会都没有，
zhǎo gōng zuò dāng rán nán shàng jiā nán.
找工作当然难上加难。

lìng wài, dà xué de duō zhǒng zhí néng duì nǐ yǐ hòu de
另外，大学的多种职能对你以后的
fā zhǎn yě huì yǒu hěn dà bāng zhù.
发展也会有很大帮助。

예시답안: 대학에 다니면 새로운 지식, 고차원 기술을 배울 수 있을 뿐만 아니라 지식과 기술 습득 훈련도 할 수 있고 더욱 심오한 학문을 배우게 됩니다.

대학에서는 종합적인 능력, 자기관리 능력, 협조능력을 기르는 훈련을 할 수 있어, 자신의 약점을 대학에서 극복해 나갈 수 있습니다.

오늘날 사회에서 우리가 대학에 가지 않으면 일자리를 구할 수 없고, 먹고 살 수 없다라고 할 수는 없지만 많은 경우 대학졸업장이 없으면, 면접을 볼 기회조차 없게 됩니다. 그렇게 되면 취업이 더욱 어려워집니다.

그 밖에, 대학이 가진 많은 기능들이 당신의 발전에 큰 도움을 줄 것입니다.

Tip '协调'동사로 '어울리게 하다, 조화롭게 하다'라는 뜻이다.

예 协调发展: 균형적으로 발전시키다
协调意见: 의견을 조율하다
协调动作: 동작을 조화롭게 하다

LESSON 07 TSC 第五部分 - 拓展回答 123

TSC 第五部分 연습문제
拓展回答

8 질문
nǐ jué de yīng gāi rú hé jiě jué jiā tíng bào lì wèn tí?
你觉得应该如何解决家庭暴力问题？

질문 당신은 어떻게 가정폭력문제를 해결해야 한다고 생각합니까?

예시답안
suí zhe shè huì jīng jì de fā zhǎn hé hūn yīn zhì dù de yǎn biàn,
随着社会经济的发展和婚姻制度的演变，
jiā tíng bào lì duì fù nǚ、 ér tóng、 lǎo rén děng ruò shì
家庭暴力对妇女、儿童、老人等弱势
qún tǐ hé fǎ quán yì de yán zhòng qīn hài rì yì tū chū。
群体合法权益的严重侵害日益突出。

shǒu xiān yào jiā qiáng lì fǎ, zhì dìng《fǎn jiā tíng bào lì fǎ》,
首先要加强立法，制定《反家庭暴力法》，
shǐ qīn fàn fù nǚ quán yì de àn jiàn dé dào gōng zhèng chǔ lǐ。
使侵犯妇女权益的案件得到公正处理。

chōng fèn lì yòng xiàn yǒu de fǎ lǜ lái chǔ fá
充分利用现有的法律来处罚
jiā tíng bào lì xíng wéi。
家庭暴力行为。

tí gāo quán shè huì duì jiā tíng bào lì xíng wéi
提高全社会对家庭暴力行为
wēi hài xìng de rèn shi, dá dào yù fáng hé zhì zhǐ
危害性的认识，达到预防和制止
jiā tíng bào lì xíng wéi de mù dì。
家庭暴力行为的目的。

yào shù lì zhǐ yǒu jiā tíng de hé mù,
要树立只有家庭的和睦，
cái yǒu shè huì de hé xié jiàn kāng fā zhǎn,
才有社会的和谐健康发展，
cái néng shǐ rén mín ān jū lè yè de guān niàn。
才能使人民安居乐业的观念。

예시답안
사회 경제의 발전과 결혼제도의 변화에 따라, 가정폭력이 여성, 아동, 노인 등 약자의 합법적인 권익을 침해하고 있음이 드러나고 있습니다.

우선 입법을 강화하고, 〈가정폭력반대법규〉를 제정하며, 여성의 권익을 침해하는 사건을 공정하게 다루어야 합니다.

현행 법률을 충분히 활용하여, 가정폭력 행위를 제지하고 처벌해야 합니다.

사회적으로 가정폭력의 위해성에 대한 인식을 높여 가정폭력을 예방하고 제지해야 합니다.

가정이 화목해야 비로소 사회가 조화롭고 건강하게 발전할 수 있고 국민이 안정된 생활을 누리며 즐겁게 일할 수 있다는 생각을 가져야 합니다.

Tip '达到'는 동사로 '달성하다, 도달하다'라는 뜻이다.
- 예 达到极限: 극한에 도달하다
- 达到目的: 목적을 달성하다
- 达到高潮: 고조에 다다르다

준비시간 **30** 초
답변시간 **50** 초

9 질문
qǐng nǐ tán tan chéng shì shēng huó hé
请你谈谈城市生活和
nóng cūn shēng huó de lì bì.
农村生活的利弊。

질문 도시생활과 농촌생활의 장단점을 말해보세요.

예시 답안
chéng shì shēng huó yǔ xiāng cūn shēng huó gè yǒu tè diǎn.
城市生活与乡村生活各有特点。

chéng lǐ bǐ jiào xuān nào; xiāng xià xiǎn de qīng jìng. zài xiāng xià
城里比较喧闹；乡下显得清静。在乡下
yǔ dòng wù、 zhí wù、 tǔ dì dǎ jiāo dào duō, lí zì rán hěn jìn.
与动物、植物、土地打交道多，离自然很近。

zài xiāng xià tǐ lì láo dòng yě huì duō yì xiē,
在乡下体力劳动也会多一些，
yīn wèi bú xiàng zài chéng shì shén me dōu néng mǎi dào,
因为不像在城市什么都能买到，
xǔ duō dōng xi děi kào láo dòng cái néng huò qǔ.
许多东西得靠劳动才能获取。

wǒ hěn xǐ huān zhè zhǒng nǎo lì láo dòng yǔ tǐ lì láo dòng
我很喜欢这种脑力劳动与体力劳动
xiāng jié hé de fāng shì, suǒ yǐ wǒ jué de píng shí zài chéng shì
相结合的方式，所以我觉得平时在城市
shàng bān, zhōu mò zài nóng cūn zhòng tián yě hěn bú cuò.
上班，周末在农村种田也很不错。

xiāng cūn yǒu xiāng cūn de kuài lè,
乡村有乡村的快乐，
chéng shì yǒu chéng shì de kuài lè, xiāng cūn shēng huó hé
城市有城市的快乐，乡村生活和
chéng shì shēng huó lèi xíng bù tóng, dàn jià zhí xiāng tóng.
城市生活类型不同，但价值相同。

예시 답안
도시생활과 농촌생활은 각각 특징이 있습니다.

도시가 떠들썩한 편이라면, 농촌은 조용합니다. 농촌에 있으면 동물, 식물, 토지와 접촉하게 되어 자연과 가까워집니다.

농촌에서는 몸을 움직일 일이 많고 도시에서처럼 뭐든지 살 수 있는 것이 아니기 때문에, 많은 것을 노동을 통해 얻어야만 합니다.

저는 이런 정신노동과 육체노동의 결합을 즐기므로, 평일에는 도시에서 일하고 주말에는 농촌에서 농사 짓는 것도 아주 좋다고 생각합니다.

농촌은 농촌의 즐거움이 있고 도시는 도시의 즐거움이 있습니다. 농촌생활과 도시생활은 다르지만, 각각 동등한 가치를 가지고 있습니다.

Tip '获取'는 동사로 '얻다, 취득하다'라는 뜻이다.
예 获取利润: 이윤을 얻다
获取知识: 지식을 얻다
获取情报: 정보를 얻다

TSC 第五部分 연습문제

拓展回答

---

10 질문

nǐ zěn me yàng kàn dài shē chǐ pǐn, jiǎn dān shuō yi shuō.
你怎么样看待奢侈品，简单说一说。

질문 당신은 사치품에 대해 어떻게 생각합니까? 간단히 말해보세요.

예시답안

shàng liú shè huì bǎ shē chǐ pǐn kàn zuò shēn fèn de
上流社会把奢侈品看做身份的
xiàng zhēng.
象征。

shē chǐ pǐn de jià zhí bù jǐn shì cái liào zhēn xī ér qiě
奢侈品的价值不仅是材料珍惜而且
zuò gōng kǎo jiū, gèng zhǔ yào de shì tā fù jiā de lì shǐ、
做工考究，更主要的是它附加的历史、
wén huà děng fāng miàn de tè dìng yì yì.
文化等方面的特定意义。

shē chǐ pǐn yǔ shēn fèn jiāo xiāng huī yìng, xiāng hù zuò yòng,
奢侈品与身份交相辉映，相互作用，
tǐ xiàn chū yí ge rén de pǐn wèi.
体现出一个人的品味。

wèi le tū xiǎn gāo yǎ pǐn wèi, yīng gāi pèi shàng hé shì de
为了凸显高雅品味，应该配上合适的
shē chǐ pǐn.
奢侈品。

dàn duì yú méi yǒu liáng hǎo sù yǎng de rén lái shuō,
但对于没有良好素养的人来说，
shē chǐ pǐn zhǐ huì ràng nǐ xiǎn de gèng jiā fū qiǎn.
奢侈品只会让你显得更加肤浅。

zǒng tǐ lái shuō, hǎo mǎ pèi hǎo ān, qiè jì bú yào tài xū róng.
总体来说，好马配好鞍，切记不要太虚荣。

예시답안

상류사회에서는 사치품이 신분을 나타내는 상징입니다.

사치품의 가치는 귀한 재료와 정교함에만 있는 것이 아니라, 그것이 역사적, 문화적으로 특별한 의의를 가진다는 데 있습니다.

사치품과 신분은 상호작용으로 화려하게 빛나, 한 사람의 품격을 드러냅니다.

품위를 지키고, 어울리는 사치품으로 치장하여 세련미를 더합니다.

그러나 교양이 부족한 사람에게 사치품이란 사람을 더욱 천박하게 보여지게 하기 쉽습니다.

다시 말해, 좋은 말은 좋은 안장을 착용하되, 허영심을 부려서는 안됩니다.

Tip '体现'는 동사로 '구현하다, 체현하다, 구체적으로 드러내다'라는 뜻이다.
예) 体现个人修养: 개인의 교양을 드러내다
  体现自然美: 자연미를 드러내다
  体现多样性: 다양성을 구현하다

준비시간	**30** 초
답변시간	**50** 초

11 질문

jìn nián lái hěn duō chuán tǒng wén huà zhú jiàn xiāo shī bú jiàn,
近年来很多传统文化逐渐消失不见，
nǐ duì cǐ zěn me kàn?
你对此怎么看？

질문: 최근 많은 전통문화가 점차 사라지고 있습니다. 당신은 이에 대해 어떻게 생각합니까?

예시답안

chuán tǒng wén huà, yí ge yǒng héng de zhǔ tí,
传统文化，一个永恒的主题，
tā bù jǐn shì zǔ xiān liú gěi wǒ men de wú xíng cái chǎn,
它不仅是祖先留给我们的无形财产，
wǒ men duì chuán tǒng wén huà de liǎo jiě,
我们对传统文化的了解，
gèng shì yán jiū lì shǐ wén huà de zhòng yào tú jìng.
更是研究历史文化的重要途径。

chuán tǒng wén huà zài yí ge mín zú wén huà zhōng
传统文化在一个民族文化中
suǒ zhàn jù de bǐ zhòng, kě yǐ zhí jiē guān xi dào
所占据的比重，可以直接关系到
mín zú zhèn xīng.
民族振兴。

rú guǒ wǒ men duì cǐ zài bù yǐn qǐ zú gòu de guān zhù,
如果我们对此再不引起足够的关注，
nà me wǒ men jiāng yào shī qù de hái huì gèng duō,
那么我们将要失去的还会更多，
zhè huì yǐng xiǎng dào yí ge mín zú de cún wáng wèn tí.
这会影响到一个民族的存亡问题。

suǒ yǐ wǒ jué de wǒ men yīng gāi jié jǐn quán lì
所以我觉得我们应该竭尽全力
bǎo hù wǒ men de chuán tǒng wén huà.
保护我们的传统文化。

예시답안: 전통문화는 영원한 주제입니다. 조상에게 물려받은 무형자산일 뿐만 아니라, 조상을 이해하고, 지나간 역사와 문화를 연구하기 위한 중요한 경로입니다.

한 민족이 얼마만큼의 문화를 가지고 있느냐는, 그 민족의 부흥과 직접적인 관계가 있습니다.

만약에 전통문화에 충분히 관심을 더 갖지 않는다면, 우리는 아마 많은 것을 잃게 될 것입니다. 이것은 민족의 존망과 관련된 문제입니다.

그래서 우리는 온 힘을 다해 우리의 전통문화를 보호해야 합니다.

Tip '竭尽全力'는 성어로 '모든 힘을 다 기울이다'라는 뜻이다.

TSC 第五部分 연습문제

拓展回答

12 질문

gāo kǎo shí yīng gāi xuǎn zé dà xué hái shì xuǎn zé zhuān yè,
高考时应该选择大学还是选择专业，
tán tan nǐ de kàn fǎ.
谈谈你的看法。

질문: 대학 입시 때 대학의 이름과 전공 중에 무엇이 더 중요한가요? 당신의 생각을 말해보세요.

예시답안

wǒ rèn wéi xuǎn zé zhuān yè yào bǐ xuǎn zé xué xiào
我认为选择专业要比选择学校
gèng zhòng yào, zhuān yè guān xi dào gè rén de xìng qù,
更重要，专业关系到个人的兴趣，
zhǐ yǒu duì zì jǐ suǒ xuǎn de zhuān yè gǎn xìng qù,
只有对自己所选的专业感兴趣，
cái néng zài yǐ hòu de xué xí zhōng chōng mǎn jī qíng.
才能在以后的学习中充满激情。

yí ge hǎo de zhuān yè yǒu zhù yú wǒ mén xué xí zì jǐ
一个好的专业有助于我们学习自己
xǐ ài de dōng xi, cóng shì zì jǐ xǐ ài de gōng zuò.
喜爱的东西，从事自己喜爱的工作。

zhǐ yào bǎ zhuān yè xué hǎo xué jīng, wú lùn nǐ dào nǎ
只要把专业学好学精，无论你到哪
dōu kě yǐ zhǎn xiàn zì jǐ de cái néng. dàn shì qiè jì
都可以展现自己的才能。但是切记
bú yào máng mù de qù xuǎn zé suǒ wèi de rè mén zhuān yè.
不要盲目的去选则所谓的热门专业。

shí dài zài bú duàn de gǎi biàn,
时代在不断地改变，
xiàn zài rè mén bìng bú dài biǎo yǐ hòu yě rè mén.
现在热门并不代表以后也热门。

suǒ yǐ wǒ rèn wéi gēn jù zì jǐ de xǐ hào
所以我认为根据自己的喜好
xuǎn zé zhuān yè gèng jiā zhòng yào.
选择专业更加重要。

예시답안: 저는 대학의 이름보다 전공이 더 중요하다고 생각합니다. 전공은 개인의 관심사와 관계가 있습니다. 자기가 선택한 전공에 흥미를 느껴야만, 열정을 가지고 공부할 수 있습니다.

좋은 전공은 자기가 좋아하는 것을 공부할 수 있게 도와주고 자기가 좋아하는 일에 종사할 수 있게 만듭니다.

자기 전공에 통달하면, 어디에서든지 재능을 마음껏 펼칠 수 있습니다. 그러나 그렇다고 해서 맹목적으로 인기가 있는 전공을 선택하는 것은 바람직하지 않습니다.

지금 인기 있는 전공이 나중에도 인기 있을 거라는 보장은 없습니다.

따라서 우리는 자기가 좋아하는 것에 따라 전공을 택하는 것이 중요합니다.

Tip '盲目'는 형용사로서 '맹목적, 무작정'라는 뜻이다.

예) 盲目乐观: 무작정 낙관하다
盲目相信: 무작정 믿다
盲目崇拜: 무작정 숭배하다

준비시간 **30** 초
답변시간 **50** 초

13 질문
qǐng wèn nǐ duì chāo qián xiāo fèi wèn tí zěn me kàn?
请问你对超前消费问题怎么看？

질문 당신은 소비를 과하게 하는 현상에 대해 어떻게 생각합니까?

예시답안
suí zhe shè huì jīng jì de fā zhǎn, chāo qián xiāo fèi
随着社会经济的发展，超前消费
zhè yì míng cí yuè lái yuè duō de chōng chì zài
这一名词越来越多的充斥在
wǒ men de shēng huó zhōng.
我们的生活中。

tōng sú de shuō jiù shì huā míng tiān de qián
通俗地说就是花明天的钱
yuán jīn tiān de mèng.
圆今天的梦。

chāo qián xiāo fèi zhǔ yào shì hé duì wèi lái shōu rù
超前消费主要适合对未来收入
chí lè guān tài dù de nián qīng rén.
持乐观态度的年轻人。

rú guǒ nǐ néng bǎo zhèng zì jǐ de wèi lái kě yǐ yì zhí
如果你能保证自己的未来可以一直
wéi chí liáng hǎo de shōu rù, ér qiě huì yuè zhuàn yuè duō,
维持良好的收入，而且会越赚越多，
chāo qián xiāo fèi yě wú fáng.
超前消费也无妨。

bú guò qiè jì yào bǎ wò hǎo chāo qián xiāo fèi de dù,
不过切记要把握好超前消费的度，
qiè bù kě chéng wéi jīn qián de nú lì.
切不可成为金钱的奴隶。

예시답안 사회경제발전에 따라, 과소비라는 단어가 점점 우리 삶에 만연해지고 있습니다.

통상적으로 과소비는 내일의 돈으로 오늘의 꿈을 이루는 것이라고 합니다.

소비를 과하게 하는 것은 주로 앞으로의 소득에 대해 낙관적으로 바라보는 젊은 사람에게 적합한 것이라고 생각합니다.

만약에 당신이 미래의 소득을 보장할 수 있다면, 그리고 갈수록 더 많이 벌 자신이 있다면 과소비를 해도 좋습니다.

하지만 도를 지키는 선에서 과소비를 해야 하며, 돈의 노예는 되어서는 안 된다는 것을 명심해야 합니다.

Tip '把握'는 동사로 '(추상적인 사물을) 파악하다, 포착하다'라는 뜻이다.

예 把握时机: 시기를 파악하다
把握要点: 요점을 파악하다
把握现状: 현황을 파악하다

TSC 第五部分 연습문제
拓展回答

14 질문	nǐ rèn wéi xiàn jīn shè huì zū fáng zi zhù hǎo **你认为现今社会租房子住好** hái shì mǎi fáng zi zhù hǎo? **还是买房子住好？**	질문	현대사회에서 집을 임대하는 것과 집을 구매하는 것 중에 무엇이 좋다고 생각하나요?

예시답안:

wǒ jué de yǒu zú gòu de zī jīn hái shì mǎi fáng zi hǎo.
我觉得有足够的资金还是买房子好。

sú huà shuō de hǎo 'jīn wō, yín wō, bù rú
俗话说得好'金窝，银窝，不如
zì jǐ de cǎo wō'.
自己的草窝'。

rú guǒ zài jīng jì tiáo jiàn yǔn xǔ de qíng kuàng xià,
如果在经济条件允许的情况下，
mǎi fáng zi shì zuì jiā xuǎn zé.
买房子是最佳选择。

xiàn zài dà bù fen rén xuǎn zé dài kuǎn mǎi fáng,
现在大部分人选择贷款买房，
qí shí měi yuè de fáng dài hé fáng zū jià qián chà bu duō,
其实每月的房贷和房租价钱差不多，
suǒ yǐ wèi le yǐ hòu de shēng huó méi yǒu hòu gù zhī yōu,
所以为了以后的生活没有后顾之忧，
wǒ hái shì zàn chéng mǎi fáng zi.
我还是赞成买房子。

dàn shì rú guǒ jīng jì tiáo jiàn bù yǔn xǔ nà jiù zhǐ néng
但是如果经济条件不允许那就只能
zū fáng zi.
租房子。

예시답안: 만약 여유가 있다면, 집을 사는 것이 좋다고 생각합니다.

'초가삼간이라도 내 집이 좋다'

라는 속담처럼, 경제적 능력이 충분하다면 집을 사는 것이 최선의 선택입니다.

현재 대부분의 사람들은 대출을 받아 집을 마련합니다. 사실 매월 내는 월세나 주택융자금이나 비슷하기 때문에 나중에 고민하고 싶지 않다면 자기 집을 마련하는 것에 찬성합니다.

그러나 만약에 경제적으로 여유롭지 않다면 집을 임대할 수밖에 없습니다.

> **Tip** '金窝, 银窝, 不如自己的草窝'는 속담으로 '동쪽, 서쪽에 가봐도 내 집이 최고다, 내 집만한 곳은 없다'라는 뜻이다.

준비시간 30 초
답변시간 50 초

15 질문

nǐ rèn wéi zhōng xué shēng kě yǐ yǔn xǔ huà zhuāng ma?
你认为中学生可以允许化妆吗?
wèi shén me?
为什么?

질문 당신은 중학생이 화장을 해도 된다고 생각합니까? 그 이유를 말해보세요.

예시답안

wǒ rèn wéi zhōng xué shēng bù yīng gāi huà zhuāng.
我认为中学生不应该化妆。

suī rán ài měi zhī xīn rén rén jiē yǒu, dàn shì zhōng xué shēng
虽然爱美之心人人皆有,但是中学生
zhèng chù yú qīng chūn qī, ài zhǎng qīng chūn dòu,
正处于青春期,爱长青春痘,
pí fū yě bǐ jiào mǐn gǎn, huà zhuāng pǐn shǐ yòng bú dàng
皮肤也比较敏感,化妆品使用不当
jiù huì yǐn qǐ pí fū guò mǐn děng wèn tí, bìng qiě,
就会引起皮肤过敏等问题,并且,
qí shí tā men zhè ge nián líng duàn bú huà zhuāng gèng hǎo kàn.
其实她们这个年龄段不化妆更好看。

wǒ jué de měi ge nián líng dōu yǒu shǔ yú nà ge nián líng de
我觉得每个年龄都有属于那个年龄的
měi lì, zhōng xué shēng de mèi lì zài yú
美丽,中学生的魅力在于
qīng chún kě ài, bǎ gèng duō de jīng lì tóu rù dào
清纯可爱,把更多的精力投入到
xué xí shàng lái, duì wèi lái gèng yǒu bāng zhù.
学习上来,对未来更有帮助。

예시답안

제 생각에 중고등학생이 화장하는 것은 바람직하지 않습니다.

누구나 아름답게 꾸미고 싶은 마음은 있겠지만, 중고등학생은 사춘기라 여드름이 나기도 쉽고, 피부 또한 민감합니다. 일단 화장을 하기 시작하면 피부 과민이 나타날 수 있습니다. 사실 그들 나이에는 화장하지 않은 얼굴이 훨씬 예쁩니다.

각각의 나이에 어울리는 아름다움이 있다고 생각합니다. 중고등학생의 매력은 귀엽고 맑고 깨끗함이 아닐까 생각합니다. 화장에 쏟는 열정과 체력을 공부에 쏟는다면, 미래에 더 큰 도움이 될 것입니다.

Tip '引起'는 동사로 '불러 일으키다'라는 뜻이다.

예 引起兴趣: 재미를 불러 일으키다
引起共鸣: 공명을 불러 일으키다
引起同情心: 동정심을 불러 일으키다

TSC 第五部分 연습문제
拓展回答

16 질문
nǐ rèn wéi ài qíng hé shì yè nǎ ge zhòng yào?
你认为爱情和事业哪个重要?

질문: 당신은 사랑과 일, 이 두가지 중에서 어느 것이 더 중요하다고 생각합니까?

예시답안
wǒ rèn wéi hái shì shì yè bǐ jiào zhòng yào.
我认为还是事业比较重要。
méi yǒu shì yè, méi yǒu wù zhì bǎo zhàng, zài měi hǎo、
没有事业,没有物质保障,再美好、
zài chún jié de ài qíng yě shì huì chū wèn tí de.
再纯洁的爱情也是会出问题的。

yīn wèi zhè shì jiè shàng, chú le zì jǐ de fù mǔ yǐ wài
因为这世界上,除了自己的父母以外
méi yǒu rén huì duì zì jǐ bǎi fēn zhī bǎi hǎo,
没有人会对自己百分之百好,
qí yú de rén dōu shì huì biàn de.
其余的人都是会变的。

dāng rán ài qíng yě zhòng yào, dàn shì méi yǒu shì yè de
当然爱情也重要,但是没有事业的
jī chǔ, xiàn shí zhōng, chī bù bǎo de ài qíng bú huì
基础,现实中,吃不饱的爱情不会
wéi chí duō jiǔ, suǒ yǐ shì yè bǐ ài qíng gèng zhòng yào.
维持多久,所以事业比爱情更重要。

예시답안: 저는 일이 더 중요하다고 생각합니다. 일이 없으면 물질적으로 어려워져 아무리 아름답고 순수한 사랑이라도 문제가 발생할 것입니다.

왜냐하면 이 세상에서 자신의 부모님을 제외하고 나를 100% 좋아해 줄 사람은 없습니다. 사람은 모두 변하기 마련입니다.

사랑도 물론 중요하지만, 일이 없다면 사랑은 현실이기 때문에, 배고픈 사랑은 오래가지 못할 것입니다. 그래서 사랑보다 일이 더 중요합니다.

Tip '发生'는 동사로 '생기다, 일어나다'라는 뜻이다.
예 发生事故: 사고가 생기다
发生变化: 변화가 생기다
发生火灾: 화재가 일어나다

준비시간 **30** 초
답변시간 **50** 초

17 질문

zuì jìn liáo tiān gōng jù yuè lái yuè duō,
最近聊天工具越来越多，
hěn duō qīng shào nián tōng guò wǎng luò jiāo péng you,
很多青少年通过网络交朋友，
shén zhì tán liàn ài. duì cǐ tán tan nǐ de kàn fǎ.
甚至谈恋爱。对此谈谈你的看法。

질문: 최근 채팅도구가 점점 많아지고 있고 많은 청소년들은 인터넷을 이용하여 친구를 사귀고 연애를 합니다. 이에 대한 당신의 생각을 말해보세요.

예시답안

duì yú shàng wèi wán quán péi yǎng chū zhèng què pàn duàn néng lì、
对于尚未完全培养出正确判断能力、
zì wǒ fēn xī néng lì de qīng shào nián lái shuō,
自我分析能力的青少年来说，
wǎng luò jiāo yǒu huì yǐng xiǎng qīng shào nián de shēn xīn jiàn kāng.
网络交友会影响青少年的身心健康。

hái yǒu, shǐ qīng shào nián shū yuǎn le shí jì de
还有，使青少年疏远了实际的
rén jì jiāo wǎng, shè huì huó dòng. lìng wài, yīn wèi xū nǐ de
人际交往，社会活动。另外，因为虚拟的
wǎng luò shè huì bì dìng yǔ xiàn shí shè huì cún zài fǎn chā,
网络社会必定与现实社会存在反差，
yě huì yǐng xiǎng qīng shào nián zài xiàn shí shēng huó zhōng de
也会影响青少年在现实生活中的
shēng cún néng lì.
生存能力。

xū nǐ de wǎng liàn, ràng bù ān shì shì de xué shēng
虚拟的网恋，让不谙世事的学生
shàng dàng shòu piàn. suǒ yǐ, wǒ bú zàn chéng
上当受骗。所以，我不赞成
qīng shào nián wǎng shàng jiāo yǒu.
青少年网上交友。

예시답안: 아직은 정확한 판단능력, 자주분석능력이 없는 청소년에게 있어서 인터넷에서 친구를 사귀는 것은 심신건강에 영향을 줄 수 있습니다.

그리고, 청소년으로 하여금 실제적인 인간관계와 사회활동에서 멀어지게 합니다. 그 외에, 인터넷세계와 현실세계는 차이가 나기 때문에 청소년의 현실생활 중의 생존능력에 영향을 줄 수 있습니다.

가상의 인터넷 연애를 통해 세상 물정에 어두운 청소년이 사기를 당할 수도 있습니다. 그래서 저는 청소년이 인터넷에서 친구를 사귀는 것에 대해 찬성하지 않습니다.

Tip '不谙世事'는 성어로 '세상물정에 어둡다, 세상물정을 까맣게 모른다'라는 뜻이다.

LESSON 07 TSC 第五部分 - 拓展回答

TSC 第五部分 연습문제
拓展回答

18 질문

jìn nián lái, hěn duō gōng gòng chǎng suǒ dōu jìn zhǐ xī yān,
近年来，很多公共场所都禁止吸烟，
nǐ duì xī yān wèn tí zěn me kàn?
你对吸烟问题怎么看？

최근 들어 많은 공공장소에서 금연을 시행하고 있습니다. 당신은 흡연에 대해 어떻게 생각합니까?

예시 답안

wǒ fēi cháng zàn tóng zài gōng gòng chǎng suǒ jìn zhǐ xī yān.
我非常赞同在公共场所禁止吸烟。

xī yān de wēi hài hěn duō, tā bú dàn wēi xié xī yān zhě de
吸烟的危害很多，它不但威胁吸烟者的
jiàn kāng hé shēng mìng, hái huì wū rǎn kōng qì, wēi hài tā rén.
健康和生命，还会污染空气，危害他人。

xī yān hài rén hài jǐ, bèi dòng xī yān de rén shòu dào wēi hài
吸烟害人害已，被动吸烟的人受到危害
shì xī yān rén de wǔ bèi, yān mín men yīng jǐn zǎo jiè yān.
是吸烟人的五倍，烟民们应尽早戒烟。

bìng qiě xī yān kě shǐ rén de zhù yì lì shòu dào yǐng xiǎng.
并且吸烟可使人的注意力受到影响。

shí yàn zhèng míng, xī yān yán zhòng yǐng xiǎng rén de zhì lì,
实验证明，吸烟严重影响人的智力，
jì yì lì, cóng ér jiàng dī gōng zuò hé xué xí de xiào lǜ.
记忆力，从而降低工作和学习的效率。

suǒ yǐ, wèi le zì jǐ hé tā rén de jiàn kāng
所以，为了自己和他人的健康
wǒ men yīng gāi tí chàng jiè yān.
我们应该提倡戒烟。

예시 답안

저는 공공장소의 금연에 매우 찬성합니다.

흡연은 해로운 점이 아주 많습니다. 흡연자의 건강과 생명에 위협을 줄 뿐만 아니라 대기를 오염시키고 타인에게도 피해를 줍니다.

흡연은 자신과 타인 모두를 해치는 것입니다. 간접 흡연자가 받는 피해는 흡연자의 5배나 됩니다. 그래서 담배는 되도록 빨리 끊는 것이 좋습니다.

게다가 흡연은 사람의 주의집중력에 영향을 끼칩니다.

실험에 따르면, 흡연은 사람의 지적 능력과 기억력에 심각한 영향을 끼치고 이로 인해 일과 공부의 능률이 떨어진다고 합니다.

그래서 자신과 타인의 건강을 위하여 금연을 장려해야 합니다.

Tip '危害'는 동사로 '해를 끼치다, 해치다, 손상시키다'라는 뜻이다.

예 **危害生命**: 생명에 해를 끼치다
危害社会: 사회에 해를 끼치다
危害环境: 환경에 해를 끼치다

준비시간 **30**초
답변시간 **50**초

19 질문

shēng huó zhōng yā lì wú chù bú zài, nǐ yǒu yā lì de
生活中压力无处不在，你有压力的
shí hou huì shǐ yòng nǎ xiē fāng shì xiāo chú yā lì?
时候会使用哪些方式消除压力？

질문: 일상생활에서 스트레스는 어디든 존재합니다. 당신은 스트레스가 쌓일 때 어떻게 해소합니까?

예시 답안

xiàn dài rén de shēng huó jié zòu yuè lái yuè kuài,
现代人的生活节奏越来越快，
gōng zuò hé shēng huó gěi wǒ men dài lái de yā lì hěn dà.
工作和生活给我们带来的压力很大。

wǒ yǒu yā lì de shí hou yì bān huì xuǎn zé tīng yīn yuè.
我有压力的时候一般会选择听音乐。

qīng kuài、shū huǎn de yīn yuè bù jǐn néng gěi rén měi de
轻快、舒缓的音乐不仅能给人美的
xūn táo hé xiǎng shòu, ér qiě hái néng shǐ rén de jīng shén jǐn zhāng
熏陶和享受，而且还能使人的精神紧张
dé yǐ huǎn jiě.
得以缓解。

yīn cǐ, rén men zài jǐn zhāng de gōng zuò
因此，人们在紧张的工作
hé xué xí zhī yú, bù fáng duō tīng tīng yīn yuè,
和学习之余，不妨多听听音乐，
ràng yōu měi de yuè qū lái huà jiě jīng shén de pí bèi.
让优美的乐曲来化解精神的疲惫。

chū mén lǚ yóu yě bù shī wéi yì zhǒng hǎo fāng fǎ,
出门旅游也不失为一种好方法，
yīng duō xuǎn zé yuǎn lí chéng shì xuān xiāo de yuán yě hé
应多选择远离城市喧嚣的原野和
xiāng cūn, yīn wèi rén yǔ zì rán de guān xi
乡村，因为人与自然的关系
yuǎn bǐ rén yǔ chéng shì de guān xi qīn jìn de duō.
远比人与城市的关系亲近得多。

예시 답안: 현대인의 생활 리듬이 갈수록 빨라지면서, 일과 삶이 우리에게 많은 스트레스를 줍니다.

저는 스트레스를 받을 때 보통 음악을 듣습니다.

경쾌하고 편안한 음악은 사람에게 아름다움을 느끼게 하고, 정신적으로 긴장을 풀어줍니다.

그러므로 일과 공부로 경직된 시간 이외에는 음악을 자주 듣고 아름다운 멜로디로 정신적인 피로를 푸는 것도 좋습니다.

여행도 좋은 방법이라고 생각합니다. 도시의 소음과 멀리 떨어져 있는 들판이나 농촌을 선택하는 것이 좋습니다. 왜냐하면 사람은 도시보다 자연에서 더 많은 유대감을 느끼기 때문입니다.

Tip '享受'는 동사로 '누리다, 향유하다, 즐기다'라는 뜻이다.

예) 享受生活: 생활을 누리다
享受优惠: 혜택을 누리다
享受人生: 인생을 즐기다

LESSON 07 TSC 第五部分 - 拓展回答 135

TSC 第五部分 연습문제

拓展回答

준비시간 **30**초
답변시간 **50**초

---

20 질문

xiàn zài hěn duō chāo shì dōu zài shǐ yòng yí cì xìng
现在很多超市都在使用一次性
sù liào gòu wù dài, nǐ jué de zhè duì huán jìng
塑料购物袋，你觉得这对环境
yǒu shén me yǐng xiǎng?
有什么影响？

질문 현재 마트에서 일회용 비닐봉지를 사용하는데, 이것이 환경에 어떠한 영향을 주는지 말해보세요.

 예시답안

mù qián yí cì xìng sù liào gòu wù dài yǐn fā de huán jìng wèn tí
目前一次性塑料购物袋引发的环境问题
yuè lái yuè duō, shòu dào le rén men de guān zhù.
越来越多，受到了人们的关注。

shì jiè gè guó dōu zài wèi jiǎn shǎo yí cì xìng yòng pǐn
世界各国都在为减少一次性用品
yóu qí shì sù liào dài de shǐ yòng cǎi qǔ le
尤其是塑料袋的使用采取了
bù tóng de cuò shī. tā gěi wǒ men de huán jìng dài lái le
不同的措施。它给我们的环境带来了
jí dà de wēi hài, zào chéng le huán jìng wū rǎn.
极大的危害，造成了环境污染。

suǒ yǐ wǒ rèn wéi wǒ men qù chāo shì mǎi dōng xi de shí hou
所以我认为我们去超市买东西的时候
kě yǐ zì shēn xié dài bù zhì gòu wù dài,
可以自身携带布制购物袋，
jì kě yǐ fǎn fù shǐ yòng yòu kě yǐ bǎo hù huán jìng,
既可以反复使用又可以保护环境，
zhēn shì yì jǔ liǎng dé, zài hǎo bú guò le.
真是一举两得，再好不过了。

예시답안

요즘 일회용 비닐봉지가 많은 환경문제를 발생시키고 있어 사람들의 주의를 끌고 있습니다.

세계 각국에서는 일회용품의 사용, 특히 비닐봉지의 사용을 줄이기 위해 여러 가지 조치를 취하고 있습니다. 비닐봉지는 우리에게 큰 피해를 가져다 줄 뿐만 아니라 환경오염문제도 불러일으킵니다.

그래서 저는 마트에 물건을 사러 갈 때 천으로 만든 쇼핑백을 챙깁니다. 계속해서 사용할 수 있을 뿐만 아니라 환경도 보호할 수 있는 일거양득이라 매우 좋다고 봅니다.

> **Tip** '一举两得'는 성어로 '일거양득, 일석이조'라는 뜻이다. 비슷한 표현으로 '一箭双雕'가 있다.

연습문제 다시 풀기

※ 준비시간, 답변시간을 준수하여 다시 풀어보세요.

	问题	回答时间		评价			
		准备	回答	流利度	语法	词汇	语音
1	你认为家庭教育和学校教育哪个更重要？为什么？	30秒	50秒				
2	找工作的时候，收入和兴趣你觉得哪方面更重要？为什么？	30秒	50秒				
3	你觉得在你的人生中什么最重要？	30秒	50秒				
4	如果你中了彩票头等奖，你想干什么？	30秒	50秒				
5	最近几年电子产品更新很快，很多人一年换一次手机，你对此怎么看？简单说一说。	30秒	50秒				
6	现在社会失业率越来越高，你认为应该怎样解决这个问题，谈一谈你的看法。	30秒	50秒				
7	大学生就业越来越难，你认为还有必要上大学吗？为什么？	30秒	50秒				
8	你觉得应该如何解决家庭暴力问题？	30秒	50秒				
9	请你谈谈城市生活和农村生活的利弊。	30秒	50秒				
10	你怎么样看待奢侈品，简单说一说。	30秒	50秒				
11	近年来很多传统文化逐渐消失不见，你对此怎么看？	30秒	50秒				
12	高考时应该选择大学还是选择专业，谈谈你的看法。	30秒	50秒				
13	请问你对超前消费问题怎么看？	30秒	50秒				
14	你认为现今社会租房子住好还是买房子住好？	30秒	50秒				
15	你认为中学生可以允许化妆吗？为什么？	30秒	50秒				
16	你认为爱情和事业哪个重要？	30秒	50秒				
17	最近聊天工具越来越多，很多青少年通过网络交朋友，甚至谈恋爱。对此谈谈你的看法。	30秒	50秒				
18	近年来，很多公共场所都禁止吸烟，你对吸烟问题怎么看？	30秒	50秒				
19	生活中压力无处不在，你有压力的时候会使用哪些方式消除压力？	30秒	50秒				
20	现在很多超市都在使用一次性塑料购物袋，你觉得这对环境有什么影响？	30秒	50秒				

第五部分

LESSON 08 | TSC 第六部分 - 情景应对

八先生 비법 노트 : TSC 핵심 어법

01. 어법 何必(hé bì)~ 呢(ne)? : 구태여(하필) ~ 할 필요가 있는가?

예문
nǐ hé bì hé xiǎo hái zi shēng qì ne?
你何必和小孩子生气呢？

당신은 어린아이에게 화낼 필요가 있는가?

02. 어법 既然(jì rán)A ~ 就(jiù)B : 기왕 (A)했으니 (B)하겠다

예문
jì rán dōu lái le, nà jiù chī wǎn fàn zài zǒu ba.
既然都来了，那就吃晚饭再走吧。

기왕 왔으니 저녁을 먹고 가세요.

03. 어법 尽快(jǐn kuài) : 되도록 빨리

예문
qǐng nǐ jǐn kuài bǎ nǐ de gè rén xìn xī gěi wǒ fā guò lái.
请你尽快把你的个人信息给我发过来。

당신의 개인 정보를 되도록 빨리 저에게 보내주세요.

04. 어법 本来(běn lái) : 원래, 본래

예문
wǒ běn lái jīn tiān bù xiǎng qù, dàn shì tū rán yǒu jí shì bù dé bú qù.
我本来今天不想去，但是突然有急事不得不去。

저는 원래 오늘 갈 생각이 없었는데, 갑자기 일이 생겨 부득불 가게 됐어요.

05. 어법 只要(zhǐ yào)~ 就(jiù) : 단지 ~ 만 하면, 바로 ~

예문
zhǐ yào rèn zhēn gōng zuò, jiù yí dìng huì yǒu chéng guǒ de.
只要认真工作，就一定会有成果的。

일을 착실하게 하기만 하면, 반드시 성과가 있을 것이다.

06. 어법 **好不容易**(hǎo bù róng yì) : 가까스로, 간신히, 겨우

예문 wǒ hǎo bù róng yì xiū yí cì jià.
我好不容易休一次假。
저는 아주 어렵게 하루 휴가를 냅니다.

07. 어법 **受到**(shòu dào) ~ **欢迎**(huān yíng) : ~ 환영을 받다, 인기가 있다

예문 zhè kuǎn shāng pǐn shì zuì shòu nǚ xìng péng you huān yíng de shāng pǐn.
这款商品是最受女性朋友欢迎的商品。
이 제품은 여성들에게 가장 인기를 받는 상품입니다.

08. 어법 **一时**(yì shí) : 어쩌다가, 우연하게, 우발적으로, 갑자기

예문 wǒ yì shí xiǎng bù chū dá àn, nǐ zài gěi wǒ diǎnr shí jiān.
我一时想不出答案，你再给我点儿时间。
갑자기 답이 생각이 나지 않아요. 조금만 더 시간을 주세요.

09. 어법 **怎么会**(zěn me huì) ~ **呢**(ne)? : 어떻게 그럴 수가 있어?

예문 nǐ zěn me huì fàn zhè yàng de cuò wù ne?
你怎么会犯这样的错误呢？
당신은 어떻게 이런 실수를 할 수가 있어요?

10. 어법 **实在**(shí zài) : 실은, 사실은, 사실상

예문 wǒ shí zài shì méi bàn fǎ le, qǐng nǐ bāng wǒ chū ge zhǔ yì ba.
我实在是没办法了，请你帮我出个主意吧。
사실 저는 방법이 없습니다. 저에게 아이디어를 주세요.

八先生 비법 노트 : TSC 핵심 단어

可惜 [kěxī]	형	애석하다
破财免灾 [pòcáimiǎnzāi]		액땜한 샘 치다
教训 [jiàoxùn]	동	훈계하다
接受 [jiēshòu]	동	받아들이다
毕竟 [bìjìng]	부	결국
失恋 [shīliàn]	동	실연하다
售后 [shòuhòu]		판매후
尽快 [jǐnkuài]	부	되도록 빨리
折腾 [zhēteng]	동	괴롭히다
划痕 [huáhén]	명	긁힌 자국
叙旧 [xùjiù]	동	옛일을 이야기하다
解释 [jiěshì]	동	해석하다
照顾 [zhàogù]	동	보살피다
按时 [ànshí]	부	제때에
寄托 [jìtuō]	동	의탁하다
顺利 [shùnlì]	형	순조롭다
派对 [pàiduì]	명	파티(party)
不见不散 [bújiànbúsàn]	성어	만날 때까지 기다리다
促销 [cùxiāo]	동	판촉하다
设计 [shèjì]	동	설계하다
独特 [dútè]	형	독특하다
档次 [dàngcì]	명	등급
新颖 [xīnyǐng]	형	참신하다
精巧 [jīngqiǎo]	형	정교하다
调查 [diàochá]	동	조사하다
合理 [hélǐ]	형	합리적이다
答复 [dáfù]	동	답변하다
批准 [pīzhǔn]	동	비준하다
浑身 [húnshēn]	명	온몸
精力 [jīnglì]	명	정력

LESSON 08 | TSC 第六部分

1

질문
nǐ de hǎo péng you xīn mǎi le yí bù shǒu jī,
你的好朋友新买了一部手机,
dàn shì méi guò liǎng tiān jiù diū le. qǐng nǐ ān wèi tā.
但是没过两天就丢了。请你安慰他。

친구가 새 휴대폰을 샀는데 이틀도 안되어 잃어 버렸습니다. 친구를 위로해 주세요.

예시답안
xiǎo míng, suī rán hěn kě xī, dàn jiù dāng shì pò cái miǎn zāi le. sú huà shuō 'jiù de bú qù,
(1) 小明,虽然很可惜,但就当是破财免灾了。俗话说'旧的不去,
xīn de bù lái', shǒu jī diū le bú yào jǐn, zài mǎi yí bù jiù kě yǐ le.
新的不来',手机丢了不要紧,再买一部就可以了。
rú guǒ nǐ xǐ huān jiù zài mǎi ge yì mó yí yàng de, rú guǒ nǐ bù xǐ huān jiù mǎi ge bié de kuǎn shì de.
(2) 如果你喜欢就再买个一模一样的,如果你不喜欢就买个别的款式的。
shì qíng yǐ jīng fā shēng le, nǐ shàng huǒ zháo jí dōu méi yǒu yòng a, hé bì wèi le yí ge
事情已经发生了,你上火着急都没有用啊,何必为了一个
yǐ jīng bù shǔ yú nǐ de dōng xi fán nǎo ne? tōng guò zhè cì jiào xùn wǒ xiāng xìn nǐ yǐ hòu
已经不属于你的东西烦恼呢?(3) 通过这次教训我相信你以后
yí dìng huì xiǎo xīn de, chī yí qiàn zhǎng yí zhì me. zhè cì jiù dāng shì huā qián mǎi ge jiào xùn,
一定会小心的,吃一堑 长一智么。(4) 这次就当是花钱买个教训,
yǐ hòu duō zhù yì yì diǎnr, bié zǒng diū sān là sì de jiù xíng le. bú yào zài shāng xīn le.
以后多注意一点儿,别总丢三落四的就行了。不要再伤心了。

예시답안 (1)샤오밍. 아깝지만 액땜했다고 생각하자. 옛말에 '오래된 것이 가지 않으면 새로운 것이 오지 않는다'는 말이 있잖아. 잃었으면 또 사면 돼. (2)네가 괜찮다면 똑같은 휴대폰을 사고, 별로라면 다른 것을 사도록 해. 이미 일어난 일인데 조급해한다고 해도 소용없는 일이잖니. 너의 손을 떠난 물건 때문에 더 이상 신경 쓰지 마. (3)이번 일을 통해서 다음부터는 더 조심할거라 믿는다. 한 번 좌절을 당하면 그만큼 현명해진다고 하지 않니. (4)이번 일은 돈으로 교훈을 얻었다고 생각하자. 이후부터는 조심하고 이것저것 잃어버리지 않도록 해. 맘을 크게 먹고 더 이상 속상해 하지 마.

Tip '吃一堑长一智'는 중국어 속담이고'한 번 좌절을 맛보면 한 가지 지혜가 생긴다'라는 뜻이다. '吃一次亏, 学一次乖'라고도 한다.

TSC 第六部分 연습문제
情景应对

2

질문
nǐ de péngyou zuìjìn gēn xiāng'ài duōnián de nǚ péngyou fēnshǒu le,
你的朋友最近跟相爱多年的女朋友分手了,
zuòwéi tā zuì hǎo de péngyou, nǐ huì zěnme ānwèi tā?
作为他最好的朋友,你会怎么安慰他?

친구가 오래 만나온 여자친구와 헤어졌어요. 친한 친구로서 어떻게 위로해 주실 건가요?

예시답안

xiǎo míng, wǒ hěn lǐjiě nǐ xiànzài de xīnqíng. bìjìng nǐ gēn xiǎo lì dōu zài yìqǐ zhème cháng
(1) 小明,我很理解你现在的心情。毕竟你跟小丽都在一起这么长
shíjiān le, tūrán fēnkāi le, nǐ kěnéng yìshí jiēshòu bùliǎo.
时间了,突然分开了,你可能一时接受不了。
dànshì wǒmen háishì yào miànduì xiànshí a. liǎng ge rén jìrán yuánfèn jìn le,
(2) 但是我们还是要面对现实啊。两个人既然缘分尽了,
nà yào zǒu de rén jiù ràng tā zǒu ba. wǒ xīwàng nǐ kěyǐ kuài diǎnr cóng
那要走的人就让她走吧。(3) 我希望你可以快点儿从
shīliàn de yīnyǐng lǐ zǒu chūlái. gǎnjǐn dǎqǐ jīngshén, nǔlì gōngzuò、rènzhēn shēnghuó.
失恋的阴影里走出来,赶紧打起精神,努力工作、认真生活。
súhuà shuō de hǎo 'tiān yá hé chù wú fāng cǎo, hé bì dān liàn yì zhī huā.'
(4) 俗话说得好'天涯何处无芳草,何必单恋一支花。'
nǐ yídìng huì zhǎodào yí ge gèng shìhé nǐ de rén de. shíjiān shì zuì hǎo de liángyào.
你一定会找到一个更适合你的人的。时间是最好的良药。

예시답안 (1)샤오밍, 네 지금 심정 이해해. 샤오리랑 오래 사귀어왔는데 갑자기 헤어지게 되니 받아들이기 힘들겠지. (2)하지만 현실을 직면해야지. 둘의 인연이 여기까지인걸 어떡하겠니. 떠나는 사람은 그냥 놔주도록 해. (3)나는 네가 빨리 실연의 아픔에서 벗어났으면 해. 정신차리고 열심히 일하면서 살자. (4)속담에 '하늘 아래 어디에 향초가 없으랴. 한 사람에만 매어있지 말라' 말도 있잖아. 너에게 꼭 맞는 사람을 찾을 거야. 시간이 제일 좋은 약이야.

Tip '天涯何处无芳草, 何必单恋一支花'는 속담으로 '하늘 아래 향기로운 풀이 없는 곳이 없거늘, 굳이 한 송이 꽃만을 바라볼 필요가 있을까?'라는 의미이다.

준비시간 **30**초
답변시간 **40**초

③

질문
nǐ zài bǎi huò shāng diàn gāng mǎi le yì tái diàn shì,
你在百货商店刚买了一台电视，
dàn shì huí jiā hòu fā xiàn diàn shì píng mù shàng yǒu yí dào huá hén.
但是回家后发现电视屏幕上有一道划痕。
qǐng nǐ gěi shòu hòu fú wù zhōng xīn dǎ diàn huà bìng yāo qiú jiě jué cǐ shì.
请你给售后服务中心打电话并要求解决此事。

백화점에서 텔레비전을 한대를 샀는데 집에 돌아와 보니 화면에 흠집이 있는 것을 발견했어요. 서비스센터에 전화를 걸어 문제 해결을 요구하세요.

예시답안
nǐ hǎo! qǐng wèn shì bǎi huò shāng diàn shòu hòu fú wù zhōng xīn ma? wǒ jīn tiān shàng wǔ zài nǐ men nà lǐ
(1)你好！请问是百货商店售后服务中心吗？(2)我今天上午在你们那里
mǎi le yì tái yè jīng diàn shì. dàn shì huí dào jiā yí kàn, fā xiàn diàn shì píng mù shàng yǒu yí dào
买了一台液晶电视。但是回到家一看，发现电视屏幕上有一道
hěn cháng de huá hén, wǒ xiǎng kě néng shì zhuāng yùn de shí hou chū xiàn le wèn tí.
很长的划痕，我想可能是装运的时候出现了问题。
chū xiàn zhè yàng de wèn tí, wǒ jué de hěn shī wàng, wǒ kě shì nǐ men de gù kè,
(3)出现这样的问题，我觉得很失望，我可是你们的VIP顾客，
fā huò de shí hou nǐ men yīng gāi hǎo hāo jiǎn chá yí xià a. wǒ xī wàng nǐ men kě yǐ jǐn kuài
发货的时候你们应该好好检查一下啊。(4)我希望你们可以尽快
gěi wǒ tuì huò. wǒ duì nǐ men bǎi huò gōng sī de fú wù zhì liàng chǎn shēng le zhì yí,
给我退货。我对你们百货公司的服务质量产生了质疑，
rú guǒ zhè cì shì jiàn chǔ lǐ de bù hǎo, wǒ jiù bú huì zài qù nǐ men nà lǐ mǎi rèn hé dōng xi le.
如果这次事件处理的不好，我就不会再去你们那里买任何东西了。

예시답안 (1)안녕하세요. 백화점 서비스센터지요? (2)오늘 오전에 백화점에서 액정 티비를 샀는데 집에 돌아와 보니 화면에 긴 흠집이 있더군요. 운송과정에서 문제가 생긴 것 같아요. (3)이와 같은 문제가 생기다니 실망이 크네요. 저는 백화점 VIP고객인데 발송할 때 꼼꼼히 체크하고 보내셨어야죠. (4)빠른 시일에 환불처리를 원합니다. 이번 일로 백화점 서비스에 의심이 가게 되네요. 이번 일을 잘 처리하지 못하면 다시는 그쪽 백화점에서 아무런 물건도 사지 않을 겁니다.

Tip '出现'는 동사로 '나타나다, 생기다'라는 뜻이다
예문 出现故障: 고장이 나다 / 出现问题: 문제가 생기다
出现矛盾: 모순이 생기다

TSC 第六部分 연습문제
情景应对

4

질문
běn lái zhōu mò nǐ yǒu yí ge tóng xué jù huì,
本来周末你有一个同学聚会，
dàn shì yīn wèi yóu yú nǐ de yí ge péng you yào lái kàn nǐ,
但是因为由于你的一个朋友要来看你，
suǒ yǐ nǐ yào péi tā。 qǐng nǐ jù jué nǐ de péng you。
所以你要陪她。请你拒绝你的朋友。

이번 주말에 동창모임이 있는데 한 친구가 당신을 보러 온다고 합니다. 친구를 위해서 동창모임 초대를 거절해 보세요.

예시답안
　　　　xiǎo lì,　　fēi cháng gǎn xiè nǐ yāo qǐng wǒ cān jiā tóng xué jù huì。
(1) 小丽，非常感谢你邀请我参加同学聚会。
　　　wǒ běn lái shì hěn xiǎng cān jiā zhè cì jù huì de, gēn tóng xué men yě hǎo jiǔ méi jiàn le,
(2) 我本来是很想参加这次聚会的，跟同学们也好久没见了，
fēi cháng xiǎng yì qǐ qù xù xù jiù。 dàn shì bù qiǎo de shì, zhè zhōu wǒ de yí ge hǎo péng you
非常想一起去叙叙旧。但是不巧的是，这周我的一个好朋友
cóng jiā ná dà qiān lǐ tiáo tiáo zuò fēi jī lái kàn wǒ, suǒ yǐ zhè ge zhōu mò wǒ dōu yào péi tā。
从加拿大千里迢迢坐飞机来看我，所以这个周末我都要陪她。
　　　tā hǎo bù róng yì lái yí cì, wǒ děi hǎo hāor zhāo dài tā
(3) 她好不容易来一次，我得好好儿招待她。
tóng xué men nà biān yě qǐng nǐ bāng wǒ hǎo hāo shuō yí xià, bāng wǒ jiě shì jiě shì。
同学们那边也请你帮我好好说一下，帮我解释解释。
　　　zhè cì zhēn de duì bù qǐ, xià cì jù huì wǒ yí dìng cān jiā, ér qiě xià cì wǒ qǐng kè。
(4) 这次真的对不起，下次聚会我一定参加，而且下次我请客。

예시답안 (1)샤오리, 동창모임에 초대해 줘서 너무 고마워. (2)이번 모임에 너무 가고 싶었어. 동창들과도 오랜만에 옛날 이야기도 하고 싶었는데 공교롭게도 주말에 친구가 캐나다에서 비행기를 타고 온다고 해. 그래서 이번 주말에 그 친구랑 함께 있어야 해. (3)어렵게 한번 오는 친구니까 내가 잘 대접해야지. 모임에는 네가 잘 얘기해 줘. (4)이번에는 정말 미안해. 다음에 내가 꼭 가서, 한 턱 낼게.

Tip '千里迢迢'는 성어로 '천리나 되는 머나먼 길'라는 뜻이다.

⑤

질문

nǐ yào hé nǐ de jiā rén qù hǎi wài lǚ xíng, dàn shì nǐ jiā lǐ de
你要和你的家人去海外旅行，但是你家里的
xiǎo gǒu méi rén zhào gù, qǐng nǐ bài tuō nǐ de péng you bāng máng.
小狗没人照顾，请你拜托你的朋友帮忙。
nǐ huì zěn me gēn péng yǒu shuō míng qíng kuàng?
你会怎么跟朋友说明情况？

가족과 함께 해외여행을 떠나는데 집에 있는 강아지를 돌 볼 사람이 없습니다. 친구에게 부탁을 해보세요.

예시답안

xiǎo lì, xià ge xīng qī wǒ yào hé wǒ de jiā rén yì qǐ qù ōu zhōu lǚ xíng, dà gài yào qù èr shí tiān.
(1) 小丽，下个星期我要和我的家人一起去欧洲旅行，大概要去20天。
xiàn zài yí qiè dōu ān pái hǎo le, zhǐ shì yǒu yí jiàn shì ràng wǒ bú tài fàng xīn,
现在一切都安排好了，只是有一件事让我不太放心，
nà jiù shì wǒ men jiā de xiǎo gǒu bèi bèi méi rén zhào gù. rú guǒ fāng biàn de huà,
那就是我们家的小狗贝贝没人照顾。(2)如果方便的话，
wǒ xiǎng qǐng nǐ bāng wǒ zhào gù yí xià tā. tā hěn kě ài, shí fēn tǎo rén xǐ huān,
我想请你帮我照顾一下它。它很可爱，十分讨人喜欢，
wǒ xiāng xìn nǐ yě huì hěn xǐ huān de. nǐ zhǐ yào měi tiān àn shí wèi tā chī fàn,
我相信你也会很喜欢的。(3)你只要每天按时喂它吃饭，
péi tā sàn sàn bù jiù kě yǐ le. wǒ cóng fǎ guó huí lái de shí hou gěi nǐ dài zuì hǎo de xiāng shuǐ.
陪它散散步就可以了。(4)我从法国回来的时候给你带最好的香水。
wǒ men jiā bèi bèi jiù bài tuō gěi nǐ le, nǐ duō fèi xīn a. xiè xie!
我们家贝贝就拜托给你了，你多费心啊。谢谢！

예시답안 (1)샤오리, 내가 다음주에 가족이랑 유럽에 20일간 여행가게 되었어. 다른 건 다 준비가 되었는데 딱 한가지가 마음에 걸려. 바로 우리 집 강아지 베이베이를 돌보아 줄 사람이 없어. (2)그래서 그러는데, 괜찮으면 네가 도와주겠니? 아주 귀엽고 사랑스러워. 너도 귀여워할 거야. (3)매일 제때에 밥 주고 산책만 시키면 돼. (4)내가 프랑스에서 제일 좋은 향수를 선물해 줄게. 우리 베이베이 잘 부탁한다.

Tip '安排'는 '안배하다, 배치하다'라는 뜻의 동사이다.

예문 安排日程: 일정을 배치하다
安排课程: 수업을 배치하다
安排工作: 일을 배치하다

TSC 第六部分 연습문제
情景应对

6

질문
nǐ dǎ suàn yāo qǐng nǐ de péng you lái cān jiā nǐ de shēng rì jù huì,
你打算邀请你的朋友来参加你的生日聚会，
qǐng nǐ yòng diàn huà yāo qǐng tā lái cān jiā.
请你用电话邀请他来参加。

당신의 생일파티에 친구를 초대하려 합니다. 그에게 전화를 걸어 보세요.

예시 답안

xiǎo míng, nǐ hǎo. wǒ shì xiǎo lì. nǐ zuì jìn hěn máng ba? jié hūn zhǔn bèi hái shùn lì ma?
(1) 小明，你好。我是小丽。你最近很忙吧？结婚准备还顺利吗？
zhè ge xīng qī wǔ shì wǒ de suì shēng rì, wǒ xiǎng yāo qǐng nǐ cān jiā wǒ de shēng rì pài duì.
(2) 这个星期五是我的30岁生日，我想邀请你参加我的生日派对。
yě bù zhī dào nǐ zhè ge dà máng rén yǒu méi yǒu shí jiān. pài duì shì xīng qī wǔ wǎn shang liù diǎn,
也不知道你这个大忙人有没有时间。(3) 派对是星期五晚上六点，
zài wǒ jiā lǐ jǔ xíng. wǒ men jiā de dì zhǐ shì míng dòng xiǎo qū yī líng yī hào,
在我家里举行。我们家的地址是明洞小区101号，
rú guǒ zhǎo bú dào jiù gěi wǒ dǎ diàn huà ba. wǒ xī wàng nǐ hé nǐ de wèi hūn qī yì qǐ lái.
如果找不到就给我打电话吧。(4) 我希望你和你的未婚妻一起来。
cān jiā pài duì de dōu shì wǒ men dà xué tóng xué, wǒ men jiàn ge miàn hǎo hāor liáo yi liáo.
参加派对的都是我们大学同学，我们见个面好好儿聊一聊。
chóng wēn yí xià měi hǎo de dà xué shí guāng. bú jiàn bú sàn!
重温一下美好的大学时光。不见不散！

예시 답안 (1)샤오밍, 안녕! 나 샤오리인데 요즘 바쁘니? 결혼준비는 잘 되어가니? (2)이번 주 금요일이 나의 서른 살 생일인데 네가 와 주었으면 해. 네가 많이 바빠서 시간이 날 지 모르겠네. (3)파티는 금요일 오후 6시고 우리 집에서 해. 우리 집 주소는 명동아파트 101호야. 못 찾겠으면 전화줘. (4)약혼자도 함께 왔으면 좋겠어. 파티에 대학 동창들만 초대했어. 만나서 대학 때 즐거웠던 기억도 되살리면서 잘 놀아보자. 꼭 와줘!

Tip '举行'은 '거행하다'라는 의미의 동사이다.

예문 举行婚礼 : 결혼식을 거행하다
举行活动 : 행사를 거행하다
举行葬礼 : 장례식을 거행하다

질문
nǐ shì yì jiā diàn qì shāng chǎng de yíng yè yuán.
你是一家电器商场的营业员。
qǐng nǐ xiàng yào gòu mǎi shǒu jī de gù kè tuī jiàn yì kuǎn shǒu jī.
请你向要购买手机的顾客推荐一款手机。

당신은 백화점의 가전제품 판매원입니다. 휴대폰을 사려는 고객님께 휴대폰을 추천해 보세요.

예시답안
gù kè péng you, nǐ hǎo. wǒ lái gěi nǐ jiè shào yì kuǎn xīn shàng shì de shǒu jī.
(1)顾客朋友，你好。我来给你介绍一款新上市的手机。
yīn wèi zhè kuǎn shǒu jī shì zuì xīn de chǎn pǐn, suǒ yǐ zuì jìn zài gè dà shāng chǎng
因为这款手机是最新的产品，所以最近在各大商场
dōu shòu dào gù kè men de huān yíng. shǒu jī de wài guān fēi cháng piào liang,
都受到顾客们的欢迎。(2)手机的外观非常漂亮，
yán sè yě yǒu hěn duō zhǒng. shǒu jī de shè jì fēi cháng dú tè, gōng néng shí fēn qí quán.
颜色也有很多种。手机的设计非常独特，功能十分齐全。
bìng qiě zhè kuǎn shǒu jī wù měi jià lián, xìng jià bǐ hěn gāo.
并且这款手机物美价廉,性价比很高。
jīn tiān zhèng hǎo wǒ men gǎo cù xiāo huó dòng, mǎi yí bù shǒu jī zèng sòng yí ge diàn zǐ shǒu biǎo.
(3)今天正好我们搞促销活动，买一部手机赠送一个电子手表。
nǐ yào shi jīn tiān gòu mǎi de huà, shí zài shì tài huá suàn le.
你要是今天购买的话，实在是太划算了。

예시답안 (1)고객님 안녕하십니까? 새로 출시된 이 휴대폰을 소개해 드리겠습니다. 이 휴대폰은 최신제품이라 각 매장에서 인기가 아주 좋습니다. (2)디자인도 예쁘고 색상도 다양합니다. 이 휴대폰은 설계가 독특하고 기능이 다양합니다. 또한, 저렴하고 가격대비 아주 좋습니다. (3)오늘 마침 행사 중인데 휴대폰을 구매하시면 전자시계를 드립니다. 오늘 구매하시면 정말 이익을 보시는 거에요.

Tip 物美价廉은 '상품의 질이 좋고 값도 저렴하다'라는 의미의 성어이다. 유의어로는 '价廉物美[jiàliánwùměi]'가 있다.

TSC 第六部分 연습문제

情景应对

8

질문
mǔ qīn jié mǎ shàng jiù yào dào le. nǐ xiǎng gěi mā ma mǎi yí jiàn
母亲节马上就要到了。你想给妈妈买一件
lǐ wù. qǐng nǐ xiàng bǎi huò shāng diàn de shòu huò yuán zī xún.
礼物。请你向百货商店的售货员咨询。

어버이날이 다가와 어머님께 선물을 하려고 합니다. 백화점 판매원에게 선물을 추천해 달라고 부탁해 보세요.

예시답안
nǐ hǎo, míng tiān jiù shì mǔ qīn jié le, wǒ xiǎng gěi wǒ mǔ qīn mǎi yí jiàn jié rì lǐ wù.
(1) 你好，明天就是母亲节了，我想给我母亲买一件节日礼物。
dàn shì bù zhī dào zuì jìn dōu liú xíng shén me, yì shí yě xiǎng bù chū mǎi shén me hǎo.
但是不知道最近都流行什么，一时也想不出买什么好。
wǒ xiǎng qǐng nín bāng wǒ jiè shào jǐ kuǎn shì hé zhōng nián fù nǚ de lǐ wù,
(2) 我想请您帮我介绍几款适合中年妇女的礼物，
wǒ mǔ qīn jīn nián wǔ shí bā suì, pí fū bǐ jiào bái xī. wǒ xiǎng yào mǎi jià wèi bǐ jiào gāo,
我母亲今年58岁，皮肤比较白皙。(3) 我想要买价位比较高，
yǒu dàng cì yì diǎnr de. zuì hǎo shì hěn shí shàng hěn xīn yǐng de nà zhǒng,
有档次一点儿的。最好是很时尚很新颖的那种，
wǒ mǔ qīn bǐ jiào xǐ huān xiǎo qiǎo jīng zhì de dōng xi.
我母亲比较喜欢小巧精致的东西。
rú guǒ yǒu hé shì de, qǐng nín gěi wǒ tuī jiàn yí xià, xiè xie.
如果有合适的，请您给我推荐一下，谢谢。

예시답안 (1)안녕하세요. 내일이 어버이날이어서 어머님께 선물을 해드리고 싶은데 요즘 어떤 어떤 선물이 인기인지 잘 모르겠어요. (2)중년 여성에게 어울리는 선물 몇 가지를 추천해 주시겠어요? 저희 어머니는 58세이시고, 피부는 흰 편이세요. (3)가격대가 조금 높고 품격이 있으면서도 유행하는 신상품이면 더욱 좋습니다. 어머니께서 아기자기하고 세련된 것을 좋아하시는데 적당한 것이 있으면 추천해 주세요. 감사합니다.

Tip '适合'는 동사이고 '적합하다'라는 뜻이다.

예문 适合学习: 공부하기 적합하다
适合工作: 일하기 적합하다
适合所有服饰: 모든 옷에 적합하다

⑨

질문

nǐ qù hǎi wài chū chāi yí ge yuè, huí jiā hòu què fā xiàn shuǐ fèi hěn duō.
你去海外出差一个月，回家后却发现水费很多。
qǐng nǐ gěi wù yè dǎ diàn huà jiě jué cǐ wèn tí.
请你给物业打电话解决此问题。

한 달 동안 해외출장을 다녀온 당신은 수도요금이 많이 나온 것을 알게 됩니다. 건물관리부에 전화하여 문제를 해결하세요.

예시 답안

nǐ hǎo, qǐng wèn shì wù yè gōng sī ma? wǒ shì sān dān yuán èr líng èr hào de zhù hù,
(1) 你好，请问是物业公司吗？我是三单元202号的住户，
wǒ xìng zhāng. dà gài yí ge yuè qián wǒ qù měi guó chū chāi, jīn tiān cái huí dào jiā.
我姓张。(2) 大概一个月前我去美国出差，今天才回到家。
dàn shì wǒ dào jiā hòu fā xiàn le shàng ge yuè de shuǐ fèi tōng zhī dān.
但是我到家后发现了上个月的水费通知单。
wǒ jiā lǐ yí ge yuè dōu méi yǒu rén zhù le, zěn me huì yǒu shuǐ fèi ne?
(3) 我家里一个月都没有人住了，怎么会有水费呢？
ér qiě bǐ píng cháng hái duō. wǒ jué de hěn qí guài, nán yǐ lǐ jiě.
而且比平常还多。我觉得很奇怪，难以理解。
wǒ xī wàng nǐ men jǐn kuài bāng wǒ diào chá yí xià zhè jiàn shì, bìng gěi wǒ yí ge hé lǐ de lǐ yóu.
(4) 我希望你们尽快帮我调查一下这件事，并给我一个合理的理由。
wǒ xī wàng nǐ men huì gěi wǒ yí ge mǎn yì de dá fù.
我希望你们会给我一个满意的答复。

예시 답안 (1)안녕하세요. 아파트 관리실이시죠? 저는 3동 202호에 살고 있는 장씨입니다. (2)제가 약 한달 전에 미국으로 출장을 가서 오늘 집에 돌아왔는데요. 저번 달 수도요금 통지서를 봤어요. (3)우리 집이 한달 동안 비었는데 어떻게 수도요금이 나오죠? 그것도 평소보다 많아요. 너무 이해가 안가네요. (4)되도록 빨리 조사하셔서 합리적인 이유를 듣고 싶네요. 만족스런 답변을 주셨으면 합니다.

Tip '合理'는 '합리적이다'라는 의미의 형용사이다.

예문 价格合理: 가격이 합리적이다
搭配合理: 조합이 합리적이다
待遇合理: 대우가 합리적이다

TSC 第六部分 연습문제

情景应对

준비시간 **30** 초
답변시간 **40** 초

10

질문
nǐ zài xué xiào shēng bìng le, fēi cháng yán zhòng.
你在学校生病了，非常严重。
qǐng nǐ xiàng mā ma shuō míng nǐ de bìng qíng bìng ràng mā ma lái jiē nǐ.
请你向妈妈说明你的病情并让妈妈来接你。

학교에 있는데 몸이 많이 아픕니다. 어머니께 상황을 설명하고 학교까지 오실 수 있는지 물어보세요.

예시답안
mā ma, wǒ hǎo xiàng shēng bìng le, dù zi téng de yào mìng, nán shòu sǐ le.
(1) 妈妈，我好像生病了，肚子疼得要命，难受死了。
jīn tiān zhōng wǔ chī wán wǔ fàn hòu wǒ jiù kāi shǐ yì zhí bù shū fu. wǒ běn lái yǐ wéi kě néng shì
今天中午吃完午饭后我就开始一直不舒服。(2) 我本来以为可能是
chī huài le shén me dōng xi, yīng gāi méi shén me dà ài. bú guò dù zi yuè lái yuè téng,
吃坏了什么东西，应该没什么大碍。不过肚子越来越疼，
xiàn zài shì shàng tù xià xiè, lián shuǐ dōu bù gǎn hē. bìng qiě yǐ jīng chí xù liǎng ge duō xiǎo shí le,
现在是上吐下泻，连水都不敢喝。(3) 并且已经持续两个多小时了，
wǒ xiàn zài hún shēn wú lì, méi yǒu jīng lì qù tīng kè le, yì zhí pā zài zhuō zi shàng xiū xi.
我现在浑身无力，没有精力去听课了，一直趴在桌子上休息。
lǎo shī kàn wǒ hěn nán shòu, jiù pī zhǔn wǒ zǎo tuì, ràng wǒ qù yī yuàn kàn kan.
(4) 老师看我很难受，就批准我早退，让我去医院看看。
mā ma, nǐ kuài lái jiē wǒ ba. wǒ zài xué xiào yī lóu yī wù shì děng nǐ.
妈妈，你快来接我吧。我在学校一楼医务室等你。

예시답안 (1)엄마, 나 아무래도 병이 난 듯 싶어요. 오늘 점심을 먹은 후부터 계속 몸이 안 좋았어요. (2)뭔가를 잘 못 먹었다고 생각하고 참았는데 점점 더 심해지고 있어요. 토하고 설사도 하고 물도 못 마시겠어요. (3)이런 상황이 두 시간이나 됐고요. 온 몸에 힘이 풀려서 수업도 들 수 없어 책상에 엎드려 있어요. (4)선생님께서 제가 아파하는 것을 보고 조퇴를 허락하셨어요. 병원에 가보라고요. 엄마, 빨리 데리러 와 주세요. 학교 1층 의무실에서 기다릴게요.

Tip '批准'는 '비준하다, 허가하다'라는 뜻의 동사이다.

예문 上级批准: 상사허가
事后批准: 사후승인
批准出售: 판매허가

연습문제 다시 풀기

※ 준비시간, 답변시간을 준수하여 다시 풀어보세요.

		问题	回答时间		评价			
			准备	回答	流利度	语法	词汇	语音
第二部分	1	你的好朋友新买了一部手机,但是没过两天就丢了。请你安慰他。	30秒	40秒				
	2	你的朋友最近跟相爱多年的女朋友分手了,作为他最好的朋友,你会怎么安慰他?	30秒	40秒				
	3	你在百货商店刚买了一台电视,但是回家后发现电视屏幕上有一道划痕。请你给售后服务中心打电话并要求解决此事。	30秒	40秒				
	4	本来周末你有一个同学聚会,但是因为由于你的一个朋友要来看你,所以你要陪她。请你拒绝你的朋友。	30秒	40秒				
	5	你要和你的家人去海外旅行,但是你家里的小狗没人照顾,请你拜托你的朋友帮忙。你会怎么跟朋友说明情况?	30秒	40秒				
	6	你打算邀请你的朋友来参加你的生日聚会,请你用电话邀请他来参加。	30秒	40秒				
	7	你是一家电器商场的营业员。请你向要购买手机的顾客推荐一款手机。	30秒	40秒				
	8	母亲节马上就要到了。你想给妈妈买一件礼物。请你向百货商店的售货员咨询。	30秒	40秒				
	9	你去海外出差一个月,回家后却发现水费很多。请你给物业打电话解决此问题。	30秒	40秒				
	10	你在学校生病了,非常严重。请你向妈妈说明你的病情并让妈妈来接你。	30秒	40秒				

LESSON 09 | TSC 第六部分 - 情景应对

八先生 비법 노트 : TSC 핵심 어법

01. **어법** 为(wèi)~而(ér)~ : ~를 위해 ~한다

예문
tā wèi nǐ ér fù chū le shēng mìng.
他 为 你 而 付 出 了 生 命。

그는 당신을 위해 생명을 바쳤습니다.

02. **어법** 让(ràng) : ~하여금 ~하게 하다

예문
gōng sī ràng wǒ qù měi guó chū chāi, wǒ yě méi yǒu bàn fǎ.
公 司 让 我 去 美 国 出 差, 我 也 没 有 办 法。

회사에서 저에게 미국 출장을 가라고 합니다. 저도 어쩔 수가 없습니다.

03. **어법** 由(yóu) : ~가, ~는 (행위자 앞에 놓여 동작의 주체를 강조함)

예문
wǒ men jiā yóu bà ba lái zuò fàn, mā ma xǐ wǎn.
我 们 家 由 爸 爸 来 做 饭, 妈 妈 洗 碗。

우리 집은 아빠가 밥을 하고, 엄마가 설거지를 합니다.

04. **어법** 要不然(yào bu rán) : 그렇지 않으면 (= 要不)

예문
nǐ yí dìng yào jīn tiān zuò wán, yào bu rán hòu guǒ zì fù.
你 一 定 要 今 天 做 完, 要 不 然 后 果 自 负。

당신은 반드시 오늘 다 완성해야 합니다. 그렇지 않으면 그 결과는 스스로 책임지세요.

05. **어법** 既(jì)~又(yòu)~ : ~하면서도 ~하다 (= 又~又~)

예문
zhè ge chéng zi jì xiāng yòu tián hǎo chī de bù dé liǎo.
这 个 橙 子 既 香 又 甜 好 吃 得 不 得 了。

이 오렌지는 향기롭기도 하고 달콤하기도 해서 정말 맛있어요.

06. 어법 **至少**(zhì shǎo) : 적어도, 최소한

예문 zuì jìn lái hán guó lǚ xíng de rén zhì shǎo yì bǎi duō wàn.
最近来韩国旅行的人至少一百多万。

최근 한국여행을 오는 사람이 적어도 백만 명은 넘어요.

07. 어법 **起码**(qǐ mǎ) : 적어도, 최소한

예문 nǐ zǒu zhī qián qǐ mǎ gào sù wǒ yì shēng.
你走之前起码告诉我一声。

가기 전에 최소한 저에게 말 한마디는 하고 가세요.

08. 어법 **万一**(wàn yī) : 만일, 만의 하나

예문 zuò shì qíng bú pà yí wàn, zhǐ pà wàn yī.
做事情不怕一万，只怕万一。

일을 만 번 하는 것은 두렵지 않지만, 그 중에 한 번의 실수가 있을까 두렵다.

09. 어법 **过于**(guò yú) ~ : 지나치게

예문 duì yú zhè jiàn shì, nǐ guò yú jī dòng le.
对于这件事，你过于激动了。

이 일에 대해 당신이 지나치게 흥분했습니다.

10. 어법 **~不了**(bù liǎo) / **~得了**(dé liǎo) : ~할 수 없다 / ~할 수 있다

예문 wǒ yí ge rén zuò de liǎo, nǐ bú yòng dān xīn.
我一个人做得了，你不用担心。

저 혼자서 할 수 있어요, 걱정안하셔도 됩니다.

LESSON 09 | TSC 第六部分

八先生 비법 노트: TSC 핵심 단어

娱乐 [yúlè]	동 오락하다
避免 [bìmiǎn]	동 피하다
功能 [gōngnéng]	명 기능
潮湿 [cháoshī]	형 습하다
大饱口福 [dàbǎokǒufú]	맛있는 음식을 배불리 먹다
航班 [hángbān]	명 항공편
大概 [dàgài]	부 대개
墨镜 [mòjìng]	명 선글라스
提前 [tíqián]	동 앞당기다
幸亏 [xìngkuī]	부 다행히
建议 [jiànyì]	동 건의하다
预订 [yùdìng]	동 예약하다
租房 [zūfáng]	동 집을 세내다
面谈 [miàntán]	명 직접 만나서 이야기하다
舒适 [shūshì]	형 쾌적하다
患者 [huànzhě]	명 환자
推迟 [tuīchí]	동 늦추다
诊疗 [zhěnliáo]	동 진료하다
耽误 [dānwu]	동 시간을 허비하다
停车 [tíngchē]	동 차량을 주차하다
划痕 [huáhén]	명 긁힌 자국
责任 [zérèn]	명 책임
起码 [qǐmǎ]	부 최소한
治安 [zhì'ān]	명 치안
防范 [fángfàn]	동 방비하다
厌烦 [yànfán]	동 싫증나다
后悔 [hòuhuǐ]	동 후회하다
负担 [fùdān]	명 부담
反而 [fǎn'ér]	접 오히려
降低 [jiàngdī]	동 줄이다

TSC 第六部分 연습문제

情景应对

준비시간 **30** 초
답변시간 **40** 초

1

질문
nǐ xiǎng gěi nǐ de mèi mei mǎi diàn zi cí diǎn, dàn shì nǐ bù zhī dào
你想给你的妹妹买电子词典，但是你不知道
mǎi shén me yàng de hǎo, nǐ zěn me xiàng shòu huò yuán zī xún?
买什么样的好，你怎么向售货员咨询？

여동생에게 전자사전을 사주려고 합니다. 하지만 어떤 것을 고를지 고민입니다. 판매원에게 어떻게 의견을 구하겠습니까?

예시 답안
 nǐ hǎo, wǒ xiǎng gěi wǒ gāng rù dà xué de mèi mei mǎi yì tái diàn zǐ cí diǎn. tā jīn nián gāng kǎo jìn
(1) 你好，我想给我刚入大学的妹妹买一台电子词典。她今年刚考进
wài guó yǔ dà xué yīng yǔ zhuān yè. suǒ yǐ wǒ xiǎng mǎi yí ge zhuān mén wèi xué xí zhě ér shè jì de cí diǎn.
外国语大学英语专业。所以我想买一个专门为学习者而设计的词典。
 qí cì, wǒ yě bù xiǎng mǎi yǒu yú lè gōng néng de, zhè yàng kě yǐ bì miǎn tā shǐ yòng cí diǎn shí fēn xīn.
(2) 其次，我也不想买有娱乐功能的，这样可以避免她使用词典时分心。
zuì hǎo hào diàn liàng yě dī yì diǎnr, shè jì fāng miàn jīng qiǎo yì diǎnr de.
最好耗电量也低一点儿，设计方面精巧一点儿的。
wǒ tīng shuō zuì jìn de diàn zǐ cí diǎn dōu yǒu yǔ yīn gōng néng, fā yīn qīng xī nà jiù gèng hǎo le.
我听说最近的电子词典都有语音功能，发音清晰那就更好了。
 rú guǒ yǒu wǒ shuō de zhè jǐ ge gōng néng de diàn zǐ cí diǎn, qǐng nǐ gěi wǒ tuī jiàn yí xià,
(3) 如果有我说的这几个功能的电子词典，请你给我推荐一下，
jià gé fāng miàn bú yào chāo guò sān qiān jiù kě yǐ.
价格方面不要超过三千就可以。

예시 답안 (1)안녕하세요. 대학에 입학한 여동생에게 전자사전을 사주려고 합니다. 여동생이 올해 외국어대학 영어학과에 입학했기 때문에, 학습자들을 위해 만들어진 사전을 사고 싶습니다. (2)그리고 오락기능이 있는 사전은 사고 싶지 않습니다. 사전을 사용할 때 신경이 분산되지 않도록 하기 위해서요. 가능한 한 전기소모도 적고 디자인이 정교한 것을 원합니다. 요즘은 사전에 음성 기능도 있다고 들었는데 음질이 좋으면 더 좋겠습니다. (3)이러한 기능을 갖춘 전자사전이 있다면 추천해 주세요. 가격은 3천 위안을 넘지 않았으면 합니다.

Tip '清晰'는 형용사로 '또렷하다'라는 뜻이다.

예문 思路清晰: 사고의 방향이 뚜렷하다
画面清晰: 화면이 선명하다
文理清晰: 문리가 또렷하다

LESSON 09 TSC 第六部分 - 情景应对 **155**

TSC 第六部分 연습문제
情景应对

2

질문

zhōu mò nǐ zhǔn bèi bān jiā, dàn shì dōng xi tài duō
周末你准备搬家，但是东西太多
nǐ zì jǐ yí ge rén bān bù liǎo. qǐng nǐ xiàng péng you qǐng qiú bāng zhù.
你自己一个人搬不了。请你向朋友请求帮助。

주말에 이사할 예정인데 짐이 너무 많아 혼자서는 무리입니다. 친구에게 도움을 청해보세요.

예시 답안

xiǎo míng, nǐ zhè ge zhōu mò yǒu shí jiān ma? zhōu mò wǒ dǎ suàn bān jiā, wǒ xiǎng qǐng nǐ bāng wǒ yí ge máng.
(1) 小明，你这个周末有时间吗？周末我打算搬家，我想请你帮我一个忙。
yīn wèi xiàn zài zhù de fáng zi tài cháo le, suǒ yǐ zhè cì yào bān dào yáng miàn zhù. dàn shì wǒ de dōng xi tài duō,
因为现在住的房子太潮了，所以这次要搬到阳面住。但是我的东西太多，
yòu tài zhòng, wǒ yí ge rén gēn běn bān bú dòng. nǐ néng bu néng chōu chū diǎnr shí jiān lái bāng wǒ bān jiā.
又太重，我一个人根本搬不动。(2) 你能不能抽出点儿时间来帮我搬家。
dà gài liǎng ge xiǎo shí zuǒ yòu jiù kě yǐ bān wán. wǒ shì cóng sì lóu bān dào èr lóu, suǒ yǐ lóu céng
大概两个小时左右就可以搬完。我是从四楼搬到二楼，所以楼层
bú shì hěn gāo, bú huì tài fèi lì de. rú guǒ nǐ néng zài jiào shàng yí ge péng you lái nà jiù gèng hǎo le.
不是很高，不会太费力的。(3) 如果你能再叫上一个朋友来那就更好了。
wǒ de dōng xi zhǔ yào shì yī fu hé shū, hái yǒu yì xiē jiǎn dān de jiā diàn. bān wán jiā hòu wǒ yí dìng huì
我的东西主要是衣服和书，还有一些简单的家电。(4) 搬完家后我一定会
qǐng nǐ měi cān yí dùn, ràng nǐ dà bǎo kǒu fú. nà jiù xiān xiè xie nǐ le, zhōu mò jiàn!
请你美餐一顿，让你大饱口福。那就先谢谢你了，周末见！

예시 답안 (1)샤오밍 이번 주말에 시간 있니? 나를 좀 도와줬으면 하는데. 주말에 이사하려고 해. 지금 사는 집이 너무 습기가 차서 햇빛이 잘 드는 집으로 이사할거야. 그런데 짐이 너무 많고 무거워서 혼자서는 도저히 짐을 나를 수가 없어. (2)시간 좀 내서 이사를 도와주면 안될까? 두 시간 정도면 끝날 거 같아. 4층에서 2층으로 이사하는 거라 층수가 높지 않으니까 그렇게 힘들지는 않을 거야. (3)친구를 한 명 불러서 같이 오면 더 좋을 것 같아. 짐은 대부분 옷이랑 책 그리고 간단한 가전제품이야. (4)이사 끝나면 한턱 낼게. 맛있는 음식 실컷 먹자. 그럼 고맙고, 주말에 보자!

Tip '大饱口福'는 관용어로서 '맛있는 음식을 배불리 먹다'라는 뜻이다.

준비시간 **30** 초
답변시간 **40** 초

| 질문 | nǐ shì yì jiā gōng sī de bù mén jīng lǐ, pài mì shū xiǎo lì qù jī chǎng
你是一家公司的部门经理，派秘书小丽去机场
jiē hé zuò gōng sī de zǒng jīng lǐ, bìng miáo shù yí xià nà wèi jīng lǐ.
接合作公司的总经理，并描述一下那位经理。 | 당신은 회사 직원인 샤오리를 공항에 파견하여 협력회사 사장님을 맞이하려고 합니다. 사장님의 모습을 묘사해보세요. |

예시답안

xiǎo lì, jīn tiān xià wǔ qǐng nǐ qù rén chuān jī chǎng jiē yí xià zǒng jīng lǐ zhāng xiān sheng.
(1)小丽，今天下午请你去仁川机场接一下总经理张先生。
wǎn shang liù diǎn de fēi jī, háng bān hào shì dōng fāng háng kōng
晚上六点的飞机，航班号是东方航空CN11。
zhāng jīng lǐ dà gài sì shí suì zuǒ yòu, shēn gāo yī mǐ bā líng. shēn chuān yì shēn huī sè de xī fú,
(2)张经理大概40岁左右，身高一米八零。身穿一身灰色的西服，
dài zhe fěn sè de lǐng dài, gāo bí liáng, dài zhe yí fù hēi sè de mò jìng.
戴着粉色的领带，高鼻梁，戴着一副黑色的墨镜。
shǒu lǐ hái ná zhe zōng sè de gōng wén bāo. tā shì wǒ men hěn zhòng yào de kè hù,
手里还拿着棕色的公文包。(3)他是我们很重要的客户，
nǐ yí dìng yào tí qián dào jī chǎng, qiān wàn bú yào chí dào.
你一定要提前到机场，千万不要迟到。
rú guǒ shùn lì de jiē dào le rén, qǐng nǐ gěi wǒ dǎ ge diàn huà.
如果顺利地接到了人，请你给我打个电话。

| 예시답안 (1)샤오리, 오늘 오후에 인천공항에 가서 장사장님을 맞이하세요. 저녁 6시 비행기이고 항공편은 동방항공CN11입니다. (2)장사장님은 나이가 마흔 정도이고, 키는 180cm입니다. 회색 양복에 핑크색 넥타이를 매고, 높은 코에 까만 선글라스를 착용하고 있으며, 손에 갈색 서류가방을 들었습니다. (3)그분은 아주 중요한 고객이니 반드시 미리 공항에 도착해야 합니다. 절대로 늦어서는 안됩니다. 만나시면, 나에게 전화를 주세요. | **Tip** '提前'는 동사로 '앞당기다'라는 뜻이다.

예문 **提前完成任务**: 임무를 미리 완성하다
提前毕业: 조기 졸업하다
提前退休: 조기 퇴직하다 |

LESSON 09 TSC 第六部分 - 情景应对

TSC 第六部分 연습문제
情景应对

❹

질문
nǐ zuì jìn zài zuò fú zhuāng shēng yi, shàng cì zuò shēng yì de shí hou
你最近在做服装生意，上次做生意的时候
nǐ de péng you xiǎo míng gěi le nǐ hěn dà bāng zhù.
你的朋友小明给了你很大帮助。
qǐng nǐ dǎ diàn huà yuē xiǎo míng chī wǎn fàn.
请你打电话约小明吃晚饭。

당신은 요즘 의류사업을 하고 있습니다. 지난번 비즈니스에서 친구 샤오밍이 아주 큰 도움을 주었습니다. 샤오밍에게 연락해서 저녁식사 약속을 해보세요.

예시 답안
nǐ hǎo, xiǎo míng, shì wǒ. zuì jìn nǐ guò de hái hǎo ma?
(1) 你好，小明，是我。最近你过得还好吗？
shàng cì nà bǐ fú zhuāng shēng yi xìng kuī yǒu nǐ bāng máng, yào bù rán bù kě néng nà me chéng gōng.
上次那笔服装生意幸亏有你帮忙，要不然不可能那么成功。
suǒ yǐ wǒ xiǎng qǐng nǐ chī dùn wǎn fàn, shùn biàn zài hǎo hāor liáo liao. nǐ shì ge dà máng rén,
(2) 所以我想请你吃顿晚饭，顺便再好好儿聊聊。你是个大忙人，
shí jiān hái shì yóu nǐ lái dìng ba. tīng shuō wǒ men gōng sī fù jìn zuì xīn kāi de chuān cài guǎn de
时间还是由你来订吧。(3) 听说我们公司附近最近新开的川菜馆的
chuān cài bú cuò, zhèng hǎo wǒ jì de nǐ ài chī là de, suǒ yǐ zán men jiù qù nàr zěn me yàng?
川菜不错，正好我记得你爱吃辣的，所以咱们就去那儿怎么样？
qǐng bǎ nǐ fāng biàn de shí jiān gào su wǒ, nà me wǒ zhè biān mǎ shàng yù dìng.
(4) 请把你方便的时间告诉我，那么我这边马上预订。
fēi cháng qī dài gēn nǐ gòng jìn wǎn cān, zài jiàn!
非常期待跟你共进晚餐，再见！

예시 답안 (1) 안녕, 샤오밍. 나야. 요즘 잘 지내고 있어? 지난번 비즈니스에서 네 도움이 없었다면, 성공할 수 없었을 거야. (2) 그래서 저녁을 사고 싶어. 식사하면서 얘기도 나누고 말이야. 너는 바쁜 사람이니까, 시간은 네가 정해. (3) 최근에 우리 회사 근처에 새로 생긴 쓰촨 요리집이 괜찮다고 하는데, 너도 매운 음식을 좋아하니까 거기로 가는 게 어때? (4) 괜찮은 시간을 알려줘. 그러면 내가 바로 예약할게. 너와 같이 하는 저녁식사가 기대된다. 다음에 보자!

Tip '预订'는 동사로 '예약하다'라는 뜻이다.

예문
预订房间 : 방을 예약하다
预订机票 : 항공권을 예약하다
预订餐厅 : 레스토랑을 예약하다

5

질문

nǐ shì fáng zhǔ, yào chū zū yí tào fáng zi. xiàn yǒu rén
你是房主，要出租一套房子。现有人
dǎ lái diàn huà zī xún. qǐng nǐ xiàng duì fāng jiè shào fáng zi de qíng kuàng.
打来电话咨询。请你向对方介绍房子的情况。

당신은 집주인이고 집을 임대하려고 하는데 마침 문의 전화가 왔습니다. 집의 상태를 설명해 보세요.

예시답안

xiān sheng, nǐ hǎo! nín xiǎng zū fáng duì ma? nà wǒ jiù jiǎn dān jiè shào yí xià zhè tào fáng zi.
(1) 先生，你好！您想租房对吗？那我就简单介绍一下这套房子。

nǐ yào zū de zhè tào fáng zi yí gòng bā shí píng mǐ, liǎng shì yī tīng, fēi cháng shì hé yì jiā rén jū zhù.
你要租的这套房子一共80平米，两室一厅，非常适合一家人居住。

xiǎo qū fù jìn jiāo tōng biàn lì, shè shī fēi cháng qí quán. yīn wèi fáng zi wèi yú shì zhōng xīn,
(2) 小区附近交通便利，设施非常齐全。因为房子位于市中心，

suǒ yǐ yín háng, chāo shì, bǎi huò shāng diàn dōu zài fù jìn, gòu wù shēng huó dōu fēi cháng fāng biàn.
所以银行，超市，百货商店都在附近，购物生活都非常方便。

fáng zū měi yuè wǔ qiān yuán, rú guǒ nǐ xiǎng cháng qī zū, jià qián wǒ men kě yǐ miàn tán.
(3) 房租每月5000元，如果你想长期租，价钱我们可以面谈。

fáng zi yòu gān jìng yòu ān jìng, bǎo zhèng ràng nǐ zhù qǐ lái jì ān xīn yòu shū shì.
房子又干净又安静，保证让你住起来既安心又舒适。

rú guǒ tīng qǐ lái hái mǎn yì de huà, huān yíng nǐ lái kàn fáng. xiè xie!
(4) 如果听起来还满意的话，欢迎你来看房。谢谢！

예시답안 (1)안녕하세요. 방을 구하시나 보네요? 집에 대해 간단히 말씀 드리겠습니다. 면적은 80m²이고 방 두 칸에 거실이 있어 가족이 살기에 아주 적합합니다. (2)교통이 편리하고 시설도 잘 돼있습니다. 집이 도심에 있기 때문에 은행, 마트, 백화점이 가까워 쇼핑하기 좋고 살기에도 좋습니다. (3)월세는 매달 5,000위안이고 장기임대를 원하시면 가격은 만나서 조정 가능합니다. 집은 깨끗하고 조용해서 편하고 아늑하게 살 수 있습니다. (4)의향이 있으시면 집 보러 오세요. 감사합니다.

Tip '舒适'는 형용사로 '쾌적하다, 편안하다'라는 뜻이다.

예문 舒适的环境: 쾌적한 환경 / 舒适的生活: 편안한 생활
舒适的着装: 편안한 옷차림

TSC 第六部分 연습문제
情景应对

6

| 질문 | nǐ yù yuē le sān diǎn qù yá kē zhì liáo, dàn shì lù shàng dǔ chē
你预约了三点去牙科治疗，但是路上堵车
dǔ de hěn yán zhòng, nǐ wú fǎ àn shí dào dá。 qǐng nǐ dǎ diàn huà
堵得很严重，你无法按时到达。请你打电话
hé yī yuàn lián xì yí xià, tiáo zhěng zhěn liáo shí jiān。
和医院联系一下，调整 诊疗时间。 | 3시에 치과에 예약했는데 길이 막혀 시간 내에 도착할 수 없게 되었습니다. 병원에 연락하여 진료시간을 변경해 보세요. |

예시답안

　　　　nǐ hǎo! qǐng wèn shì yī yuàn ma? wǒ shì xiǎo míng。
(1)你好！请问是医院吗？我是小明。
　　　wǒ běn lái dǎ diàn huà yù yuē le jīn tiān xià wǔ sān diǎn zhěn liáo,
(2)我本来打电话预约了今天下午三点诊疗，
dàn shì xiàn zài lù shàng chū le chē huò, dǔ chē dǔ de hěn yán zhòng
但是现在路上出了车祸，堵车堵得很严重，
wǒ kàn zhì shǎo yào děng sān shí fēn zhōng。 suǒ yǐ xiǎng qǐng nǐ bāng wǒ tuī chí yí xià zhěn liáo shí jiān。
我看至少要等三十分钟。(3)所以想请你帮我推迟一下诊疗时间。
bāng wǒ gǎi dào xià wǔ sì diǎn kě yǐ ma? rú guǒ huàn zhě tài duō bù fāng biàn de huà,
帮我改到下午四点可以吗？(4)如果患者太多不方便的话，
gǎi tiān yě kě yǐ。 chí dào le zhēn de shí fēn bào qiàn! xiè xie nǐ。
改天也可以。迟到了真的十分抱歉！谢谢你。

예시답안 (1)안녕하세요! 병원이지요? 저 샤오밍인데요. (2)오늘 오후 3시로 예약했는데 근처에 교통사고가 나서 길이 많이 막히네요. 최소한 30분은 기다려야 할 것 같아요. (3)그래서 진료 시간을 조금 미뤘으면 합니다. 오후 4시에 가능한가요? (4)환자가 많아서 안되면, 다른 날도 괜찮습니다. 시간이 지체되어 죄송합니다. 감사합니다.

Tip '推迟'는 동사로 '늦추다'라는 뜻이다.

예문 推迟计划: 계획을 늦추다
推迟期限: 기한을 연기하다
推迟会议时间: 회의 시간을 늦추다

7

질문

xià bān huí jiā zài xiǎo qū tíng chē shí, nǐ bù xiǎo xīn zhuàng dào le
下班回家在小区停车时，你不小心撞到了
páng biān lín jū jiā de chē, qǐng nǐ lì kè dǎ diàn huà
旁边邻居家的车，请你立刻打电话
gěi chē zhǔ shuō míng qíng kuàng bìng jiě jué wèn tí.
给车主说明情况并解决问题。

퇴근 후 주택가에 주차할 때 부주의로 옆집의 차와 부딪쳤습니다. 바로 차 주인에게 연락해 상황을 설명하고 문제를 해결하세요.

예시답안

nǐ hǎo, qǐng wèn shì wǔ líng yī hào de zhāng xiān sheng ma? wǒ shì nǐ de lín jū.
(1) 你好，请问是501号的张先生吗？我是你的邻居。
zhēn de fēi cháng bào qiàn, gāng cái wǒ tíng chē de shí hou bù xiǎo xīn guā dào le nín de chē,
真的非常抱歉，刚才我停车的时候不小心刮到了您的车，
nín de chē mén fù jìn yǒu yì tiáo huá hén. néng bù néng qǐng nín chū lai,
您的车门附近有一条划痕。(2) 能不能请您出来，
zán men shāng liàng yí xià xiū lǐ de wèn tí. yīn wèi dōu shì wǒ de zé rèn, wǒ huì fù quán zé.
咱们商量一下修理的问题。因为都是我的责任，我会负全责。
xiū chē de fèi yòng wǒ quán bāo, xiū chē de zhè jǐ tiān nǐ jiù xiān kāi wǒ de chē ba.
(3) 修车的费用我全包，修车的这几天你就先开我的车吧。
wǒ xiàn zài jiù zài zhèr děng nǐ, xiáng xì de wèn tí nǐ lái le zài shuō.
我现在就在这儿等你，详细的问题你来了再说。

예시답안 (1)안녕하세요. 501호 장선생님이십니까? 옆집에 사는 사람인데요. 정말 죄송합니다. 제가 주차할 때 부주의로 선생님 차를 긁어서, 차문 쪽에 흠집이 생겼어요. (2)오셔서 수리 문제에 대해서 이야기하실 수 있나요? 전부 제 탓이니 제가 책임지겠습니다. (3)수리 비용도 제가 부담하겠습니다. 수리하는 동안 제 차를 사용하셔도 됩니다. 여기서 기다리고 있을테니 자세한 문제는 오셔서 다시 상의하셨으면 합니다.

Tip '商量'는 동사로 '상의하다'라는 뜻이다.

예문 商量对策: 대책을 상의하다
商量问题: 문제를 상의하다
商量婚事: 혼사를 상의하다

TSC 第六部分 연습문제

情景应对

8

질문
nǐ de mèimei zuì jìn zǒng shì hěn wǎn cái huí jiā,
你的妹妹最近总是很晚才回家，
nǐ fēi cháng dān xīn, qǐng nǐ quàn gào tā zǎo diǎnr huí jiā.
你非常担心，请你劝告她早点儿回家。

요즘 여동생의 귀가시간이 늦어서 매우 걱정입니다. 일찍 귀가하도록 설득하세요.

예시답안
xiǎo lì a, jiě jie jué de nǐ zuì jìn huí jiā de shí jiān tài wǎn le.
(1) 小丽啊，姐姐觉得你最近回家的时间太晚了。
nǐ zhè ge nián líng xǐ huān hé péng you men liáo tiān guàng jiē, duì cǐ wǒ hěn lǐ jiě,
你这个年龄喜欢和朋友们聊天逛街，对此我很理解，
dàn shì qǐ mǎ shí diǎn zhī qián yào huí jiā a. nǐ zǒng shì zhè me wǎn huí jiā,
但是起码十点之前要回家啊。(2) 你总是这么晚回家，
bà ba mā ma dōu hěn dān xīn. wǒ yě yǒu bǎo hù nǐ de zé rèn.
爸爸妈妈都很担心。我也有保护你的责任。
zuì jìn shè huì zhì ān suī rán biàn de bú cuò, dàn shì zhè ge shè huì bǐ nǐ xiǎng xiàng de
(3) 最近社会治安虽然变得不错，但是这个社会比你想象的
yào fù zá de duō. nǚ hái zi yīng gāi zhù yì fáng fàn.
要复杂得多。(4) 女孩子应该注意防范。
dā yìng wǒ yǐ hòu huì zǎo diǎnr huí jiā, hǎo ma?
答应我以后会早点儿回家，好吗？

예시답안 (1)샤오리, 너 요즘 너무 늦게 집에 들어온다. 네 나이 때 친구들과 이야기하고 쇼핑하기 좋아하는 건 이해하지만 최소한 10시 전에는 집에 들어와야지. (2)계속 이렇게 늦게 다니면 아버지 어머니께서 많이 걱정하시잖아. 나도 널 보호할 책임이 있어. (3)요즘 치안이 좋아졌다고는 하지만, 세상은 네 상상보다 훨씬 복잡해. (4)여자아이는 자신을 보호할 줄 알아야 해. 앞으로 일찍 집에 들어온다고 약속해. 알았지?

Tip '保护'는 동사로 '보호하다'라는 뜻이다.

예문 保护环境: 환경을 보호하다
保护动物: 동물을 보호하다
保护森林: 삼림을 보호하다

준비시간 **30** 초
답변시간 **40** 초

질문
nǐ ài rén xiǎng ràng hái zi qù zǎo qī liú xué,
你爱人想让孩子去早期留学，
nǐ bù tóng yì, nǐ huì zěn me shuō fú nǐ ài rén?
你不同意，你会怎么说服你爱人？

남편이 아이를 조기유학을 보내려고 하지만, 당신은 찬성하지 않습니다. 남편을 어떻게 설득할까요?

예시 답안
lǎo gōng, wǒ zhēn de bù néng tóng yì zhè me zǎo jiù sòng hái zi qù guó wài xué xí.
(1) 老公，我真的不能同意这么早就送孩子去国外学习。
wàn yī tā shì yìng bù liǎo nà biān de huán jìng, nà jiù má fan le.
万一他适应不了那边的环境，那就麻烦了。
ér qiě xiàn zài tā zhèng chǔ yú qīng chūn qī, wàn yī pàn nì, zǒu le wāi lù zhè kě zěn me bàn ne?
(2) 而且现在他正处于青春期，万一叛逆，走了歪路这可怎么办呢？
hé kuàng zuì jìn guó nèi de yīng yǔ jiào yù tǐ xì yě fēi cháng bú cuò, guó jì xué xiào yě hěn duō,
何况最近国内的英语教育体系也非常不错，国际学校也很多，
wǒ kàn wǒ men hái shì ràng hái zi zài guó nèi jiē shòu jiào yù ba. wàn yī wǒ men de xuǎn zé shì dé qí fǎn,
我看我们还是让孩子在国内接受教育吧。(3) 万一我们的选择适得其反，
dǎo zhì tā yàn xué de huà, wǒ men kě néng yào hòu huǐ yí bèi zi a.
导致他厌学的话，我们可能要后悔一辈子啊。
suǒ yǐ, bú yào guò yú zháo jí, děng tā dà xué bì yè yǐ hòu zài sòng tā qù chū guó shēn zào ba.
(4) 所以，不要过于着急，等他大学毕业以后再送他去出国深造吧。

예시 답안
(1)여보, 나는 이렇게 일찍 아이를 외국에 유학 보내는 것에 반대해요. 아이가 그쪽 환경에 적응하지 못하면 큰일이에요. (2)게다가 지금 아이가 사춘기인데 나쁜 길로 들어서면 어떡해요? 요즘 국내에서도 영어교육체계가 아주 좋고 국제학교도 많아요. 우리 아이가 국내에서 교육을 받을 수 있도록 해요. (3)만약 우리의 선택이 역효과를 빚어내 아이가 공부하는 것을 싫어하게 되면 우리는 평생 후회하게 될 거예요. (4)조급해하지 말고 아이가 대학 졸업하면 그때 외국으로 보내도록 해요.

Tip '适得其反'는 성어로 '결과가 바라는 것과 정반대가 되다' 라는 뜻이다.

TSC 第六部分 연습문제

情景应对

준비시간 **30**초
답변시간 **40**초

10

질문
nǐ de mèimei zuì jìn shēng xué yā lì hěn dà, qǐng nǐ ān wèi yí xià tā.
你的妹妹最近升学压力很大，请你安慰一下她。
요즘 여동생은 진학 때문에 스트레스가 많습니다. 여동생을 위로해 주세요.

예시답안

xiǎo lì a, wǒ kàn nǐ zuì jìn liǎn sè yì zhí dōu bú tài hǎo,
(1) 小丽啊，我看你最近脸色一直都不太好，
shì bú shì zuì jìn yīn wèi shēng xué yā lì tài dà le?
是不是最近因为升学压力太大了？
wǒ wán quán lǐ jiě nǐ xiàn zài de xīn qíng. wǒ yě shì gēn nǐ yí yàng zǒu guò lái de.
(2) 我完全理解你现在的心情。我也是跟你一样走过来的。
dàn shì yā lì guò zhòng、 fù dān guò zhòng huì yǐng xiǎng nǐ de jí zhōng lì hé jì yì lì,
但是压力过重、负担过重会影响你的集中力和记忆力，
fǎn ér huì jiàng dī nǐ de xué xí xiào lǜ. suǒ yǐ shí cháng bǎo chí liáng hǎo de xīn tài
反而会降低你的学习效率。(3) 所以时常保持良好的心态
fēi cháng zhòng yào. qiān wàn duō zhù yì shēn tǐ wàn yī lèi dǎo le,
非常重要。千万多注意身体万一累倒了，
nà jiù shén me shì yě zuò bù liǎo le.
那就什么事也做不了了。

예시답안 (1)샤오리야, 요즘 안색이 통 좋지 않네. 진학 때문에 스트레스가 많니? (2)지금 어떤 마음인지 잘 알아. 나도 너와 같은 시간을 보냈어. 하지만 스트레스와 부담이 너무 많으면 집중력과 기억력이 떨어져 학습능률도 낮아진단다. (3)그래서 좋은 마음상태를 유지하는 것이 매우 중요해. 그리고 건강에 주의하도록 하자. 만약 과로로 쓰러지면 아무것도 할 수 없으니까.

Tip '降低'는 동사로 '낮추다'라는 뜻이다.

예문
降低成本 : 원가를 낮추다
降低水平 : 수준을 낮추다
降低要求 : 요구를 낮추다

연습문제 다시 풀기

※ 준비시간, 답변시간을 준수하여 다시 풀어보세요.

		问题	回答时间		评价			
			准备	回答	流利度	语法	词汇	语音
第二部分	1	你想给你的妹妹买电子词典, 但是你不知道买什么样的好, 你怎么向售货员咨询?	30秒	40秒				
	2	周末你准备搬家, 但是东西太多你自己一个人搬不了。请你向朋友请求帮助。	30秒	40秒				
	3	你是一家公司的部门经理, 派秘书小丽去机场接合作公司的总经理, 并描述一下那位经理。	30秒	40秒				
	4	你最近在做服装生意, 上次做生意的时候你的朋友小明给了你很大帮助。请你打电话约小明吃晚饭。	30秒	40秒				
	5	你是房主, 要出租一套房子。现有人打来电话咨询。请你向对方介绍房子的情况。	30秒	40秒				
	6	你预约了三点去牙科治疗, 但是路上堵车堵得很严重, 你无法按时到达。请你打电话和医院联系一下, 调整诊疗时间。	30秒	40秒				
	7	下班回家在小区停车时, 你不小心撞到了旁边邻居家的车, 请你立刻打电话给车主说明情况并解决问题。	30秒	40秒				
	8	你的妹妹最近总是很晚才回家, 你非常担心, 请你劝告她早点儿回家。	30秒	40秒				
	9	你爱人想让孩子去早期留学, 你不同意, 你会怎么说服你爱人?	30秒	40秒				
	10	你的妹妹最近升学压力很大, 请你安慰一下她。	30秒	40秒				

LESSON 10 | TSC 第七部分 - 看图说话

八先生 비법 노트 : TSC 핵심 어법

01. **어법** 형용사/동사 + 透了(tòu le) : 형용사, 혹은 동사의 상태가 지나침을 나타냄

예문
zuì jìn gēn nǚ péng you fēn shǒu le, shāng xīn tòu le.
最近跟女朋友分手了,伤心透了。

최근에 여자 친구와 헤어져서 너무 슬프다.

02. **어법** 出来(chū lái) : 동사 뒤에 쓰여 결과가 겉으로 드러남을 나타냄

예문
zhè jù huà wǒ kàn bù chū lái yǒu shén me cuò.
这句话我看不出来有什么错。

저는 이 구절의 틀린 점을 찾아내지 못했습니다.

03. **어법** 顺便(shùn biàn) : ~하는 김에

예문
nǐ qù yī yuàn de huà, shùn biàn gěi wǒ mǎi gǎn mào yào.
你去医院的话,顺便给我买感冒药。

병원에 가는 길에, 감기약 좀 사다 주세요.

04. **어법** 一边(yī biān) + 동사, 一边(yī biān) + 동사~ : ~하면서 ~하다

예문
tā yì biān chī fàn, yì biān kàn diàn shì.
她一边吃饭,一边看电视。

그녀는 밥을 먹으면서 텔레비전을 봅니다.

05. **어법** 与其(yǔ qí)~ 不如(bù rú)~ : ~하느니, 차라리 ~하다

예문
yǔ qí shuō xué shēng méi xué hǎo, hái bù rú shuō lǎo shī méi jiāo hǎo.
与其说学生没学好,还不如说老师没教好。

학생이 잘 배우지 못했다고 말하는 것보다 오히려 선생님이 잘 가르치지 못했다고 말하는 것이 낫다.

06. 어법 **来不及**(lái bù jí) : ~할 겨를이 없다

예문 那儿得提前来电话订，现在已经来不及了。
nàr děi tí qián lái diàn huà dìng, xiàn zài yǐ jīng lái bù jí le.

그곳은 미리 전화로 예약해야 합니다. 지금은 이미 늦었습니다.

07. 어법 **忙着**(máng zhe) + 동사 : ~하느라 바쁘다

예문 他最近忙着找工作。
tā zuì jìn máng zhe zhǎo gōng zuò.

최근에 그는 직장을 구하느라 바쁩니다.

08. 어법 **算**(suàn) : 그런 편이다. 부정형은 '不算'으로 '그렇지 않다, 그렇다고 할 수 없다'

예문 这次出差还算顺利。
zhè cì chū chāi hái suàn shùn lì.

이번 출장은 순조로운 편입니다.

09. 어법 **终于**(zhōng yú) : 오랜 기간 동안 바라던 일을 이루었음을 나타내는 부사

예문 我终于考上了理想的大学。
wǒ zhōng yú kǎo shàng le lǐ xiǎng de dà xué.

저는 마침내 제가 바라던 대학에 합격했습니다.

10. 어법 **只好**(zhǐ hǎo) : '부득이, 부득불, 할 수 없이'의 의미의 부사

예문 今天银行不营业，我只好明天再来了。
jīn tiān yín háng bù yíng yè, wǒ zhǐ hǎo míng tiān zài lái le.

오늘 은행이 휴무네요. 할 수 없이 내일 다시 와야겠어요.

LESSON 10 | TSC 第七部分

八先生 비법 노트 : TSC 핵심 단어

- 爱不释手 [àibúshìshǒu]　성어 너무나 좋아하여 차마 손에서 떼어 놓지 못하다
- 按时 [ànshí]　부 제때에
- 泪流满面 [lèiliúmǎnmiàn]　온 얼굴이 눈물범벅이다
- 百花盛开 [bǎihuāshèngkāi]　백화난만하다
- 姿势 [zīshì]　명 자세
- 失望 [shīwàng]　동 실망하다
- 劝告 [quàngào]　동 권고하다
- 后悔 [hòuhuǐ]　동 후회하다
- 吃亏 [chīkuī]　동 손해를 보다
- 难得 [nándé]　형 (출현이나 발생이) 드물다
- 出乎意料 [chūhūyìliào]　성어 예상 밖이다
- 维修 [wéixiū]　동 수리하다
- 失主 [shīzhǔ]　명 분실자
- 按照 [ànzhào]　동 ~에 의거하다
- 赶紧 [gǎnjǐn]　부 서둘러
- 洗漱 [xǐshù]　동 세수하고 양치질하다
- 意识 [yìshí]　명 의식
- 表演 [biǎoyǎn]　동 공연하다
- 焦急 [jiāojí]　형 초조하다
- 决定 [juédìng]　동 결정하다
- 懊恼 [àonǎo]　형 번민하다
- 接触 [jiēchù]　동 접촉하다
- 窃窃私语 [qièqièsīyǔ]　몰래 소곤소곤 속삭이다
- 叮嘱 [dīngzhǔ]　성어 신신당부하다
- 兴致 [xìngzhì]　명 흥미
- 刺激 [cìjī]　동 자극하다
- 不料 [búliào]　부 뜻밖에
- 聚精会神 [jùjīnghuìshén]　성어 열중하다
- 顺便 [shùnbiàn]　부 ~하는 김에
- 大吃一惊 [dàchīyìjīng]　성어 깜짝 놀라다

TSC 第七部分 연습문제
看图说话

준비시간 **30** 초
답변시간 **90** 초

※ 请你根据图片的内容讲述一个完整的故事。

1

예시답안

(1) 有一天，妈妈给小丽带来了一只可爱的小狗。小狗白白的长毛，像个小雪球。小丽真是爱不释手。(2) 妈妈告诉小丽，每天都要按时喂小狗三顿饭。一次喂得不要太多，只需要把盘子装满就可以。(3) 小丽记住了妈妈的话，每天按时给小狗喂狗粮。可是小丽总是担心小狗会饿所以总是给很多。(4) 几周后，小狗因为吃得太多消化不良住院了，小丽伤心极了，但是也束手无策。

예시답안 (1)어느 날, 엄마가 샤오리에게 귀여운 강아지 한 마리를 선물해 주었습니다. 길고 하얀 털을 가진 강아지는 작은 눈덩이 같았습니다. 샤오리는 너무 좋아서 강아지를 잠시도 손에서 떼어내지 못했습니다. (2)어머니는 샤오리에게 강아지 음식을 줄 때, 세끼를 챙겨주되 한번에 많은 양을 주어서는 안되며 그릇에 가득 채워서 주기만 하면 된다고 일러주었습니다. (3)샤오리는 엄마의 말씀을 기억하고 매일 시간에 맞추어 강아지에게 먹이를 주었습니다. 하지만 샤오리는 강아지가 배가 고프지 않을까 걱정되어 항상 먹이를 많이 주었습니다. (4)몇 주 후 강아지는 과식에 의한 소화불량으로 입원하게 되었고 아이는 마음이 너무 슬펐으나, 방법이 없었습니다.

Tip '束手无策'는 성어로 '속수무책이다. 어쩔 도리가 없다'라는 뜻이다.

TSC 第七部分 연습문제
看图说话

②

예시
답안 (1) yí ge yáng guāng míng mèi de zǎo chén, yí duì rè liàn zhōng de liàn rén qù dēng shān.
一个阳光明媚的早晨，一对热恋中的恋人去登山。

wǔ yuè de shān bǎi huā shèng kāi, fēng jǐng shí fēn měi lì. liǎng rén yì qǐ yóu shān wán shuǐ.
五月的山百花盛开，风景十分美丽。(2) 两人一起游山玩水。

pá dào shān dǐng, wèi le liú xià zhè shùn jiān de měi hǎo huí yì, nǚ hái zi ràng nán hái zi wèi zì jǐ zhào xiàng.
爬到山顶，为了留下这瞬间的美好回忆，女孩子让男孩子为自己照相。

nǚ hái zi xiào de yáng guāng càn làn, měi lì dòng rén. nán hái zi yě jǔ qǐ shuāng shǒu,
女孩子笑得阳光灿烂，美丽动人。(3) 男孩子也举起双手，

bǎi chū le yí fù hěn yǒu lì qi, hěn wēi měng de zī shi, nǚ hái zi yě gǎn jǐn zhǎo hǎo jiǎo dù
摆出了一副很有力气，很威猛的姿势，女孩子也赶紧找好角度

gěi nán hái zi zhào xiàng. yí ge xīng qī hòu, zhào piàn xǐ chū lái le, dàn shì tā men dōu shī wàng tòu le.
给男孩子照相。(4) 一个星期后，照片洗出来了，但是他们都失望透了。

yīn wèi tā men de jiāo jù méi yǒu tiáo hǎo, zhào piàn dōu zhào de fēi cháng mó hu.
因为他们的焦距没有调好，照片都照得非常模糊。

예시
답안 (1)날씨가 화창한 어느 아침, 열애중인 한 커플이 등산을 하고 있습니다. 5월의 산은 꽃들이 만발하여 경치가 아주 아름다웠습니다. (2)둘은 산을 오르면서 물놀이도 했습니다. 산 정상에 올라 아름다운 이 순간을 추억에 담기 위하여 여자는 남자에게 사진을 찍어달라고 했습니다. 여자는 해맑게 웃는 모습이 예쁘고 아름다웠습니다. (3)남자는 두 손을 번쩍 들어 힘써 보이고, 매우 위력적으로 보이는 포즈를 취해 여자는 얼른 좋은 각도를 찾아 남자에게 사진을 찍어 주었습니다. (4)일주 후 사진이 인화되고, 둘은 모두 실망을 금치 못했습니다. 앵글을 잘 맞추지 못해 사진이 흐렸기 때문입니다.

Tip '留下'는 '남기다, 기리다'라는 뜻의 동사이다.

예문 留下美好的印象。아름다운 인상을 남기다
留下创伤。상처를 남기다

준비시간 **30** 초
답변시간 **90** 초

③

_{예시답안}　　zhōu mò mā ma gěi nǚ ér mǎi le yí jiàn fēi cháng piào liang de lián yī qún,　nǚ ér fēi cháng xǐ huān.
(1)周末妈妈给女儿买了一件非常漂亮的连衣裙，女儿非常喜欢。
tā gāo xìng de yòu bèng yòu tiào kāi xīn jí le.　　xīng qī yī zǎo shang nǚ ér chuān shàng le xīn yī fu,
她高兴地又蹦又跳开心极了。(2)星期一早上女儿穿上了新衣服，
zhèng yào qù shàng xué.　　dàn shì mā ma gào su tā jīn tiān bǐ zuó tiān hái lěng,　suǒ yǐ chuān xīn yī fu shàng xué
正 要去上 学。但是妈妈告诉她今天比昨天还冷，所以穿新衣服上学
huì gǎn mào de.　　nǚ ér bù tīng mā ma de quàn gào,　hái shì chuān zhe xīn yī fu chū le mén.
会感冒的。(3)女儿不听妈妈的劝告，还是穿着新衣服出了门。
tā chū mén de shí hou,　wài biān tū rán guā qǐ le dà fēng, tiān qì yí xià zi biàn de yòu yīn yòu lěng.
她出门的时候，外边突然刮起了大风，天气一下子变得又阴又冷。
nǚ ér dòng de quán shēn fā dǒu,　xiǎo liǎn tōng hóng.　　dāng tiān wǎn shang nǚ ér fā gāo shāo, gǎn mào le.
女儿冻得全身发抖，小脸通红。(4)当 天 晚 上 女儿发高烧，感冒了。
tā zhēn de hòu huǐ zǎo shang méi tīng mā ma de huà,　dàn shì hòu huǐ yǐ jīng lái bù jí le.
她真的后悔早上 没听妈妈的话，但是后悔已经来不及了。
zhēn shì bù　tīng lǎo rén yán chī kuī zài yǎn qián.
真 是 不 听老 人 言 吃 亏 在 眼 前 。

_{예시답안} (1)주말에 엄마가 딸에게 아주 예쁜 원피스를 사 주셨습니다. 딸은 아주 맘에 들어서 기뻐했습니다. (2)월요일 아침에 딸은 새 옷을 입고 학교로 가려는데 엄마는 어제보다 오늘이 더 춥다고 하시며, 새 옷을 입으면 감기에 걸릴 거라고 했습니다. (3)딸은 엄마의 말을 듣지 않고 새 옷을 입고 문을 나섰습니다. 집을 나설 때, 갑자기 쎈 바람이 불고, 날씨가 흐려지고, 추워졌습니다. 딸은 온 몸이 추위에 떨고 얼굴도 빨갛게 되었습니다. (4)그날 밤 딸은 고열이 나고 감기에 걸렸습니다.

딸은 아침에 어머니의 말을 듣지 않은 것을 후회했지만 후회를 해도 이미 늦었습니다. 어른의 말을 듣지 않아 곤란에 빠지게 되었습니다.

Tip '不听老人言吃亏在眼前'은 중국 속담으로 '어른의 말을 듣지 않으면 눈앞에서 손해를 본다', 혹은 윗사람의 말을 듣지 않으면 곤란을 당하게 된다'라는 의미이다.

TSC 第七部分 연습문제
看图说话

④

예시답안
(1) yǒu yì tiān, xiǎo gāng kāi zhe zì jǐ xīn ài de pǎo chē qù hǎi biān dù jià. zhè cì jià qī
有一天，小刚开着自己心爱的跑车去海边度假。这次假期
zhēn de hěn nán dé, tā xīn xiǎng zhōng yú kě yǐ jiè cǐ jī huì hǎo hāor fàng sōng yí xià le.
真的很难得，他心想终于可以借此机会好好儿放松一下了。
(2) xiǎo gāng de xīn qíng hǎo jí le, tā yì biān kāi chē yì biān lián xiǎng zhe qù hǎi biān yóu yǒng、
小刚的心情好极了，他一边开车一边联想着去海边游泳、
shài tài yáng de qíng jǐng. tā yuè xiǎng yuè xīng fèn, zài gāo sù gōng lù shàng yuè kāi yuè kuài, yì xīn xiǎng zhe
晒太阳的情景。他越想越兴奋，在高速公路上越开越快，一心想着
kuài diǎn dào dá hǎi biān. dàn shì chū hū yì liào de shì, chē kāi dào bàn lù, tū rán pāo máo le,
快点到达海边。(3) 但是出乎意料的是，车开到半路，突然抛锚了，
tā zhēn shì yòu qì yòu jí. tā bù dé bù bǎ chē tíng zài lù biān shàng děng zhe rén lái wéi xiū.
(4) 他真是又气又急。他不得不把车停在路边上 等着人来维修。
tā zhēn de hěn hòu huǐ, yǔ qí zhè yàng, hái bù rú hǎo hāor zài jiā lǐ xiū xi ne.
他真的很后悔，与其这样，还不如好好儿在家里休息呢。

예시답안
(1)어느 날, 샤오강은 애지중지하던 스포츠카를 끌고 해변으로 휴가를 떠났습니다. 이번 휴가를 어렵게 얻은 만큼 이번 기회에 잘 쉬어야겠다고 생각했습니다. 그는 운전을 하면서 해변가에서 수영도 하고 일광욕도 즐기는 상상을 했습니다. (2)그는 생각을 하면 할수록 즐거워졌고, 빨리 해변에 도착하고 싶은 마음에 고속도로에서 점점 속도를 냈습니다. (3)하지만 예상밖에 가는 길에 차가 고장 났습니다. (4)그는 화도 나고 마음도 급했지만 차를 도로변에 세워 수리하는 사람을 기다렸습니다. 그는 차라리 집에서 편히 쉬는 편이 좋았을 것이라고 후회했습니다.

Tip '出乎意料'는 '예상 밖이다, 예상을 벗어나다, 예상이 빗나가다, 뜻밖이다.'라는 의미의 성어이다.

(1) 有一天，小刚悠闲的在广场散步。走到一张长椅旁边时，发现了一个红色的钱包，好像是谁落在那里了。(2) 他觉得失主应该很着急，所以打开了钱包看看有没有失主的个人信息。他打开钱包一看，里面有一位小姐的名片。(3) 小刚赶紧按照名片上的联系方式联系到名片的主人，并且确认了她是否丢了一个红色的钱包。原来那个钱包真是名片主人的，小刚和她约好了时间和地点准备把钱包给她送过去。(4) 从那天以后，他们经常见面吃饭，久而久之，就成为了一对恋人。

(1)어느 날, 샤오깡은 광장에서 산책하다 긴 벤치 옆을 지나게 되었습니다. 그 때, 그는 벤치 위에 놓인 빨간 지갑을 발견하게 되었고, (2)지갑의 주인이 조급해하고 있을 것이라고 생각하고 지갑을 열어 주인의 개인정보가 들어있는지 확인했습니다. 안에는 한 아가씨의 명함이 들어 있었습니다. (3)그는 명함에 적혀 있는 연락처에 따라 명함의 주인과 연락을 하고 빨간 지갑을 잃어버렸는지 확인하였습니다. 명함의 주인이 지갑의 주인임을 확인하고, 샤오깡은 시간과 장소를 정해 지갑을 그녀에게 전달해 주기로 했습니다. (4)그 후, 그들은 자주 만나 밥을 먹었고 시간이 지나서 커플이 되었습니다.

Tip '久而久之'는 '오랜 시일이 지나다, 긴 시간이 지나다'라는 의미의 성어이다.

TSC 第七部分 연습문제
看图说话

6

예시 답안
(1) 一个阳光明媚的清晨，小明一大早不到六点钟就起床了。因为今天是跟朋友们一起去春游的日子。
(2) 小明洗漱以后忙着准备春游用品，心里非常高兴。折腾了一个早晨，小明终于坐上公共汽车出发了。
(3) 但是小明因为早上起床起得太早，不一会儿就在车上睡着了。他醒来的时候，车已经到了终点站，他这时意识到自己坐过头了。
(4) 小明到达春游地点的时候，已经下午一点了。朋友们已经吃完午饭围在一起表演节目了。小明非常伤心，他的紫菜卷算是白做了。

예시 답안 (1)날씨 화창한 이른 아침, 샤오밍은 6시도 안되어 잠에서 깨어났습니다. 오늘은 친구들과 함께 봄소풍을 떠나는 날이기 때문입니다. (2)샤오밍은 씻고 소풍에 가져갈 물품들을 챙기며 즐거웠습니다. 아침 내내 부산히 준비했던 샤오밍은 버스를 타고 출발했습니다. (3)하지만, 샤오밍은 아침 너무 일찍 일어난 탓에 곧 버스에서 잠들고 말았습니다. 그가 깨어났을 때 버스는 종점에 도착했고 그제서야 내릴 곳을 놓쳤음을 알게 되었습니다. (4)샤오밍은 오후 1시가 되어 소풍장소에 도착했습니다. 친구들은 이미 점심을 먹고 함께 모여 장기 자랑을 하고 있었습니다. 샤오밍은 매우 슬펐습니다. 그는 공연히 김밥을 준비했습니다.

Tip '表演'는 '공연하다, 연기하다'라는 뜻의 동사이다.

예문 即兴表演: 즉흥적으로 장기 자랑을 하다
长表演: 장내를 압도하는 연기

　　　　　yǒu yì tiān,　　yí wèi lǎo yé ye yí ge rén zǒu zài lù shàng.　　tā shēn chuān yí jiàn mǐ sè fēng yī,
(1) 有一天，一位老爷爷一个人走在路上。他身穿一件米色风衣，
tóu shàng dài zhe yì dǐng hēi sè de mào zi,　　shǒu lǐ hái ná zhe yì bǎ hēi sè de yǔ sǎn.
头上 戴着一顶黑色的帽子，手里还拿着一把黑色的雨伞。
　　　dāng tā zǒu dào yì kē dà shù xià shí,　　fā xiàn yí ge hái zi zài shù xià jiāo jí de zǒu lái zǒu qù.
(2) 当他走到一棵大树下时，发现一个孩子在树下焦急地走来走去。
yuán lái hái zi de zú qiú bèi tī dào le shù shàng,　hái zi xiǎng bǎ zú qiú nòng xià lái.
原来孩子的足球被踢到了树上，孩子想把足球弄下来。
　　　lǎo yé ye kàn jiàn hái zi tè bié zháo jí,　　jué dìng bāng zhù hái zi.　　tā bǎ zì jǐ de yǔ sǎn rēng xiàng
(3) 老爷爷看见孩子特别着急，决定帮助孩子。他把自己的雨伞扔向
shù zhī,　rēng le jǐ cì dōu méi yǒu chéng gōng.　　jiù zài zuì hòu yí cì rēng xiàng shù zhī de shí hou,
树枝，扔了几次都没有 成功。(4) 就在最后一次扔向树枝的时候，
tā de yǔ sǎn jìng rán zhèng hǎo guà zài le shù zhī shàng,　hái zi de zú qiú shì diào xià lái le,
他的雨伞竟然正好挂在了树枝上，孩子的足球是掉下来了，
kě shì zì jǐ de yǔ sǎn què ná bú xià lái le.　　lǎo yé ye hěn shì ào nǎo,　　bù zhī suǒ cuò.
可是自己的雨伞却拿不下来了。老爷爷很是懊恼，不知所措。

(1)어느 날 베이지색 코트에 검은색 모자를 쓰고 검은색 우산을 손에 든 할아버지 한 분이 길을 걷고 있었습니다. (2)그가 큰 나무 밑까지 갔을 때 나무 아래에서 초조하게 서성이는 한 아이를 보았습니다. 알고 보니 아이는 축구공이 나무 위에 걸려, 축구공을 떨어뜨리려고 하고 있는 것이었습니다. (3)할아버지는 아이의 다급한 모습을 보고 아이를 돕기로 했습니다. 그래서 할아버지는 우산을 나뭇가지를 향해 몇 번 던졌지만 모두 실패했습니다.

(4)할아버지가 마지막 한 번 우산을 던졌을 때, 마침 나뭇가지에 걸려 축구공을 떨어뜨릴 수 있었습니다. 하지만, 할아버지의 우산이 떨어지지 않았습니다. 할아버지는 걱정하면서 어찌할 바를 몰랐습니다.

Tip '不知所措'는 '어찌할 바를 모르다, 갈팡질팡하다'라는 의미의 성어로, 당황하고 대책 없을 때 많이 쓰인다.

TSC 第七部分 연습문제
看图说话

8

예시답안

(1) yǒu yì tiān, zài tǐ yù kè shàng, lǎo shī jiāo tóng xué men dǎ bàng qiú.
有一天，在体育课上，老师教同学们打棒球。

yīn wèi tóng xué men shì dì yī cì jiē chù bàng qiú, dōu bù zhī dào bàng qiú yīng gāi zěn me dǎ.
因为同学们是第一次接触棒球，都不知道棒球应该怎么打。

(2) lǎo shī ràng bān zhǎng chū liè, zài dà jiā miàn qián shì fàn yí xià zěn me jī qiú,
(2) 老师让班长出列，在大家面前示范一下怎么击球，

dàn shì bān zhǎng lián dǎ le hǎo jǐ cì dōu méi jī zhòng. wú kě nài hé, lǎo shī zhǐ hǎo zì jǐ zuò shì fàn.
但是班长连打了好几次都没击中。(3) 无可奈何，老师只好自己做示范。

tā dīng zhǔ tóng xué men hǎo hǎo kàn, rán hòu zì jǐ liàn xí jī qiú.
他叮嘱同学们好好看，然后自己练习击球。

lǎo shī jí zhōng jīng lì, shuāng shǒu ná zhe bàng qiú gùn zhǔn bèi jī qiú
老师集中精力，双手拿着棒球棍准备击球。

chū hū yì liào de shì, tā yòng lì guò měng, bàng qiú dǎ xiàng le jiào shì bō li. yí shùn jiān,
(4) 出乎意料的是，他用力过猛，棒球打向了教室玻璃。一瞬间，

zhǐ tīng 'kuāng lāng' yì shēng, jiào shì de bō li bèi bàng qiú dǎ suì, tóng xué men xià de mù dèng kǒu dāi.
只听'哐啷'一声，教室的玻璃被棒球打碎，同学们吓得目瞪口呆。

예시답안 (1)체육시간에 선생님이 학생들에게 야구를 가르치고 있습니다. 학생들은 야구를 접해 본 적이 없어서 공을 치는 방법을 몰랐습니다. (2)선생님은 반장에게 학생들 앞에서 배팅을 시범하도록 했지만 반장은 몇 번을 시도해도 공을 맞히지 못했습니다. (3)어쩔 수 없이 선생님이 직접 시범을 하면서 학생들에게 잘 보고 연습하도록 했습니다. 선생님은 집중하여 두 손으로 야구 방망이를 잡고 공을 쳤습니다. (4)하지만, 선생님이 힘을 지나치게 주어 야구공이 교실 유리를 향해 날아갔습니다. 순간 쨍그랑 소리와 함께 교실의 유리가 깨져 학생들은 놀라 눈이 휘둥그레해졌습니다.

Tip '目瞪口呆'은 '(놀라거나 두려워서) 어안이 벙벙하다, 눈이 휘둥그레지다, 어리둥절하다'라는 의성어이다.

(1) 有一天下班以后，小明和他的几个好朋友在酒吧喝酒。

因为好久没聚在一起了，所以大家的兴致很高，喝了很多洋酒。

(2) 从酒吧出来以后，小明有点儿神志不清了。

他不听朋友的劝阻，一定要自己开车回家。

嘴上还说自己没喝醉。(3) 但是不料，迎面来了一辆出租车，

他一时没有反应过来，发生了交通事故。

(4) 不幸中的万幸，还好他和被撞的司机都伤得不太严重。

通过这次教训，决定从今以后再也不喝酒了。

(1)어느 날 샤오밍은 퇴근 후, 친구들과 함께 바에서 술을 마시고 있었습니다. 오랜만에 만나 모두가 기분이 좋아져 많은 양주를 마셨습니다. (2)바에서 나올 때 샤오밍은 정신이 또렷하지 않았습니다. 그는 친구의 권유에도 마다하고 자신이 술에 취하지 않았다면서 직접 운전해 집으로 갔습니다. (3)그러나 갑자기 택시 한 대가 달려와, 그는 미처 대처하지 못하고 교통사고로 이어졌습니다. (4)불행 중 다행으로, 샤오밍과 운전자 모두 크게 다치지는 않았습니다. 하지만, 그는 이번 사고로 크게 반성하고, 다시는 술을 마시지 않겠다고 다짐했다.

Tip '神志不清'은 상용어구로서 '정신이 희미하다, 의식이 모호하다'라는 뜻이다.

TSC 第七部分 연습문제

看图说话

준비시간 **30** 초
답변시간 **90** 초

예시 답안

(1) 有一天晚上，吃完晚饭以后孩子在地板上画画，爸爸在一旁画设计图纸。爸爸和孩子都很认真，气氛很好。(2) 等他们画好后，爸爸和孩子一起坐在沙发上看电视，妈妈帮他们整理了图纸。(3) 第二天，爸爸早上穿上帅气的西装，准备上班。顺便还没忘了带上昨晚准备的图纸。(4) 到了公司以后，在会议室里爸爸正准备向大家说明图纸的时候，他大吃一惊。原来自己拿错了图纸，把儿子的铅笔画带来了。爸爸觉得自己真是太粗心大意了。

예시 답안 (1)어느 날 저녁 식사를 마친 후 아이는 마루에서 그림을 그리고 아빠는 설계도를 그리고 있었습니다. 아빠와 아이는 모두 열심히 그렸고 분위기도 좋았습니다. (2)그림 그리기를 마친 아빠와 아이는 소파에 앉아 텔레비전을 보고 엄마는 그림을 정리해 주었습니다. (3)이튿날 아침 아빠는 멋있는 양복을 입고 출근을 준비하면서 어제 그린 설계도도 잊지 않고 챙겼습니다. (4)회사에 도착해 회의실에서 설계도에 대해 설명을 하려던 아빠는 깜짝 놀라고 말았습니다. 아들이 그린 그림을 잘못 챙겨왔기 때문입니다. 아빠는 자신의 부주의함을 탓하고 있습니다.

Tip '粗心大意'는 '부주의하다, 세심하지 못하다, 진지하지 못하고 경솔하다'라는 뜻의 성어이다.

Part 2 실전 모의고사

연습을 통해 논리적이고 정확하게!!

실전 모의고사

TSC 중국어 말하기 시험
Test of Spoken Chinese

第一部分：自我介绍(4题)   1-4/26

在这部分考试中，你将听到四个简单的文句。请听到提示音之后开始回答。每道题的回答时间是10秒。
下面开始提问。

问题 1　你叫什么名字？

提示音　　　(10秒)　　　结束。

问题 2　请说出你的出生年月日。

提示音　　　(10秒)　　　结束。

问题 3　你家有几口人？

提示音　　　(10秒)　　　结束。

问题 4　你在什么地方工作？或者你在哪个学校上学？

提示音　　　(10秒)　　　结束。

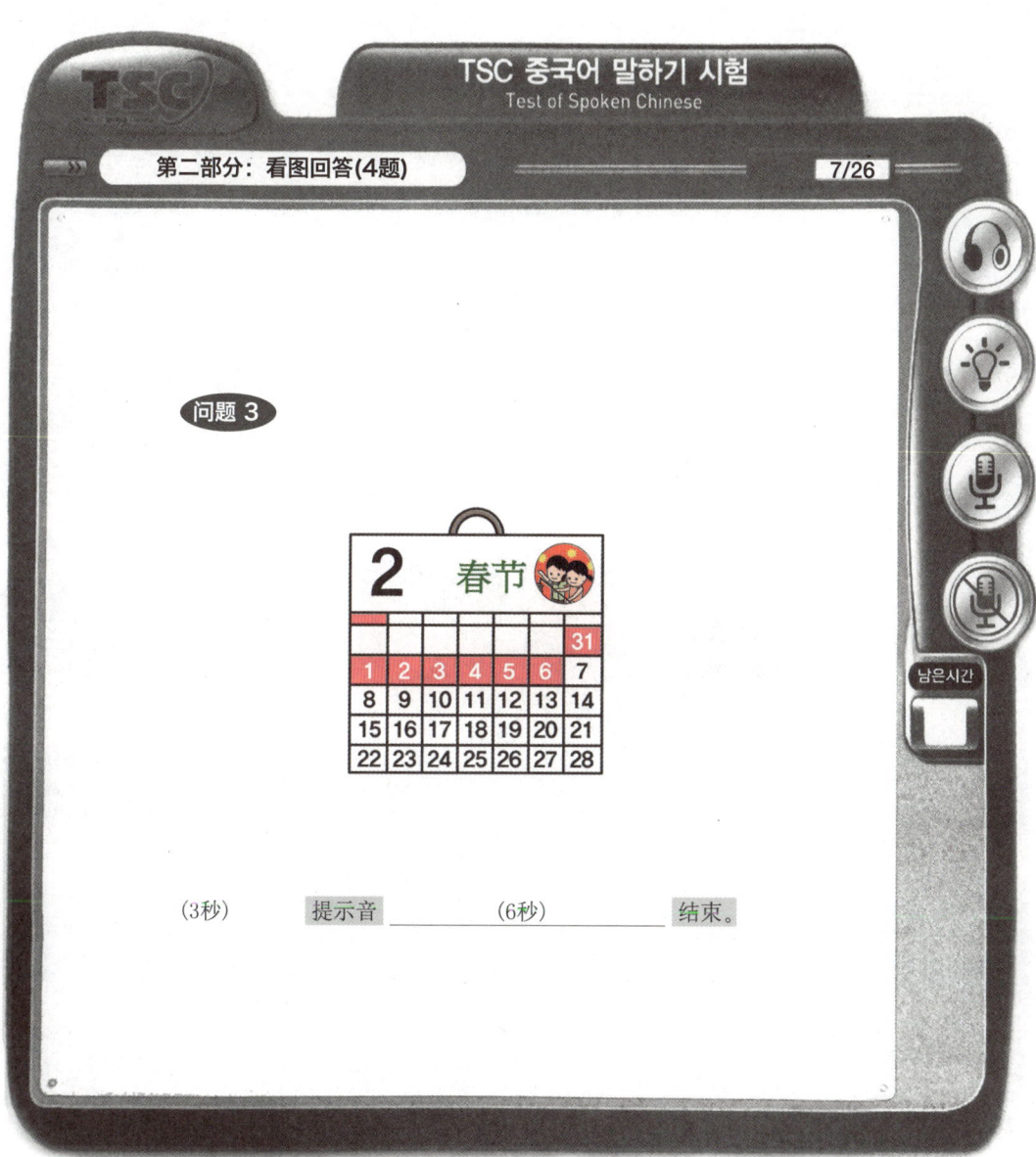

第三部分：快速回答(5题)

在这部分考试中，你需要完成五段简单的对话。这些对话出自不同的日常生活情景，你每段对话前，你将看到提示图。请尽量用完整的句子来回答，句子的长短和用词将影响你的分数。请听例句。

问题： 你要点什么菜？
回答1： 麻辣烫。
回答2： 给我一盘水饺，再给我一盘麻辣豆腐。请不要放香菜。

两种回答都可以，但第二种回答更完整更详细，你将得到较高的分数。请听到提示音之后开始回答问题。每道题的回答时间是15秒。
下面开始提问。

第四部分：简短回答(5题)

在这部分考试中，你将听到五个问题。请尽量用完整的句子来回答，句子的长短和用词将影响你的分数。请听例句。

问题： 会餐时一般吃什么？
回答1： 一般吃五花肉。
回答2： 我喜欢去烤肉店吃五花肉。因为五花肉又便宜又好吃。
一边吃五花肉，一边喝酒。
不仅可以放松一下，而且也可以解除压力。

两种回答都可以，但第二种回答更完整更详细，你将得到较高的分数。请听到提示音之后开始回答问题。每道题请你用15秒思考，回答时间是25秒。
下面开始提问。

 你相信一见钟情吗？

(15秒)　　提示音＿＿＿＿＿(25秒)＿＿＿＿＿结束。

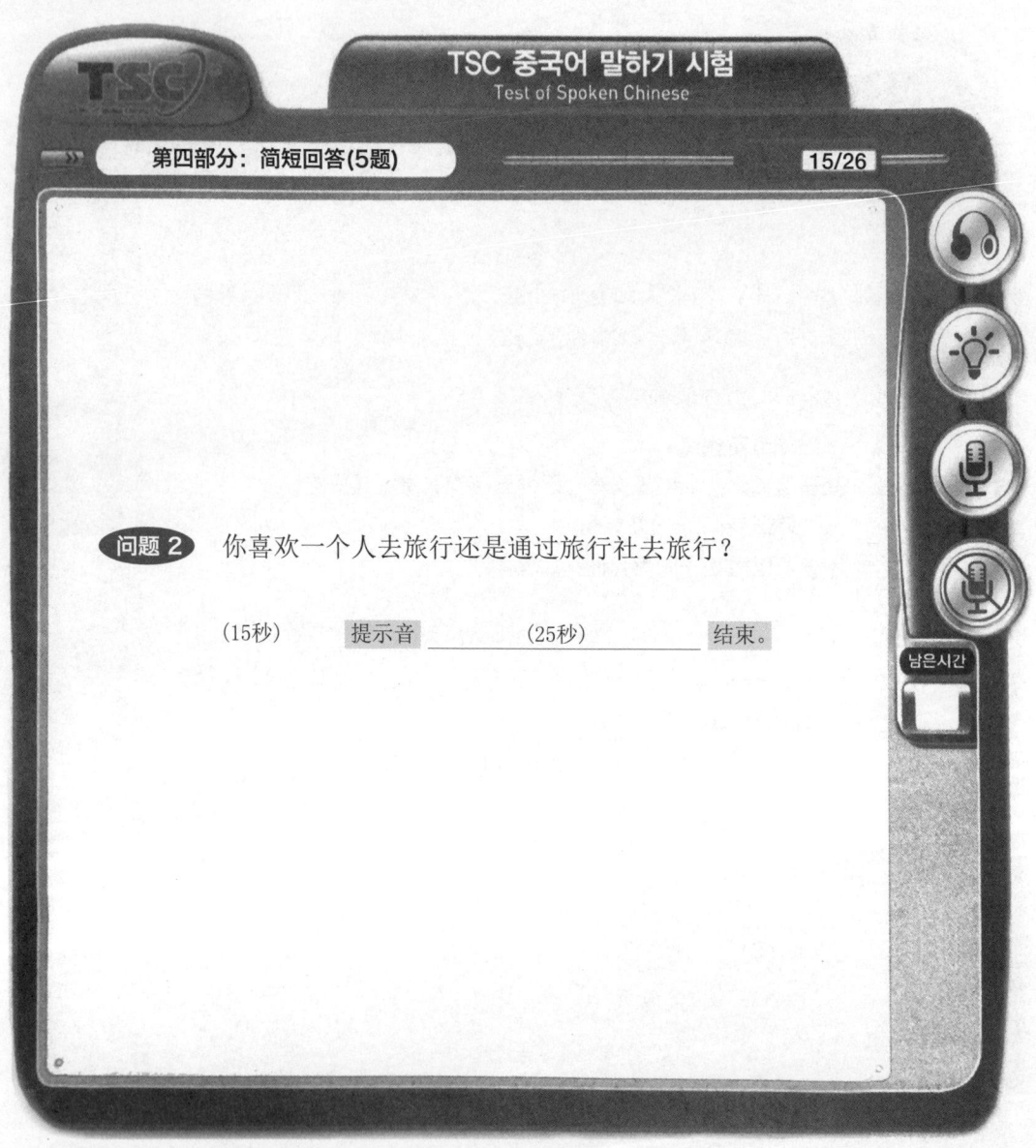

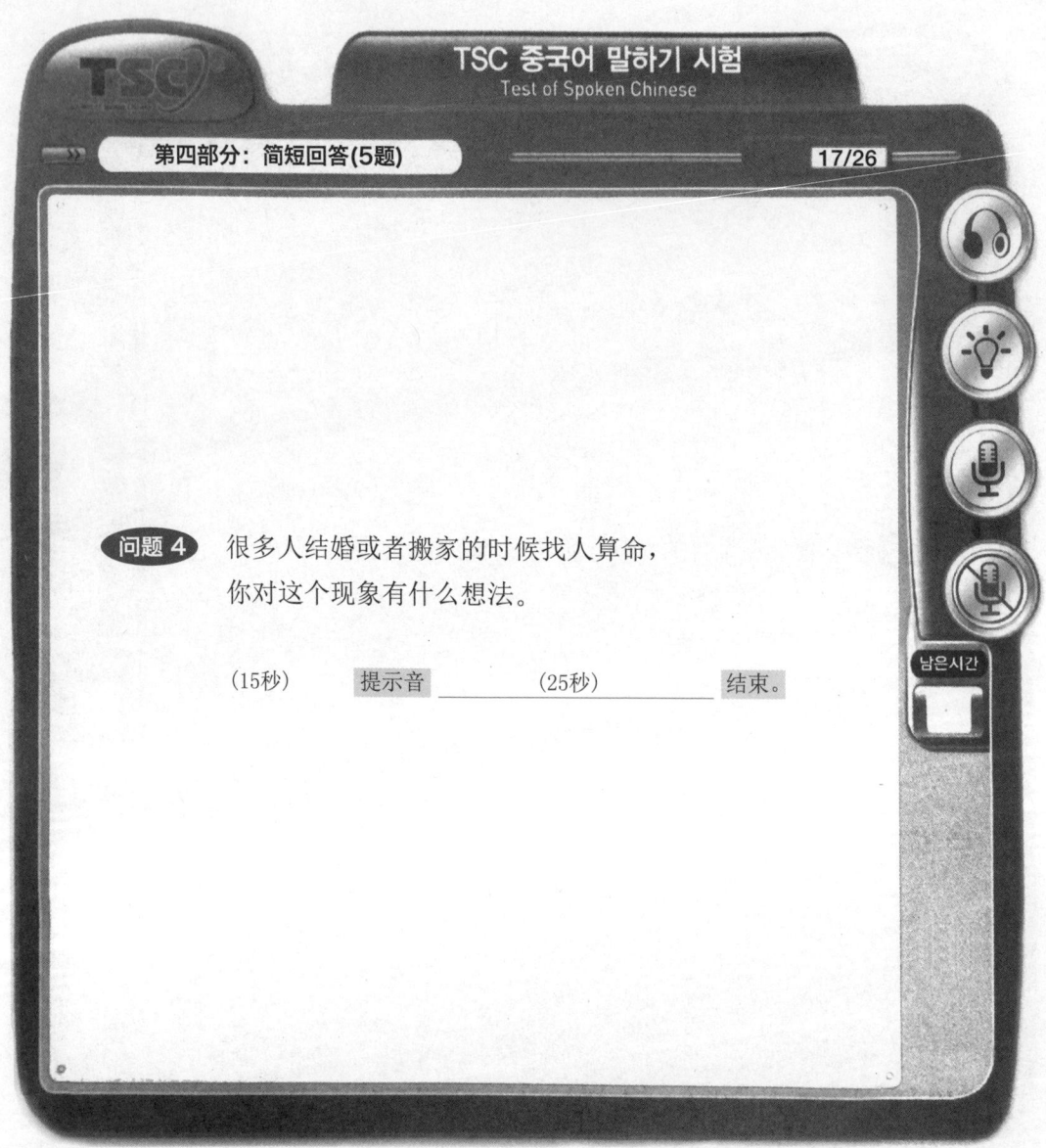

第四部分：简短回答(5题)　　　　　　　　　　　　　　18/26

问题 5　在查找资料的时候，是经常使用网上书店，
　　　　还是经常使用一般书店？

（15秒）　　提示音　　　（25秒）　　　　结束。

第五部分：拓展回答(4题)

在这部分考试中，你将听到五个问题，请发表你的观点和看法。请尽量用完整的句子回答，句子的长短和用词将影响你的分数。请听例句。

问题： 你喜欢喝茶还是喝咖啡？
回答1： 我喜欢喝咖啡。
回答2： 我喜欢喝咖啡。我特别喜欢跟朋友见面的时候一起去喝咖啡。一边喝咖啡，一边和朋友聊天，很有意思。

两种回答都可以，但第二种回答更完整更详细，你将得到较高的分数。请听到提示音之后开始回答问题。每道题请你用30秒思考，回答时间是50秒。
下面开始提问。

问题 1 对于一次性用品的使用，您是赞成还是反对？

(30秒)　　提示音　　　(50秒)　　　结束。

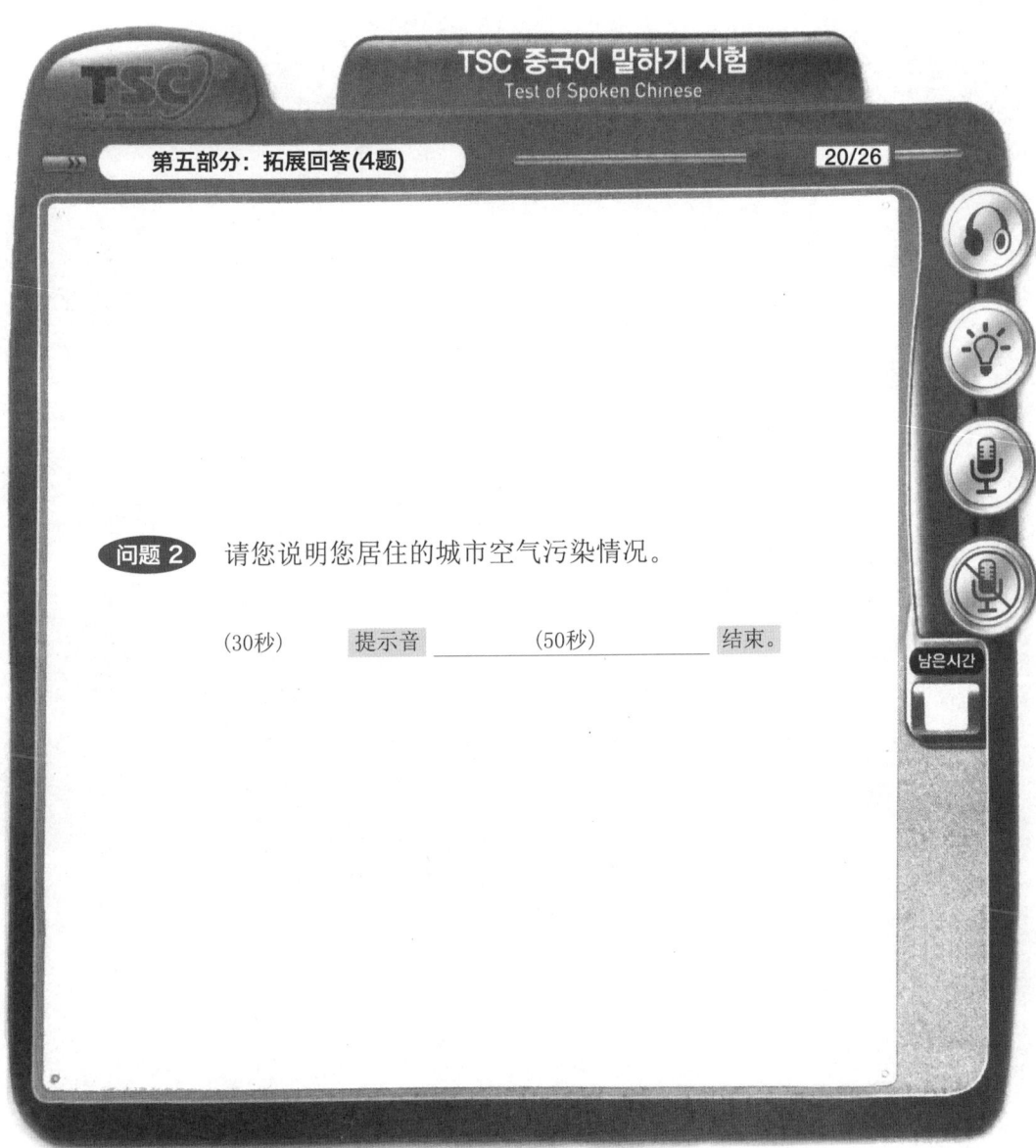

第五部分：拓展回答(4题)　　　　　　　　　　　　　21/26

问题 3　随着现在所有人都有了手机，家用电话的使用正在减少，您认为还需要家用电话吗？

(30秒)　　提示音　　　(50秒)　　　结束。

第五部分：拓展回答(4题)　　　　　　　　　　22/26

问题 4　最近有很多父母把孩子送到贵的幼儿园去，谈谈您对这个现象的想法。

(30秒)　　提示音　　　(50秒)　　　结束。

第六部分：情景应对(3题)

在这部分考试中，你将看到提示图，同时还将听到中文的情景叙述。假设你处于这种情况之下，你将如何应对。请尽量用完整的句子来回答，句子的长短和用词将影响你的分数。请听到提示音之后开始回答问题。每道题请你用30秒思考，回答时间是40秒。下面开始提问。

和朋友约好了一起去运动，但是运动鞋还没有干。
请向姐姐说明理由并管她借一双鞋。

(30秒)　　提示音　　　(40秒)　　　结束。

第七部分：看图说话(1题)　　　　　　　　　　26/26

在这部分考试中，你将看到四幅连续的图片。请你根据图片的内容讲述一个完整的故事。请认真看下列四幅图片。(30秒)

现在请根据图片的内容讲述故事，请尽量完整，详细。
讲述时间是90秒。请听到提示音之后开始回答。

问题　　(30秒)　　提示音　　(90秒)　　结束。

실전 모의고사 답안

실전 모의고사 답안

第二部分：看图回答

1

질문 李英俊什么时候出差回来了？
lǐ yīng jùn shén me shí hou chū chāi huí lái le?

예시답안 他是上个星期五出差回来的。听说下个月还去。
tā shì shàng ge xīng qī wǔ chū chāi huí lái de. tīng shuō xià ge yuè hái qù.

한글해석 질문: 이영후씨는 언제 출장에서 돌아왔나요?

예시답안: 그는 지난주 금요일에 출장에서 돌아왔습니다. 듣자 하니 다음 달에 또 출장을 간다고 합니다.

Tip 문법: '是~的'는 지난 일에 대한 시간, 장소, 방법, 행위자 등을 강조하는 표현이다.

예) 他是我上个月去上海出差的时候认识的。
그는 내가 지난달 상하이에 출장 갔을 때 알게 되었다.

표현: '听说'는 '듣자 하니'라는 뜻의 동사이다. '~의 말을 듣자 하니'와 같이 들은 내용에 대한 출처를 밝힐 때에는 '听+대상+说'로 표현하는 점에 유의하자.

예) 听你妈妈说你要去北京工作了？
너의 어머니 말씀을 듣자 하니 북경에 가서 일을 한다며?

2

질문 她是什么时候进公司的？
tā shì shén me shí hou jìn gōng sī de?

예시답안 她是２０１３年一月进公司的。已经一年多了。
tā shì èr líng yī sān nián yī yuè jìn gōng sī de. yǐ jīng yì nián duō le.

한글해석 질문: 그녀는 언제 회사에 입사했나요?

예시답안: 그녀는 2013년 1월에 입사했습니다.

Tip 문법: '多'는 '많다'는 뜻의 형용사이지만 '수량사+多'는 '남짓, ~여'라는 의미로 어림수를 나타낸다.

표현: '进公司'는 '입사하다'는 표현으로 '入公司'로도 말할 수 있다. 회사와 관련된 어휘를 알아보자.

· 就业 [jiùyè] 취직하다 / · 招聘 [zhāopìn] 채용하다
· 应聘 [yìngpìn] 지원하다 / · 实习 [shíxí] 실습하다
· 年薪 [niánxīn] 연봉 / · 奖金 [jiǎngjīn] 보너스
· 福利待遇 [fúlìdàiyù] 복리 대우
· 退休 [tuìxiū] 퇴직하다
· 失业 [shīyè] 직업을 잃다

3

질문: chūn jié de shí hou xiū xi jǐ tiān?
春节的时候休息几天？

예시답안: chūn jié de shí hou xiū xi qī tiān. cóng sān shí yī hào xiū xi dào xià ge yuè de liù hào.
春节的时候休息七天。从 31 号休息到下个月的 6 号。

한글해석
질문: 설날은 몇 일 동안 쉬나요?

예시답안: 설날은 7일 동안 쉽니다. 31일부터 다음달 6일까지 쉽니다.

Tip 표현: 어떤 동작이나 상태가 지속된 시간의 양을 시량보어라고 한다. 시량보어는 '동사/형용사+시량보어'의 형태로 나타내고 목적어가 있는 경우에는 '동사+시량보어+(的)목적어'로 표현한다는 점에 유의하자.

예) 我已经等了半天了, 你怎么还不来啊?
이미 한참을 기다렸는데 왜 아직 안 오니?

문법: 전치사 '从~到'는 '~부터 ~까지'라는 뜻으로 시간 또는 공간상의 시작점과 도착점을 나타낸다.

예) 从这儿到机场坐出租车要多长时间?
여기에서부터 공항까지 택시를 타면 얼마나 걸리나요?

4

질문: tā men xiàn zài kàn shén me ne?
他们现在看什么呢？

예시답안: tā men xiàn zài kàn zú qiú bǐ sài ne. zhè chǎng qiú shì shì jiè bēi de sì qiáng sài.
他们现在看足球比赛呢。这场球是世界杯的四强赛。

한글해석
질문: 그들은 지금 무엇을 보고 있나요?

예시답안: 그들은 축구경기를 보고 있습니다. 이 경기는 월드컵 4강전입니다.

Tip 양사: '场'은 문예, 오락, 체육 활동 등을 세는 양사이다.

예) 如果我们结婚, 我要举办一场盛大的婚礼。
만약 우리가 결혼을 한다면, 성대한 결혼식을 올릴 거예요.

표현: '世界杯四强'이란 '월드컵 4강'이라는 표현이므로 '4강전'은 '시합, 경기'라는 뜻의 '赛'를 붙여 나타낸다.

실전 모의고사 답안

第三部分：快速回答

1

질문: 李经理，久仰您的大名。
lǐ jīng lǐ, jiǔ yǎng nín de dà míng.

예시답안: 哪里哪里，幸会幸会！一路上辛苦了！里边请！
nǎ lǐ nǎ lǐ, xìng huì xìng huì! yí lù shàng xīn kǔ le! lǐ biān qǐng!

한글해석
질문: 이사장님, 말씀 많이 들었습니다.

예시답안: 아닙니다. 만나 뵙게 되어 영광입니다. 오시느라 수고 많으셨습니다! 안쪽으로 드시지요.

Tip
단어: '幸会'란 '만나 뵙게 되어 영광입니다'는 표현으로 '认识你很高兴'보다 더욱 예의가 있는 경어 표현이다.

표현: '一路上辛苦了'는 먼 길을 온 사람을 마중할 때 사용하는 표현이다. 먼 길을 떠나는 사람에게는 '一路顺风[yílùshùnfēng]'이나 '一路平安[yílùpíng'ān]'의 표현을 많이 사용한다.

2

질문: 你到家，向伯父伯母问个好吧。
nǐ dào jiā, xiàng bó fù bó mǔ wèn ge hǎo ba.

예시답안: 好的。我一定会的。你有空的时候，也来我家玩儿吧！
hǎo de. wǒ yí dìng huì de. nǐ yǒu kòng de shí hou, yě lái wǒ jiā wánr ba!

한글해석
질문: 집에 돌아가면, 큰아버지, 큰어머니께 안부 전해주세요.

예시답안: 네, 꼭 전할게요. 시간되면 우리 집에 놀러 오세요.

Tip
단어: '空'은 1성으로 발음할 경우 '공허하다, 텅비다'는 뜻의 형용사이고, 4성으로 발음하면 '틈, 짬, 겨를'이라는 뜻의 명사이다. 그러므로 '시간이 있다, 짬이 나다'는 '有空'으로 표현할 수 있다.

문법: '~하러 오다/가다'는 '来/去+동사'와 같이 표현한다. 이와 같이 하나의 주어가 두 개 이상의 동사를 갖는 문장을 연동문이라고 한다.

예) 我希望你来我家做客。
당신을 우리 집에 초대하고 싶어요.

3

질문: nín néng bāng wǒ fān yì yí xià zhè ge zī liào ma?
您能帮我翻译一下这个资料吗?

예시답안: méi wèn tí! nǐ dǎ suan shén me shí hou yào? wǒ zuò wán gěi nǐ sòng qù ba.
没问题！你打算什么时候要？我做完给你送去吧。

한글해석 질문: 저를 도와서 이 자료를 번역해 주실 수 있나요?

예시답안: 네! 언제 필요하십니까?
제가 다 하고 가져다 드릴께요.

Tip 문법 1) '打算+동사구'는 '~할 계획이다'는 표현이다. '打算'은 동사 이외에 '계획'이라는 명사의 뜻도 있다.
예) 今晚你有什么打算?
당신은 오늘 저녁에 무슨 계획이 있나요?
2) '동사+完'은 '동작을 마치다'는 뜻으로 동작의 결과를 나타내는 결과보어 표현이다.
예) 这个问题我想完了再说吧。
이 문제는 내가 생각을 끝내고 나서 다시 이야기 합시다.

4

질문: zhè ge fáng jiān shàng bù liǎo wǎng, néng bù néng bāng wǒ kàn kan?
这个房间上不了网，能不能帮我看看？

예시답안: hǎo de. nín shì èr líng liù hào fáng duì ma? wǒ mǎ shàng pài rén qù bāng nín kàn kan.
好的。您是206号房对吗？我马上派人去帮您看看。

한글해석 질문: 이 방에서 인터넷이 안되네요.
한 번 체크해 주시겠어요?

예시답안: 네. 206호실이죠?
지금 바로 사람을 보내서 체크하도록 할게요.

Tip 표현: 방번호, 차번호, 핸드폰 번호처럼 나열된 숫자는 한자리씩 읽는다. 이 때, 숫자 '一'은 '七'과 혼동을 피하기 위해 '幺'라고 발음하는 것에 주의하자.
예) 2014房间, 有事儿就来找我。
저는 2014호에 묵고 있으니, 일이 있으면 찾아 오세요.
문법: '派'는 '파견하다'는 뜻으로 '주어+派+목적어+동사구'와 같이 '~을 ~하도록 파견하다'로 표현할 수 있다.
이와 같이 목적어가 앞 동사의 목적어이면서 뒤 동사의 주어 역할을 겸하는 문장을 겸어문이라고 한다. 겸어문을 만들 때에는 '让/叫/使'와 같은 사역동사를 사용한다.
예) 这首歌让我回想起小时候的情景。
이 노래는 어릴 적의 기억을 떠올리게 만든다.

실전 모의고사 답안

5

질문
zhōu liù nǐ xiū xi de huà, lái wǒ jiā wánr ba.
周六你休息的话，来我家玩儿吧。

예시답안
hǎo a. zhè ge xīng qī liù wǒ zhèng hǎo xiū xi.
好啊。这个星期六我正好休息。
wǒ chū fā de shí hou gěi nǐ dǎ diàn huà ba.
我出发的时候给你打电话吧。

한글해석 질문: 토요일에 쉬게 되면, 우리 집에 와서 놀자.

예시답안: 그래. 마침 이번 주 토요일에 쉬려고 했었어. 내가 출발할 때 전화할게.

Tip 문법: '给'는 '~을 주다'는 뜻의 동사 이외에 '주어+给+대상+동사구'와 같이 '~에게'라는 뜻의 대상을 나타내는 전치사로도 쓰인다.

예) 你能不能把新买的手机给我看一下?
새로 산 핸드폰 나에게 보여주겠니?

단어: '打'는 '때리다, 두드리다'는 뜻의 동사이지만 목적어에 따라 여러 가지 의미를 나타낸다.
- 打电话 [dǎdiànhuà] 전화를 걸다
- 打毛衣 [dǎmáoyī] 스웨터를 짜다
- 打招呼 [dǎzhāohu] 인사를 하다
- 打字 [dǎzì] 타자를 치다
- 打球 [dǎqiú] 구기 운동을 하다
- 打麻将 [dǎmájiàng] 마작을 하다
- 打太极拳 [dǎtàijíquán] 태극권을 하다
- 打基础 [dǎjīchǔ] 기초를 다지다
- 打针 [dǎzhēn] 주사를 맞다
- 打车 [dǎchē] 택시를 타다

第四部分 : 简短回答

1

질문 nǐ xiāng xìn yí jiàn zhōng qíng ma?
你 相 信 一 见 钟 情 吗?

예시답안 wǒ bù xiāng xìn yí jiàn zhōng qíng.
我 不 相 信 一 见 钟 情。
yīn wèi wǒ rèn wéi dì yī yǎn wǒ men kàn dào de zhǐ shì duì fāng de wài biǎo,
因 为 我 认 为 第 一 眼 我 们 看 到 的 只 是 对 方 的 外 表,
bìng bù néng liǎo jiě duì fāng de xìng gé.
并 不 能 了 解 对 方 的 性 格。
suǒ yǐ wǒ bù xiāng xìn yí jiàn zhōng qíng, fǎn ér gèng xiāng xìn rì jiǔ shēng qíng.
所 以 我 不 相 信 一 见 钟 情, 反 而 更 相 信 日 久 生 情。

한글해석 질문: 첫 눈에 반한다는 말을 믿으시나요?

예시답안: 나는 첫 눈에 반한다는 말을 믿지 않습니다. 왜냐하면, 첫 눈에는 다만 상대방의 겉모습만 볼 수 있을 뿐 상대방의 성격은 알 수 없기 때문입니다. 그렇게 때문에 첫 눈에 반한다기보다는 오랫동안 같이 있어서 정이 생긴다는 말을 더 믿습니다.

Tip 단어: '反而'은 '오히려, 도리어'라는 뜻의 전환관계를 나타내는 접속사로, 앞 문장과 상반되는 내용을 이끈다.
예 我减肥两个月, 反而胖了两公斤。
　　나는 두달간 다이어트를 했는데, 오히려 2킬로가 늘었다.
표현: '日久生情'이란 '오랜 시간이 지남에 따라 조금씩 정이 생기다'는 뜻으로 '一见钟情'과 반대되는 표현이다. 이와 관련된 표현으로 '闪电式的爱情: 번개 같은 사랑'과 '马拉松式的爱情: 마라톤식의 사랑'도 함께 알아두자.

실전 모의고사 답안

2

질문
nǐ xǐ huān yí ge rén qù lǚ xíng hái shì tōng guò lǚ xíng shè qù lǚ xíng?
你喜欢一个人去旅行还是通过旅行社去旅行?

예시답안
wǒ xǐ huān yí ge rén qù lǚ xíng. yīn wèi wǒ jué de zhè yàng huì bǐ jiào zì yóu.
我喜欢一个人去旅行。因为我觉得这样会比较自由。
bìng qiě zhěng ge xíng chéng yě néng àn zhào wǒ de xǐ hào yóu wǒ zì jǐ ān pái,
并且整个行程也能按照我的喜好由我自己安排,
bú shòu tā rén de guǎn zhì.
不受他人的管制。
suǒ yǐ bǐ qǐ tuán tǐ lǚ xíng wǒ gèng xǐ huān yí ge rén qù lǚ xíng.
所以比起团体旅行我更喜欢一个人去旅行。

한글해석
질문: 당신은 혼자 하는 여행과 그룹 여행 중 어느 것을 더 좋아하세요?

예시답안: 저는 혼자 하는 여행을 좋아합니다. 왜냐하면 이렇게 하면 비교적 자유롭고, 게다가 개인의 기호에 따라 일정을 안배할 수 있으며 다른 사람의 간섭을 받지 않기 때문입니다. 그래서 저는 단체 여행보다 개인 여행을 더 좋아합니다.

Tip 표현: '按照'는 '~에 따라, ~에 의해'라는 뜻의 전치사이다.
예) 按照学校规定, 校庆日放一天假。
학교 규정에 따라 개교 기념일은 하루 쉰다.
문법: '比起A, B~'는 'A에 비해 B는 ~하다'는 표현이다.
예) 比起其它季节, 我更喜欢春天。
나는 다른 계절에 비해 봄이 훨씬 좋다.

3

질문
nǐ fù mǔ shēng rì de shí hou, nǐ yì bān zhǔn bèi shén me lǐ wù?
你父母生日的时候，你一般准备什么礼物？

예시답안
wǒ fù mǔ shēng rì de shí hou, wǒ yì bān gěi tā men mǎi yī fu hé bǎo jiàn pǐn.
我父母生日的时候，我一般给他们买衣服和保健品。
mǎi yī fu shì yīn wèi tā men shě bù dé gěi zì jǐ mǎi hǎo yī fu,
买衣服是因为他们舍不得给自己买好衣服，
suǒ yǐ zhǐ hǎo wǒ tì tā men mǎi. mǎi bǎo jiàn pǐn shì wèi le ràng wǒ de fù mǔ yǒng yuǎn jiàn kāng.
所以只好我替他们买。买保健品是为了让我的父母永远健康。
suǒ yǐ fù mǔ shēng rì de shí hou, wǒ yì bān huì zhǔn bèi zhè liǎng yàng, yǐ jìn xiào xīn.
所以父母生日的时候，我一般会准备这两样，以尽孝心。

한글해석
질문: 부모님 생신 때, 보통 어떠한 선물을 준비하시나요?

예시답안: 나는 부모님 생신 때 보통 옷과 건강식품을 선물 드립니다. 옷을 사는 것은 그분들이 좋은 옷을 사는 것을 아까워하시기 때문에 제가 대신해서 사 드릴 수 밖에 없습니다. 또한, 건강 식품을 사 드리는 것은 저의 부모님이 영원히 건강하시기를 바라기 때문입니다. 그래서 부모님 생신 때는 보통 이렇게 두 가지를 준비하여 효도를 합니다.

Tip 표현: '舍不得'는 '~하기 아쉽다, 아깝다'는 뜻이다. 반대로 '舍得'는 '기꺼이 ~하다'는 뜻으로 함께 알아두자.
예) 这里的风景美丽动人, 真舍不得离开。
이 곳의 풍경이 아름다워 떠나기 아쉽다.
단어: '尽'은 '다하다'라는 뜻으로 '尽孝心'은 '효심을 다하다'는 의미이다.
예) 苦尽甘来, 你那么努力终于成功了。
고진감래라더니, 그렇게 노력하더니 드디어 성공했구나.

실전 모의고사 답안

4

질문
hěn duō rén jié hūn huò zhě bān jiā de shí hou zhǎo rén suàn mìng,
很多人结婚或者搬家的时候找人算命，
nǐ duì zhè ge xiàn xiàng yǒu shén me xiǎng fǎ?
你对这个现象有什么想法？

예시답안
wǒ bìng bù fǎn duì zhè yàng de zuò fǎ。 yīn wèi wǒ gè rén rèn wéi "xìn zé yǒu bú xìn zé wú",
我并不反对这样的做法。因为我个人认为"信则有不信则无"，
yǒu xiē rén jiù shì xìn, suǒ yǐ cái zhǎo rén suàn mìng。 bú suàn zé xīn lǐ bù ān。
有些人就是信，所以才找人算命。不算则心理不安。
suǒ yǐ wǒ jué de wèi le zhǎo ge xīn lǐ ān wèi, suàn yi suàn bú jiàn dé shì jiàn huài shì。
所以我觉得为了找个心理安慰，算一算不见得是件坏事。

한글해석
질문: 많은 사람들이 결혼 혹은 이사를 할 때, 점을 봅니다. 이러한 현상에 대해서 어떻게 생각하시나요?

예시답안: 저는 반대하지 않습니다. 왜냐하면, 저는 개인적으로 "믿으면 있고 믿지 않으면 없다"라고 생각하기 때문입니다. 어떤 사람들은 믿기 때문에 점을 봅니다. 점을 안 보면 불안해 합니다. 그렇게 때문에 심리적인 위안을 찾기 위해서 점을 보는 것도 나쁘지 않다고 생각합니다.

Tip 표현: '信则有不信则无'이란, '있다고 믿으면 있고 없다고 믿으면 없다'는 뜻으로 모든 일은 주관적인 것이라는 의미이다.
단어: '不见得'는 '반드시~라고는 할 수 없다'는 표현으로 '不一定', 혹은 '未必'와 바꾸어 말할 수 있다.
예) 见不得他能来参加今天的会议。
그가 반드시 오늘 회의에 참석할 수 있다고 할 수 없다.

5

질문
在查找资料的时候，是经常使用网上书店，还是经常使用在线书店。

예시답안
我经常使用网上书店。因为网上书店不仅快捷方便，价格也比较低廉。最重要的是还送货上门。所以我喜欢使用网上书店。

한글해석
질문: 자료를 찾을 때, 인터넷 서점과 오프라인 서점 중, 어느 것을 더 많이 이용하시나요?

예시답안: 저는 인터넷 서점을 많이 이용합니다. 인터넷 서점은 빠르고 편리할 뿐만 아니라 가격도 저렴합니다. 제일 중요한 것은 집까지 배달해 준다는 것입니다. 그렇기 때문에 저는 인터넷 서점을 이용하는 것을 선호합니다.

Tip
단어: '低廉'은 '싸다, 저렴하다'는 뜻으로 '便宜'와 같은 의미이다.
표현: '上门'은 '방문하다'는 뜻이다. 그러므로 '送货上门'이란 '물건을 집까지 배달해주다'는 표현이다.
예) 维修工随时都可以上门修理。
언제든지 수리공이 방문해서 수리할 수 있다.

실전 모의고사 답안

第五部分: 拓展回答

1

[질문] duì yú yí cì xìng yòng pǐn de shǐ yòng, nín shì zàn chéng hái shì fǎn duì?
对于一次性用品的使用，您是赞成还是反对？

[예시답안] duì yú yí cì xìng yòng pǐn de shǐ yòng wǒ shì fǎn duì de.
对于一次性用品的使用我是反对的。
suī rán yí cì xìng yòng pǐn gěi wǒ men de shēng huó dài lái hěn duō fāng biàn,
虽然一次性用品给我们的生活带来很多方便，
dàn shì tā yě huì gěi huán jìng zào chéng hěn dà de wū rǎn.
但是它也会给环境造成很大的污染。
wǒ men bù néng zhǐ gù xiàn zài de yì shí fāng biàn, ér bú gù wǒ men hái zi men de
我们不能只顾现在的一时方便，而不顾我们孩子们的
jīn hòu shēng huó huán jìng. suǒ yǐ wǒ rèn wéi yí cì xìng yòng pǐn hái shì shǎo shǐ yòng wéi hǎo.
今后生活环境。所以我认为一次性用品还是少使用为好。

[한글해석] 질문: 당신은 일회용품 사용에 찬성하시나요? 반대하시나요?

예시답안: 저는 일회용품 사용에 반대합니다. 비록 일회용품은 우리의 생활에 많은 편리함을 제공해 주지만 환경을 오염시킵니다. 우리는 지금의 일시적인 편리함만 보고 우리 아이들의 생활 환경을 고려하지 않으면 안 됩니다. 그렇기 때문에 저는 일회용품은 적게 사용하는 것이 좋다고 생각합니다.

Tip 단어: '顾'란 '돌보다, 주의하다'는 뜻으로 '只顾 A 而不顾 B'란 'A만 생각하고 B는 돌보지 않는다'는 표현이다.
예 只顾眼前利益，而不顾长远计划。
눈 앞의 이익만 생각하고 장기적인 계획은 고려하지 않는다.
표현: '~为好'는 '~하는 것이 좋다'는 표현으로 종종 '还是~为好'와 같이 표현한다.
예 这个问题还是由专家来解决为好。
그래도 이 문제는 전문가가 와서 해결하는 것이 좋겠다.

2

질문
qǐng nín shuō míng nín jū zhù de chéng shì kōng qì wū rǎn qíng kuàng.
请您说明您居住的城市空气污染情况。

예시답안
wǒ jū zhù de dì fāng kōng qì wū rǎn qíng kuàng bú tài yán zhòng.
我居住的地方空气污染情况不太严重。
suī rán suí zhe gōng yè fā zhǎn, miǎn bù liǎo yǒu kōng qì wū rǎn.
虽然随着工业发展，免不了有空气污染。
dàn shì yīn wèi zhèng fǔ fēi cháng zhòng shì huán jìng wèn tí,
但是因为政府非常重视环境问题，
suǒ yǐ měi nián dōu tōng guò zhí shù、zhòng huā lái jìng huà kōng qì.
所以每年都通过植树、种花来净化空气。
yīn cǐ zài wǒ jū zhù de dì fāng hái shì néng gòu hū xī dào xīn xiān kōng qì de.
因此在我居住的地方还是能够呼吸到新鲜空气的。

한글해석 질문: 당신이 살고 있는 도시의 공기 오염은 어떠한지 설명해 보세요.

예시답안: 내가 살고 있는 곳의 공기오염은 그다지 심각하지 않습니다. 비록 공업이 발전하면서 공기오염은 피할 수 없습니다. 그러나, 정부에서는 환경 문제를 아주 중시하기 때문에 매년 나무를 심고 꽃을 심는 것을 통해서 공기를 정화시키고 있습니다. 그래서 내가 살고 있는 곳은 그나마 깨끗한 공기를 마실 수 있습니다.

Tip 단어 1) '通过'는 '~를 통해, ~을 거쳐'라는 뜻의 전치사이다.
예) 通过这次经验, 我吸取了很多教训。
이번 경험을 통해, 나는 많은 교훈을 얻었다.
2) '净化'는 '(공기, 물, 환경 등을) 정화하다, 깨끗하게 하다'는 의미뿐만 아니라, '净化心灵'과 같이 '정신적인 영역 속에서 건강하지 않은 요소를 제거하다'는 뜻도 있다.

실전 모의고사 답안

3

질문 随着现在所有人都有了手机，家用电话的使用正在减少，您认为还需要家用电话吗？

예시답안 我觉得还是需要家用电话的。虽然现在几乎是人手一部手机，但是家用电话也有它自己的优点。首先，家用电话就永远不会因没有电，无法接通的烦恼。其次，需要长时间聊天的时候还是家用电话方便。最后家用电话的费用比手机便宜，可以节省很多通话费。所以我觉得还是需要家用电话的。

한글해석 질문: 현재 모든 사람들이 핸드폰을 가지고 있으며, 이에 따라 집전화의 수요가 적어지고 있습니다. 당신은 집전화가 필요하다고 생각하시나요?

예시답안: 저는 그래도 집전화가 필요하다고 생각합니다. 비록 지금 거의 사람마다 핸드폰을 하나씩 가지고 있지만 집전화는 그것만의 장점이 있습니다. 우선 집전화는 절대 배터리가 나가서 연락을 못하는 그런 걱정이 없습니다. 그리고 오랜 시간 대화를 할 때에는 집 전화가 더 편리합니다. 마지막으로 집전화의 요금은 핸드폰보다 저렴하기 때문에 통신비를 줄일 수 있습니다. 그래서 저는 집전화가 필요하다고 생각합니다.

Tip 표현: '人手一部手机'이란 '너나없이 핸드폰을 가지고 다닌다'는 표현이다.
예) 过去连电话也不多,可现在几乎人手一部手机,真让人感到隔世之感。
예전에는 전화도 많지 않았는데 지금은 너나 없이 핸드폰을 가지고 다니니. 세상의 변화가 참 크다는 것을 느낀다.

문법: '无法'는 '没有办法'라는 뜻으로 '无法+동사'의 형식으로 표현한다.
예) 你这么天天好逸恶劳就无法实现你的梦想。
매일 이렇게 편한 것만 꾀하고 일하기 싫어한다면 너의 꿈을 실현할 수 없어.

4

질문
zuì jìn yǒu hěn duō fù mǔ bǎ hái zi sòng dào guì de yòu ér yuán qù,
最近有很多父母把孩子送到贵的幼儿园去,
tán tan nín duì zhè ge xiàn xiàng de xiǎng fǎ.
谈谈您对这个现象的想法。

예시답안
duì yú bǎ hái zi sòng dào guì de yòu ér yuán qù, zhè yí zuò fǎ wǒ bù biǎo shì zàn tóng.
对于把孩子送到贵的幼儿园去,这一做法我不表示赞同。
dāng rán jiā jiā hái zi dōu shì bǎo, fù mǔ ài zǐ xīn qiè,
当然家家孩子都是宝,父母爱子心切,
zhè yàng de xīn qíng wǒ shì kě yǐ lǐ jiě de.
这样的心情我是可以理解的。
dàn shì bú jiàn dé guì de yòu ér yuán jiù shì hǎo de yòu ér yuán.
但是不见得贵的幼儿园就是好的幼儿园。
wǒ jué de shì hé hái zi de cái shì zuì hǎo de.
我觉得适合孩子的才是最好的。
suǒ yǐ wǒ gěi hái zi tiāo yòu ér yuán de shí hou,
所以我给孩子挑幼儿园的时候,
huì gēn jù tā de ài hào hé xìng gé lái xuǎn zé shì hé tā de yòu ér yuán.
会根据他的爱好和性格来选择适合他的幼儿园。

한글해석
질문: 최근에 비싼 유치원에 보내는 부모들이 많아지고 있습니다. 당신은 이러한 현상에 대해 어떻게 생각하시나요?

예시답안: 아이를 비싼 유치원에 보내는 이러한 행동에 대하여 저는 찬성하지 않습니다. 집집마다 아이는 보배이고 부모님들의 자식을 사랑하는 마음은 충분히 이해합니다. 하지만 꼭 비싼 유치원이라고 좋은 유치원은 아닙니다. 저는 아이에게는 적합한 것이 제일 좋다고 생각합니다. 그렇기 때문에 유치원을 선택할 때 저는 아이의 취미와 성격에 따라서 유치원을 선택할 것입니다.

Tip 표현: '爱子心切'는 '아이를 사랑하는 마음이 절절하다'는 뜻으로 자식을 사랑하는 부모의 마음을 나타낸다.
단어: '根据'란 '~에 의거하여'라는 뜻의 전치사로 행위의 근거를 이끌어 낸다.
예 你要根据实际情况来作出判断。
실제 상황에 근거하여 판단해야 한다.

실전 모의고사 답안

第六部分：情景应对

1

질문
hé péng yǒu yuē hǎo le yì qǐ qù yùn dòng, dàn shì yùn dòng xié hái méi yǒu gān.
和朋友约好了一起去运动，但是运动鞋还没有干。
qǐng xiàng jiě jie shuō míng lǐ yóu bìng guǎn tā jiè yì shuāng xié.
请向姐姐说明理由并管她借一双鞋。

예시답안
jiě jie, wǒ xiǎng gēn nǐ shuō ge shìr.
姐姐，我想跟你说个事儿。
wǒ jīn tiān gēn péng yǒu yuē hǎo le yì qǐ qù yùn dòng,
我今天跟朋友约好了一起去运动，
dàn shì yùn dòng xié hái méi yǒu gān. wǒ jiù zhè me yì shuāng yùn dòng xié.
但是运动鞋还没有干。我就这么一双运动鞋。
nǐ kàn nǐ néng bù néng jiè wǒ nǐ nà shuāng nài kè? wǒ jiù chuān yí cì,
你看你能不能借我你那双耐克？我就穿一次，
huí lái mǎ shàng gěi nǐ xǐ gān jìng. hǎo ma? bài tuō le.
回来马上给你洗干净。好吗？拜托了。

한글해석
질문: 친구와 운동을 가기로 했는데 운동화가 마르지 않았습니다.
언니에게 이유를 설명하고 운동화를 빌려 달라고 하세요.

예시답안: 언니, 나 언니와 할 이야기가 있어. 나 오늘 친구와 운동가기로 했는데 운동화가 마르지 않았어. 나 운동화가 그것밖에 없는데. 그래서 하는 말인데 혹시 언니의 그 나이키 운동화, 나한테 한 번만 빌려줄 수 있어? 내가 딱 한 번만 신고 돌아와서 바로 깨끗이 씻어 놓을게. 괜찮지? 부탁해.

Tip 단어: '就'는 '오직, 단지'라는 뜻의 부사로 범위를 한정하며, '只', '仅'와 바꾸어 말할 수 있다.
例 上次的同学聚会就你一个没来参加。
지난 번 동창 모임에 오직 너 한 사람만 참가하지 않았어.
표현: '拜托'는 '부탁 드립니다'는 뜻의 경어표현이다.
문법: '동사+干净'은 '깨끗이 ~하다'는 뜻으로 동작의 결과를 나타내는 결과 보어 표현이다.
例 这屋子乱七八糟的，你赶快把屋子打扫干净。
이 방이 너무 지저분하네요. 빨리 방을 깨끗이 청소해요.

2

질문
nǐ de péngyou zǒngshì yǒu shuǎngyuē huòzhě chídào de xíguàn,
你的朋友总是有爽约或者迟到的习惯,
nǐ shì zhe quàn tā gǎidiào zhège xíguàn.
你试着劝他改掉这个习惯。

예시답안
xiǎomíng, wǒ gēn nǐ shuō yí jiàn shìr, nǐ kě qiānwàn bié shēngqì. wǒ juéde nǐ zhè rén
小明,我跟你说一件事儿,你可千万别生气。我觉得你这人
gège fāngmiàn dōu tǐng hǎo de. dàn jiù yǒu nàme yí ge xíguàn wǒ zhēn xīwàng nǐ néng gǎigai.
各个方面都挺好的。但就有那么一个习惯我真希望你能改改。
nǐ shuō nǐ měi cì yuē hǎo jiànmiàn yǐhòu, yàome tūrán shuō bù lái,
你说你每次约好见面以后,要么突然说不来,
yàome chídào yí ge duō xiǎoshí. bù guāng shì wǒ, huànchéng shuí dōu bù néng yuànyì yā.
要么迟到一个多小时。不光是我,换成谁都不能愿意呀。
nǐ kànkan gǎigai bù xíng ma? nǐ bǎ shíjiān, diào kuài shí fēnzhōng, huòzhě shì shi
你看看改改不行吗?你把时间,调快10分钟,或者试试
nàobiǎo gōngnéng. nǐ jiù zhùyì yí ge yuè, nǐ zhège máobìng kěndìng néng gǎidiào.
闹表功能。你就注意一个月,你这个毛病肯定能改掉。

한글 해석
질문: 당신의 친구가 매번 약속을 어기고 늦게 오는 습관이 있습니다. 당신이 설득을 친구의 습관을 바꾸어 보세요.

예시답안: 샤오밍, 나 할 이야기가 있는데, 너 절대 화내지 마. 너는 정말 여러 면으로 괜찮은 아이라고 생각해. 그런데 한가지 습관은 좀 고쳤으면 좋겠어. 매번 너와 약속을 잡고 나면 넌 갑자기 약속을 어기든가 아님 한 시간 이상 지각하든가 그러잖아. 나뿐만 아니라 누구라도 좋아하지 않을 거야. 그러니까 조금 고치면 안 되겠니? 시계를 10분 빠르게 설정하거나, 혹은 알람을 사용해봐. 한 달반 주의를 하면 이 습관은 꼭 고쳐질 것 같아.

Tip
문법: '把자문'이란 목적어를 동사 앞으로 도치시켜 처치를 강조하는 문장이다. 그러므로 처치의 뜻이 없는 심리 활동 동사와 지각동사는 '把자문'을 사용할 수 없다. 또한, 조동사와 부정부사는 '把' 앞에 위치한다는 것에 주의하자.
예 外边下着雨,可是他没把雨伞带走。
밖에 비가 내리고 있는데 그는 우산을 가져가지 않았어.

표현: '要么~要么~'는 '~을 하든지 ~하든지' 라는 뜻으로 몇 가지 상황 중에서 선택을 나타내는 접속사이다.
예 要么我去,要么你来,反正今天一定要见。
내가 가든지 네가 오든지 어쨌든 오늘 꼭 만나야 한다.

단어: '不光'은 '~일 뿐만 아니라'는 뜻의 접속사로 不仅과 같은 뜻이다. 그러나 술어 앞에 쓰여 '~만이 아니다'는 부사의 의미를 나타내기도 한다.
예 今天迟到的不光是我一个人。
오늘 지각한 사람이 나 한 명만은 아니다.

실전 모의고사 답안

3

질문
nǐ hěn wǎn cái huí jiā, dàn shì nǐ de mā ma méi yǒu shuì jiào yì zhí zài děng zhe nǐ,
你很晚才回家，但是你的妈妈没有睡觉一直在等着你，
mā ma hěn shēng qì, nǐ yào bǎ shì qíng de shǐ mò xiàng nǐ de mā ma jiě shì qīng chǔ.
妈妈很生气，你要把事情的始末向你的妈妈解释清楚。

예시답안
mā, zhēn duì bù qǐ! wǒ yīng gāi shì xiān gěi nín dǎ diàn huà de.
妈，真对不起！我应该事先给您打电话的。
jīn tiān zhè jiàn shì shì zhè yàng de. wǒ tóng shì xiǎo míng zuì jìn fù zé yí ge xiàng mù.
今天这件事是这样的。我同事小明最近负责一个项目。
tā shuō zì jǐ zuò bù wán, yú shì wǒ jiù liú xià lái bāng tā yì qǐ zuò.
他说自己做不完，于是我就留下来帮他一起做。
zuò zhe zuò zhe jiù wàng le shí jiān le. wǒ xiǎng qǐ lái yào gěi nǐ dǎ diàn huà de shí hou,
做着做着就忘了时间了。我想起来要给你打电话的时候，
fā xiàn shǒu jī yòu méi diàn le. mā zhēn de duì bù qǐ, dān xīn huài le ba?
发现手机又没电了。妈真的对不起，担心坏了吧？
wǒ yǐ hòu zài yě bù gǎn le. bù guǎn yǒu shén me shì,
我以后再也不敢了。不管有什么事，
dōu shì xiān xiàng nín qǐng shì. nín pī zhǔn le, wǒ cái zuò.
都事先向您请示。您批准了，我才做。
xíng ma? bié shēng qì le!
行吗？别生气了！

한글해석
질문: 늦게 집에 귀가를 했는데 어머니가 주무시지 않고 기다리고 계셨습니다. 화가 난 어머니에게 자초지종을 설명해 보세요.

예시답안: 엄마 정말 미안해요. 미리 전화를 드렸어야 되는데. 이 일은 이렇게 된 거예요. 내 동료 소명이가 프로젝트를 하나 맡았는데 혼자서는 다 못한다고 해서 제가 남아서 도와줬어요. 하다보니 시간가는 줄도 몰랐네요. 엄마에게 전화를 드려야겠다는 생각이 나서 전화를 드리려고 하니, 핸드폰 배터리가 없었어요. 엄마 정말 죄송해요. 많이 걱정하셨죠? 앞으로는 절대 이러한 일이 없도록 할게요. 무슨 일이 있든 꼭 엄마에게 말씀을 드리고 엄마가 동의하시면 그 때 하도록 할게요. 네? 화 푸세요.

Tip 표현: '今天这件事是这样的。'는 '오늘 일은 이렇게 된 것이다'라는 뜻으로 어떤 사건의 경위나 일의 자초지종을 설명할 때 사용하는 표현이다.

문법: '着'는 동작이나 상태의 진행을 나타내는 조사이다. '동사1着+동사1着+동사2'는 '~하다가 ~하다가 나도 모르게 ~하다'는 뜻이다.

예) 昨天晚上我看小说, 看着看着睡着了。
　　나는 어제 저녁 소설책을 보다가 잠이 들었다.

단어: '不管'은 '~을 막론하고, ~에 관계없이'라는 뜻의 접속사로 뒷문장의 '都', '也' 등의 부사와 호응하여 쓰인다.

예) 不管天气如何, 我都要去爬山。
　　날씨에 관계없이 나는 등산을 가겠다.

第七部分：看图说话

예시답안

① 昨天小明跟朋友们玩儿了一天，到了晚上才开始做作业一直做到了半夜2点多。
② 因为睡得太晚，所以他今天早上一点儿精神也没有。收拾收拾书包，眼看要迟到了，连饭也没吃就往学校跑去了。
③ 谁能想到小明竟然连书包的拉链都没有拉，作业本都掉了出来。警察在后面一个劲儿地叫他，他好像没听见似的就知道往前跑。
④ 等到了学校，老师让他交作业的时候，这才发现作业本没有了。老师非常生气。这时候正好那位好心的警察来了，把作业本交给了老师。帮了小明一个大忙。小明想，今后一定要提前做好作业，再也不贪玩儿了。

한글해석

① 어제 소명이는 친구와 하루 종일 놀다 밤에서야 숙제를 하기 시작하여 새벽 2시까지 했다.
② 밤에 늦게 잤기 때문에 아침에 소명이는 정신이 하나도 없었다. 책가방을 대충 정리하고 곧 지각할 것 같아서 밥도 안 먹고 학교로 달려갔다.
③ 생각지도 못하게, 소명이는 가방의 지퍼를 잠그지 않아서 숙제 공책이 다 떨어졌다. 경찰이 불러도 그는 듣지 못한 것처럼 앞으로만 곧장 달려갔다.
④ 학교에 도착해서 선생님께서 숙제를 제출하라고 하실 때에서야 그는 숙제공책이 없어졌다는 사실을 알게 되었다. 선생님은 엄청 화가 나셨다. 마침 이 때 마음씨 착한 경찰이 소명이의 책을 들고 와서 선생님께 드리면서 소명이를 도와 주었다. 소명이는 이제부터는 꼭 미리 숙제를 하고, 노는데 정신을 안 팔겠다고 다짐했다.

Tip 단어: '竟然'은 '뜻밖에도, 의외로'라는 뜻의 부사로 '居然'과 바꾸어 쓸 수 있다.

예) 他竟然考上了名牌大学, 真厉害。
그가 생각지도 않게 명문대에 합격했다니, 정말 대단해.

문법: 방향 보어란 동사 뒤에서 동작의 방향을 나타내는 성분이다. 그러므로 '掉了出来'는 '떨어져 나오다'는 뜻으로 사물이 바깥으로 떨어져 나옴을 의미한다.

예) 我把卡里的钱都取出来了。
나는 카드 안의 돈을 모두 출금했다.

표현: '好像没听见似的'는 '마치 듣지 못한 것 같다'는 뜻으로 '~似的'는 '~와 같다'는 표현으로 어떠한 사물이나 상황이 서로 비슷함을 나타낸다.

예) 她的脸红的像苹果似的。
그녀의 얼굴이 붉어진 것이 마치 사과와 같다.

부록 핵심 단어노트

연습을 통해 논리적이고 정확하게!!

부록 | 핵심 단어노트

A

按时 [ànshí] 부 제때에		p145, p169
爱不释手 [àibúshìshǒu] 성어 너무나 좋아하여 차마 손에서 떼어 놓지 못하다		p169
按照 [ànzhào] 동 ~에 의거하다		p173
懊恼 [àonǎo] 형 번민하다		p175

B

百货商店 [bǎihuòshāngdiàn] 명 백화점		p16
抱怨 [bàoyuàn] 동 불평하다		p60
包容 [bāoróng] 형 포용하다		p100
避免 [bìmiǎn] 동 피하다		p100, p155
毕竟 [bìjìng] 부 결국		p142
不见不散 [bújiànbúsàn] 성어 만날 때까지 기다리다		p146
百花盛开 [bǎihuāshèngkāi] 백화난만하다		p170
表演 [biǎoyǎn] 동 공연하다		p174
不料 [búliào] 부 뜻밖에		p177

C

材料 [cáiliào] 명 재료		p20
长假 [chángjià] 명 장기 휴가, 연휴		p31
宠物 [chǒngwù] 명 애완 동물		p48
长途汽车 [chángtúqìchē] 명 시외버스		p55
促进 [cùjìn] 동 촉진시키다		p62
操作 [cāozuò] 동 조작하다		p75
嘈杂 [cáozá] 형 떠들썩하다		p110
吵架 [chǎojià] 동 다투다		p100
产生 [chǎnshēng] 동 나타나다		p108
沉迷 [chénmí] 동 깊이 빠지다		p103
挫折 [cuòzhé] 명 좌절		p119
促销 [cùxiāo] 동 판촉하다		p147
潮湿 [cháoshī] 형 습하다		p154
吃亏 [chīkuī] 동 손해를 보다		p171
刺激 [cìjī] 동 자극하다		p168

D

地图 [dìtú] 명 서비스		p17
打折 [dǎzhé] 동 할인하다		p58
等 [děng] 동 기다리다		p21
当天 [dàngtiān] 명 당일		p21
钓鱼 [diàoyú] 동 낚시하다		p28
典型 [diǎnxíng] 형 전형적인		p45
等级 [děngjí] 명 계급		p61
搭配 [dāpèi] 동 조합하다, 맞추다		p73
动荡 [dòngdàng] 동 불안하다, 동요하다		p76
对抗 [duìkàng] 동 대항하다, 적대시하다		p78
打扰 [dǎrǎo] 동 방해하다, 폐를 끼치다		p98
代沟 [dàigōu] 명 세대차이		p108
独特 [dútè] 형 독특하다		p147
档次 [dàngcì] 명 등급		p148
调查 [diàochá] 동 조사하다		p149
答复 [dáfù] 동 답변하다		p149

大饱口福 [dàbǎokǒufú] 맛있는 음식을
　　배불리 먹다　　　　　　　p156
大概 [dàgài] 부 대개　　　　　p156
耽误 [dānwu] 동 시간을 허비하다　p154
叮嘱 [dīngzhǔ] 성어 신신당부하다　p176
大吃一惊 [dàchīyìjīng] 성어 깜짝 놀라다　p178

F

服务 [fúwù] 명 서비스　　　　p17
风筝 [fēngzheng] 명 연　　　　p34
风景 [fēngjǐng] 명 풍경　　　　p36
风向 [fēngxiàng] 명 풍향　　　p34
福利 [fúlì] 명 복지　　　　　　p45
分解 [fēnjiě] 동 분해하다　　　p48
犯错 [fàncuò] 동 실수하다　　　p63
分明 [fēnmíng] 형 명확하다　　p61
反而 [fǎn'ér] 접 반대로, 도리어　p56
乏味 [fáwèi] 형 재미없다　　　p68
分期付款 [fēnqīfùkuǎn] 동 할부하다,
　　분할 지급하다　　　　　　p68
繁衍 [fányǎn] 동 번식하다　　　p86
分享 [fēnxiǎng] 동 (기쁨·행복·좋은 점 등을)
　　함께 나누다　　　　　　　p119
防范 [fángfàn] 동 방비하다　　p162
负担 [fùdān] 명 부담　　　　　p164
反而 [fǎn'ér] 접 오히려　　　　p164

G

国产 [guóchǎn] 명 국산　　　　p19
公共汽车 [gōnggòngqìchē] 명 버스　p21
关门 [guānmén] 동 문을 닫다　p22
贵 [guì] 형 비싸다　　　　　　p17
规定 [guīdìng] 동 규정하다　　　p47
高峰期 [gāofēngqī] 명 절정기　p55
各抒己见 [gèshūjǐjiàn] 성어 각자 자기의 의견을
　　발표하다　　　　　　　　p62
沟通 [gōutōng] 동 소통하다　p62, p77
根据 [gēnjù] 개 ~에 의거하여　p64
岗位 [gǎngwèi] 명 직장, 부서　p71
功能 [gōngnéng] 명 기능, 효능　p75, p155
贡献 [gòngxiàn] 동 공헌하다　p120
鼓励 [gǔlì] 동 격려하다　　　p119
固然 [gùrán] 접 물론　　　　p121
过度 [guòdù] 형 과도하다, 지나치다　p121
赶紧 [gǎnjǐn] 부 서둘러　　　p170

H

化妆品 [huàzhuāngpǐn] 명 화장품　p19
合同 [hétong] 명 계약서　　　p34
缓解 [huǎnjiě] 동 완고하다　　p29
花园 [huāyuán] 명 화원　　　p30
活跃 [huóyuè] 형 활기차다　　p61
缓解 [huǎnjiě] 동 완화되다　　p60

荤 [hūn] 명 육식	p72
和睦 [hémù] 형 화목하다, 사이가 좋다	p79
和解 [héjiě] 동 화해하다	p95
和谐 [héxié] 형 조화롭다	p124
后顾之忧 [hòugùzhīyōu] 성어 뒷걱정, 뒷근심	p130
浑身 [húnshēn] 명 온몸	p150
合理 [hélǐ] 형 합리적이다	p149
划痕 [huáhén] 명 긁힌 자국	p143
航班 [hángbān] 명 항공편	p157
患者 [huànzhě] 명 환자	p160
划痕 [huáhén] 명 긁힌 자국	p161
后悔 [hòuhuǐ] 동 후회하다	p163, p171

J

进口 [jìnkǒu] 동 수입하다	p19
坚持 [jiānchí] 동 견지하다	p28
坚定 [jiāndìng] 형 확고부동하다	p28
精神 [jīngshén] 형 활기차다	p41
救死扶伤 [jiùsǐfúshāng] 성어 죽음에 처한 사람을 구조하고 부상자를 돌보다	p42
记帐 [jìzhàng] 동 장부에 적다	p40
积分 [jīfēn] 명 적립	p58
酒精 [jiǔjīng] 명 알코올	p60
季节 [jìjié] 명 계절	p69
讲究 [jiǎngjiu] 동 중요시하다	p73
僵持 [jiāngchí] 동 대치하다	p95
减轻 [jiǎnqīng] 동 줄이다	p111

解决 [jiějué] 동 해결하다	p103
尖端 [jiānduān] 명 첨단	p117
教训 [jiàoxùn] 동 훈계하다	p141
接受 [jiēshòu] 동 받아들이다	p142
尽快 [jǐnkuài] 부 되도록 빨리	p143
解释 [jiěshì] 동 해석하다	p144
寄托 [jìtuō] 동 의탁하다	p140
精巧 [jīngqiǎo] 형 정교하다	p155
精力 [jīnglì] 명 정력	p150
建议 [jiànyì] 동 건의하다	p154
降低 [jiàngdī] 동 줄이다	p164
焦急 [jiāojí] 형 초조하다	p175
决定 [juédìng] 동 결정하다	p175
接触 [jiēchù] 동 접촉하다	p176
聚精会神 [jùjīnghuìshén] 성어 열중하다	p168

K

客人 [kèrén] 명 손님	p18
口红 [kǒuhóng] 명 립스틱	p19
开始 [kāishǐ] 동 시작하다	p22
卡奴 [kǎnú] 신조어 카드의 노예	p43
控制 [kòngzhì] 동 통제하다	p43
夸大 [kuādà] 동 과장하다	p44
开销 [kāixiāo] 명 비용, 지출	p74
磕头 [kētóu] 동 절하다	p94
开玩笑 [kāiwánxiào] 동 농담하다	p98
刻不容缓 [kèbùrónghuǎn] 성어 잠시도 늦출

수 없다 p103
克服 [kèfú] 동 극복하다 p119
可惜 [kěxī] 형 애석하다 p141

L

聊天 [liáotiān] 동 이야기하다 p16
留念 [liúniàn] 동 기념으로 남기다 p29
礼物 [lǐwù] 명 선물 p33
利益 [lìyì] 명 이익 p34
励志 [lìzhì] 동 스스로 분발하다 p41
流动量 [liú dòng liàng] 명 유동량 p55
浪费 [làngfèi] 동 낭비하다 p62
礼貌 [lǐmào] 형 예의 바르다 p62
礼仪 [lǐyí] 명 예의 p79
冷漠 [lěngmò] 형 무관심하다 p100
领略 [lǐnglüè] 동 감지하다 p120
泪流满脸 [lèiliúmǎnliǎn] 온 얼굴이
　　눈물범벅이다 p168

M

面包 [miànbāo] 명 빵 p21
名牌 [míngpái] 명 유명 브랜드 p14
敏感 [mǐngǎn] 형 민감하다 p82
矛盾 [máodùn] 명 갈등 p95
摩擦 [mócā] 명 마찰 p108
盲目 [mángmù] 형 무작정 p118

墨镜 [mòjìng] 명 선글라스 p157
面谈 [miàntán] 명 직접 만나서 이야기하다 p159

N

耐心 [nàixīn] 명 인내심 p28
内在美 [nèizàiměi] 명 내면의 아름다움 p47
呐喊助威 [nàhǎnzhùwēi] 동 성원하다 p78
闹钟 [nàozhōng] 명 알람 p96
难得 [nándé] 형 (출현이나 발생이) 드물다 p172

P

跑步 [pǎobù] 동 달리다 p32
平起平坐 [píngqǐpíngzuò] 성어 동등한 자격으로
　　대하다; 지위나 권력이 동등하다 p61
频道 [píndào] 명 채널 p68
平衡 [pínghéng] 형 균형이 맞다 p68
疲劳 [píláo] 형 피로하다, 지치다 p93
破财免灾 [pòcáimiǎnzāi] 액땜한 샘 치다 p141
派对 [pàiduì] 명 파티 p146
批准 [pīzhǔn] 동 비준하다 p150

Q

前面 [qiánmian] 명 앞 p21
签字 [qiānzì] 동 서명하다 p34
倾听 [qīngtīng] 동 경청하다 p42
轻音乐 [qīngyīnyuè] 명 경음악 p54

青春期 [qīngchūnqī] 명 사춘기	p64
气氛 [qìfēn] 명 분위기	p61
秋高气爽 [qiūgāoqìshuǎng] 성어 가을하늘은 높고 날씨는 상쾌하다	p69
前途 [qiántú] 명 앞길, 전말	p74
缺乏 [quēfá] 동 결핍되다, 결여되다	p77
侵犯 [qīnfàn] 동 침범하다	p86
齐心合力 [qíxīnhélì] 힘과 마음을 함께 모으다	p103
前景 [qiánjǐng] 명 전망	p109
千方百计 [qiānfāngbǎijì] 성어 천방백계, 갖은 방법을 다 써 보다	p122
侵害 [qīnhài] 동 침해하다	p124
起码 [qǐmǎ] 부 최소한	p162
劝告 [quàngào] 동 권고하다	p171
窃窃私语 [qièqièsīyǔ] 몰래 소곤소곤 속삭이다	p168

R

人情味儿 [rénqíngwèir] 명 인정미, 인정	p60

S

舒服 [shūfu] 형 편안하다	p28, p110
升职 [shēngzhí] 동 승진하다	p33
随意 [suíyì] 부 마음대로, 뜻대로	p47
散文 [sǎnwén] 명 산문	p41
生物碱 [shēngwùjiǎn] 명 알칼로이드	p48
伸张正义 [shēnzhāngzhèngyì] 성어 정의를 실현하다	p42
实效 [shíxiào] 명 실효	p61
顺畅 [shùnchàng] 형 원활하다	p54
随意 [suíyì] 동 뜻대로 하다; 생각대로 하다	p63
上涨 [shàngzhǎng] 동 (수위, 물가 등이) 오르다	p64
奢望 [shēwàng] 명 지나친 바람	p77
释放 [shìfàng] 동 방출하다	p78
适应 [shìyìng] 동 적응하다	p101
疏忽 [shūhu] 동 소홀히 하다	p117
深奥 [shēn'ào] 형 심오하다	p116
奢侈 [shēchǐ] 형 사치하다	p126
失恋 [shīliàn] 동 실연하다	p142
售后 [shòuhòu] 판매 후	p143
顺利 [shùnlì] 형 순조롭다	p146
设计 [shèjì] 동 설계하다	p147
舒适 [shūshì] 형 쾌적하다	p159
失望 [shīwàng] 동 실망하다	p170
失主 [shīzhǔ] 명 분실자	p173
顺便 [shùnbiàn] 부 ~하는 김에	p178

T

特别 [tèbié] 부 특히	p20
挑选 [tiāoxuǎn] 동 고르다	p20
童话 [tónghuà] 명 동화	p30
太阳 [tàiyáng] 명 태양	p31
突然 [tūrán] 부 갑자기	p33

体贴 [tǐtiē] 동 자상하다 p47
头条 [tóutiáo] 명 톱뉴스 p82
团员 [tuányuán] 동 한 자리에 모이다 p68
调整 [tiáozhěng] 동 조정하다 p122, p103
提前 [tíqián] 동 앞당기다 p157
停车 [tíngchē] 동 차량을 주차하다 p161
推迟 [tuīchí] 동 늦추다 p160

W

玩具 [wánjù] 명 장난감 p18
晚餐 [wǎncān] 명 저녁 식사 p20
完美 [wánměi] 형 완벽하다 p26
无精打采 [wújīngdǎcǎi] 성어 풀이 죽다, 기운 없다 p43
稳定 [wěndìng] 형 안정되다 p107
维持 [wéichí] 동 유지하다 p118
维修 [wéixiū] 동 수리하다 p172

X

鞋 [xié] 명 신발 p19
欣赏 [xīnshǎng] 동 감상하다 p36
希望 [xīwàng] 동 희망하다 p33
兴高采烈 [xìnggāocǎiliè] 성어 매우 기쁘다 p43
学识 [xuéshí] 명 학식 p47
膝盖 [xīgài] 명 무릎 p49
新陈代谢 [xīnchéndàixiè] 명 신진대사 p48

细嚼慢咽 [xìjiáomànyàn] 성어 오래오래 잘 씹고 천천히 삼키다 p42
吸尘器 [xīchénqì] 명 전기 청소기 p75
洗漱 [xǐshù] 동 세수하고 양치질하다 p93, p174
形势 [xíngshì] 명 형식 p118
喜悦 [xǐyuè] 형 기쁘다 p119
辛勤 [xīnqín] 형 근면하다 p120
消费 [xiāofèi] 동 소비하다 p121
协调 [xiétiáo] 형 조화롭다 p123
叙旧 [xùjiù] 동 옛일을 이야기하다 p144
新颖 [xīnyǐng] 형 참신하다 p148
幸亏 [xìngkuī] 부 다행히 p158
兴致 [xìngzhì] 명 흥미 p177

Y

衣服 [yīfu] 명 옷 p17
营业 [yíngyè] 동 영업하다 p22
游乐园 [yóulèyuán] 명 놀이공원 p31
饮料 [yǐnliào] 명 음료 p32
隐藏 [yǐncáng] 동 감추다 p42
油脂 [yóuzhī] 명 지방 p48
运作 [yùnzuò] 동 활동하다; 운행하다 p61
严格 [yángé] 형 엄격하다 p63
应酬 [yìngchou] 동 접대하다 p77
预定 [yùdìng] 동 예약하다, 예정하다 p94, p154
影响 [yǐngxiǎng] 동 영향을 주다 p105

应聘 [yìngpìn] 동 초빙에 응하다		p123
娱乐 [yúlè] 동 오락하다		p155
厌烦 [yànfán] 동 싫증나다		p154
意识 [yìshí] 명 의식		p174

Z

正装 [zhèngzhuāng] 명 정장, 양복	p17
只 [zhǐ] 부 단지	p21
撞 [zhuàng] 동 부딪치다	p30
指教 [zhǐjiào] 동 지도하다, 가르치다	p30
中央 [zhōngyāng] 명 중앙	p26
紫菜 [zǐcài] 명 김	p35
蜘蛛 [zhīzhū] 명 거미	p42
主见 [zhǔjiàn] 명 주견	p47
阻力 [zǔlì] 명 저항	p49
执行 [zhíxíng] 동 집행하다	p61
在乎 [zàihu] 동 마음속에 두다	p73
掌握 [zhǎngwò] 동 숙달하다, 장악하다	p102
掌握 [zhǎngwò] 동 숙달하다	p116
逐步 [zhúbù] 부 점차	p117
制止 [zhìzhǐ] 동 저지하다	p124
折腾 [zhēteng] 동 괴롭히다	p174
照顾 [zhàogù] 동 보살피다	p145
租房 [zūfáng] 동 집을 세내다	p159
诊疗 [zhěnliáo] 동 진료하다	p160
责任 [zérèn] 명 책임	p161
治安 [zhì'ān] 명 치안	p162
姿势 [zīshì] 명 자세	p170